新唐書

四部備要

史部

上海中華書局據武英殿本校刊

桐鄉陸費逵總勘
杭縣高時顯
杭縣吳汝霖輯校
杭縣丁輔之監造

唐書卷一百十五

宋端明殿學士宋祁撰

列傳第四十

狄郝朱

狄仁傑字懷英幷州太原人爲兒時門人有被害者吏就詰衆爭辨對仁傑誦書不置吏讓之答曰黄卷中方與聖賢對何暇偶俗吏語耶舉明經調汴州參軍爲吏誣訴黜陟使閻立本召訊異其才謝曰仲尼稱觀過知仁君可謂滄海遺珠矣薦授幷州法曹參軍親在河陽仁傑登太行山反顧見白雲孤飛謂左右曰吾親舍其下瞻悵久之雲移乃得去同府參軍鄭崇質母老且疾當使絶域仁傑謂曰君可貽親萬里憂乎詣長史藺仁基請代行仁基咨美其誼時方與司馬李孝廉不平相語曰吾等可少愧矣則相待如初每曰狄公之賢北斗以南一人而已稍遷大理丞歲中斷久獄萬七千人時稱平恕左威衛大將軍權善才右監門中郎將范懷義坐誤斧昭陵栢罪當免高宗詔誅之仁傑奏不

應死帝怒曰是使我爲不孝子必殺之仁傑曰漢有盜高廟玉環文帝欲當之
族張釋之廷諍曰假令取長陵一抔土何以加其法於是罪止棄市陛下之法
在象魏固有差等犯不至死而致之死何哉今誤伐一栢殺二臣後世謂陛下
爲何如主帝意解遂免死數日授侍御史左司郎中王本立怙寵自肆仁傑劾
奏其惡有詔原之仁傑曰朝廷借乏賢如本立者不尠陛下惜有罪虧成法奈
何臣願先斥爲羣臣戒本立抵罪繇是朝廷肅然使岐州亡卒數百剽行人道
不通官捕繫盜黨窮訊而餘曹紛紛不能制仁傑曰是其計窮且爲患乃明開
首原格出繫者稟而縱之使相曉皆自縛歸帝嘆其達權宜遷度支郎中帝幸
汾陽宮爲知頓使幷州長史李沖玄以道出妬女祠俗言盛服過者致風雷之
變更發卒數萬改馳道仁傑曰天子之行風伯清塵雨師灑道何妬女避邪止
其役帝壯之曰眞丈夫哉出爲寧州刺史撫和戎落得其歡心郡人勒碑以頌
入拜冬官侍郎持節江南巡撫使吳楚俗多淫祠仁傑一禁止凡毀千七百房
止留夏禹吳太伯季札伍員四祠而已轉文昌右丞出豫州刺史時越王兵敗

支黨餘二千人論死仁傑釋其械密疏曰臣欲有所陳似爲逆人申理不言且累陛下欽恤意表成復毀自不能定然此皆非本惡詿誤至此有詔悉謫戍邊囚出寧州父老迎勞曰狄使君活汝邪因相與哭碑下因齋三日乃去至流所亦爲立碑初宰相張光輔討越王軍中恃功多暴索仁傑拒之光輔怒曰州將輕元帥邪仁傑曰亂河南者一越王公董士三十萬以平亂縱使暴橫使無辜之人咸墜塗炭是一越王死百越王生也且王師之至民歸順以萬計自縋而下四面成蹊奈何縱邀賞之人殺降以爲功寃痛徹天如得上方斬馬劍加君頸雖死不恨光輔還奏仁傑不遜左授復州刺史徙洛州司馬天授二年以地官侍郎同鳳閣鸞臺平章事武后謂曰卿在汝南有善政然有譖卿者欲知之乎謝曰陛下以爲過臣當改之以爲無過臣之幸也譖者乃不願知后歎其長者時太學生謁急后亦報可仁傑曰人君惟生殺柄不以假人至簿書期會宜責有司尚書省決事左右丞不句杖左右丞相不判徙況天子乎學徒取告丞簿職耳若爲報可則冑子數千凡幾詔耶爲定令示之而已后納其言會爲來

俊臣所構捕送制獄于時訊反者一問卽承聽减死俊臣引仁傑置對荅曰有周革命我乃唐臣反固實俊臣乃挺繫其屬王德壽以情謂曰我意求少遷公爲我引楊執柔爲黨公且免死仁傑歎曰皇天后土使仁傑爲此乎卽以首觸柱血流沬面德壽懼而謝守者寖弛卽丐筆書帛置褚衣中好謂吏曰方暑請付家徹絮仁傑子光遠得書上變后遣使案視俊臣命仁傑冠帶見使者私令德壽作謝死表附使以聞后乃召見仁傑謂曰承反何耶對曰不承反死笞掠矣示其表曰無之后知代署因免死武承嗣屢請誅之后曰命已行不可返時同被誣者鳳閣侍郎任知古等七族悉得貸御史霍獻可以首叩殿陛苦爭欲必殺仁傑等乃貶仁傑彭澤令邑人爲置生祠萬歲通天中契丹陷冀州河北震動擢仁傑爲魏州刺史前刺史懼賊至驅民保城修守具仁傑至曰賊在遠何自疲民萬一虜來吾自辦之何預若輩悉縱就田虜聞亦引去民愛仰之復爲立祠俄轉幽州都督賜紫袍龜帶后自製金字十二於袍以旌其忠召拜鸞臺侍郎復同鳳閣鸞臺平章事時發兵戍疏勒四鎮百姓怨苦仁傑諫曰天生

四夷皆在先王封域之外東距滄海西隔流沙北橫大漠南阻五嶺天所以限中外也自典籍所紀聲教所曁三代不能至者國家既已兼之詩人矜薄伐於太原化行於江漢前代之遐裔而我之域中過夏商遠矣今乃用武荒外邀功絕域竭府庫之實以爭磽确不毛之地得其人不足以增賦獲其土不可以耕織苟求冠帶遠夷不務固本安人此秦皇漢武之所行也傳曰與覆車同軌者未嘗安此言雖小可以喻大臣伏見國家師旅歲出調度之費狃以寖廣右戍四鎮左屯安東杼軸空匱轉輸不絕行役既久怨曠者多上不是恤則政不行政不行則害氣作害氣作則蟲螟生水旱起矣方今關東荐饑蜀漢流亡江淮而南賦斂不息人不復本則相率爲盜本根一搖憂患非淺所以然者皆貪功方外耗竭中國也昔漢元帝納賈捐之之謀而罷珠崖宣帝用魏相之策而棄車師田貞觀中克平九姓冊拜李思摩爲可汗使統諸部夷狄叛則伐降則撫得推亡固存之義無遠戍勞人之役今阿史那斛瑟羅皆陰山貴種代雄沙漠若委之四鎮以統諸蕃建爲可汗遣禦寇患則國家有繼絕之美無轉輸之苦

損四鎮肥中國罷安東實遼西省軍費於遠方幷甲兵於要塞恆代之鎮重而邊州之備豐矣且王者外寧容有內危陛下姑敕邊兵謹守備以逸待勞則戰士力倍以主禦客則我得其便堅壁清野寇無所得自然深入有顛躓之慮淺入無虜獲之益不數年二虜不討而服矣又請廢安東復高姓爲君長省江南轉饟以息民不見納張易之嘗從容問自安計仁傑曰惟勸迎廬陵王可以免禍會后欲以武三思爲太子以問宰相衆莫敢對仁傑曰臣觀天人未厭唐德比匈奴犯邊陛下使梁王三思募勇士於市踰月不及千人廬陵王代之不浹日輒五萬今欲繼統非廬陵王莫可后怒罷議久之召謂曰朕數夢雙陸不勝何也於是仁傑與王方慶俱在二人同辭對曰雙陸不勝無子也天其意者以儆陛下乎且太子天下本本一搖天下危矣文皇帝身蹈鋒鏑勤勞而有天下傳之子孫先帝寢疾詔陛下監國陛下掩神器而取之十有餘年又欲以三思爲後且姑姪與母子孰親陛下立廬陵王則千秋萬歲後常享宗廟三思立廟不祔姑后感悟即日遣徐彥伯迎廬陵王於房州王至后匿王帳中召見仁傑

語廬陵事仁傑數請切至涕下不能止后乃使王出曰還爾太子仁傑降拜頓
首曰太子歸未有知者人言紛紛何所信后然之更令太子舍龍門具禮迎還
中外大悅初吉頊李昭德數請還太子而后意不回唯仁傑每以母子天性爲
言后雖忮忍不能無感故卒復唐嗣尋拜納言兼右肅政御史大夫突厥入趙
定殺掠甚衆詔仁傑爲河北道行軍元帥假以便宜突厥盡殺所得男女萬計
由五回道去仁傑追不能逮更拜河北安撫大使時民多脅從於賊賊已去懼
誅逃匿仁傑上疏曰議者以爲虜入寇始明人之逆順或迫脅或願從或受僞
官或爲招慰誠以山東之人重氣一往死不爲悔比緣軍興調發煩重傷破家
產剔屋賣田人不爲售又官吏侵漁州縣科役督趣鞭笞情危事迫不循禮義
投跡犬羊以圖賒死此君子所愧而小人之常民猶水也壅則爲淵疏則爲川
通塞隨流豈有常性昔董卓之亂神器播越卓已誅禽部曲無赦故事窮變生
流毒京室比由恩不溥洽失在機先今負罪之伍潛竄山澤赦之則出不赦則
狂山東羣盜緣玆聚結故臣以爲邊鄙暫警不足憂中土不寧可爲憂也夫持

大國者不可以小治事廣者不可以細分人主所務弗檢常法願曲赦河北一
不問罪詔可還除內史后幸三陽宮王公皆從獨賜仁傑第一區眷禮卓異時
無輩者是時李楷固駱務整討契丹克之獻俘含樞殿后大悅二人者本契丹
李盡忠部將盡忠入寇楷固等數挫王師後降有司請論如法仁傑稱其驍勇
可任若貸死必感恩納節可以責功至是凱旋后舉酒屬仁傑賞其知人授楷
固左玉鈐衛將軍燕國公賜姓武務整右武威衛將軍后將造浮屠大像度費
數百萬官不能足更詔天下僧日施一錢助之仁傑諫曰工不役鬼必在役人
物不天降終由地出不損百姓且將何求今邊垂未寧宜寬征鎮之徭省不急
之務就令顧作以濟窮人既失農時是爲棄本且無官助理不得成既費官財
又竭人力一方有難何以救之后由是罷役聖曆三年卒年七十一贈文昌右
相謚曰文惠仁傑所薦進若張柬之桓彥範敬暉姚崇等皆爲中興名臣始居
母喪有白鵲馴擾之祥中宗卽位追贈司空睿宗又封梁國公子光嗣景暉
光嗣聖曆初爲司府丞武后召宰相各舉尚書郎一人仁傑薦光嗣由是拜地

官員外郎以稱職聞后曰祁奚內舉果得人歷淄許貝三州刺史母喪奪爲太府少卿固讓睿宗嘉其誠許之累遷揚州長史以罪貶歙州別駕卒景暉官魏州司功參軍貪暴爲虐民苦之因共毀其父生祠不復奉至元和中田弘正鎮魏博始奏葺之血食不絕族孫兼謨

兼謨字汝諧及進士第辟襄陽府使剛正有祖風令狐楚執政薦授左拾遺數上書言事歷刑部郎中蘄鄧鄭三州刺史歲旱饑發粟賑濟民人不流徙改蘇州以治最擢給事中左藏史盜度支縑帛文宗以經赦詔勿治兼謨封還詔書帝問之對曰典史犯贓不可免帝曰朕已赦其長官吏亦宜宥與其失信寧失罪人既而曰後或事有不可勿以還詔爲憚遷御史中丞帝曰御史臺朝廷綱紀一臺正則朝廷治朝廷正則天下治畏忌顧望則職業廢矣卿梁公後當嗣家聲不可不慎兼謨頓首謝江西觀察使吳士矩加給其軍擅用上供錢數十萬兼謨劾奏觀察使爲陛下守土宣國詔條知臨戎賞士州有定數而與奪由己貽弊一方爲諸道觖望請付有司治罪士矩繇是貶蔡州別駕歷兵部侍郎

河東節度使還爲尚書左丞武宗子峴封益王命兼謨爲傅俄領天平節度使辭疾以祕書監歸洛陽遷東都留守卒

郝處俊安州安陸人父相貴因隋亂與婦翁許紹據峽州歸國拜滁州刺史封甑山縣公處俊甫十歲而孤故吏歸千縑賵之已能讓不受及長好學嗜漢書崖略暗誦貞觀中第進士解褐著作佐郎襲父爵兄弟友睦事諸舅謹甚再轉滕王友恥爲王府屬棄官去久之召拜太子司議郎累遷吏部侍郎高麗叛詔李勣爲浿江道大總管處俊副之師入虜境未陣賊遽至舉軍危駭處俊方據胡牀體胖安餐乾糒不顧密畀料精銳擊之虜卻衆壯其謀入拜東臺侍郎時浮屠盧伽逸多治丹曰可以續年高宗欲遂餌之處俊諫曰修短固有命異方之劑安得輕服哉昔先帝詔浮屠那羅邇娑寐案其方書爲祕劑取靈藕怪石歷歲乃能就先帝餌之俄而大漸上醫不知所爲羣臣請顯戮其人議者以爲取笑夷狄故法不得行前鑑不遠惟陛下深察帝納其言第拜盧伽逸多爲懷化大將軍進處俊同東西臺三品咸亨初幸東都皇太子監國諸宰相皆留而

處俊獨從帝嘗曰王者無外何爲守禦而重門擊柝庸待不虞耶我嘗疑秦法
爲寬荆軻匹夫耳七首竊發羣臣皆荷戟侍莫敢拒豈非習慢使然處俊對曰
此乃法急耳秦法輒升殿者夷三族人皆懼族安有敢拒邪魏曹操著令曰京
城有變九卿各守其府後嚴才亂與徒數十人攻左掖門操登銅爵臺望之無
敢救者時王脩爲奉常聞變召車騎未至領官屬步至宮門操曰彼來者必王
脩乎此由脩察變識機故冒法赴難向若拘常則遂成禍矣故王者設法不可
急亦不可慢詩曰不懈於位人之攸塈仁也式遏寇虐無俾作慝刑也書曰高
明柔克沈潛剛克中道也帝曰善轉中書侍郎監修國史初顯慶中令狐德棻
劉胤之撰國史其後許敬宗復加緒次帝恨敬宗所紀失實更命宰相刊正且
曰朕昔從幸未央宮辟仗既過有横刀伏草中者先帝斂轡却謂朕曰事發當
死者數十人汝可命出之史臣惟敘此爲實處俊曰先帝仁恩溥博類非一臣
之弟處傑被擇供奉時有三衞誤拂御衣者懼甚先帝曰左右無御史我不汝
罪帝曰此史臣應載處俊乃表左史李仁實欲删整僞辭會仁實死而止上元

初帝觀酺翔鸞閣時赤縣與太常音技分東西朋帝詔雍王賢主東周王顯主西因以角勝處俊曰禮所以示童子無詐者恐其欺詐之心生也二王春秋少意操未定乃分朋造黨使相誇彼俳兒優子言辭無度爭負勝相譏誚非所以導仁義示雍和也帝遽止歎曰處俊遠識非衆臣所逮遷中書令兼太子賓客檢校兵部尚書帝多疾欲遜位武后處俊諫曰天子治陽道后治陰德然則帝與后猶日之與月陽之與陰各有所主不相奪也若失其序上讁見于天下降災諸人昔魏文帝著令帝崩不許皇后臨朝今陛下奈何欲身傳位天后乎天下者高祖太宗之天下非陛下之天下正應謹守宗廟傳之子孫不宜持國與人以喪厥家中書侍郎李義琰曰處俊言可從惟陛下不疑事遂沮又兼太子左庶子拜侍中罷爲太子少保開耀元年卒年七十五贈開府儀同三司荆州大都督帝哀歎其忠舉哀光順門祭以少牢賻絹布八百段米粟八百石詔百官赴哭官庀葬事子北叟固辭未聽裴炎爲白帝曰處俊阽死諉臣曰生無益于國死無煩費凡詔賜願一罷之帝聞惻然答其意止賻物而已處俊資約素

土木形骸然臨事敢言自秉政在帝前議論諄諄必傅經義凡所規獻得大臣體武后雖忌之以其操履無玷不能害與舅許圉師同里俱宦達鄉人田氏彭氏以高貲顯故江淮間爲語曰貴如郝許富如田彭

孫象賢垂拱中爲太子通事舍人后素銜處俊故因事誅之臨刑極罵乃死后怒令離磔其尸斲夷祖父棺冢自是訖後世將刑人必先以木丸窒口云

朱敬則字少連亳州永城人以孝義世被旌顯一門六闕相望敬則志尚恢博好學重節義然諾善與人交振其急難不責報於人與左史江融左僕射魏元忠善咸亨中高宗聞其名召見異之爲中書令李敬玄所毀故授洹水尉久之除右門闕初武后稱制天下頗流言遂開告密羅織之路興大獄誅將相大臣至是已革命事漸寧敬則諫曰臣聞李斯之相秦也行申商之法重刑名之家杜私門張公室棄無用之費損不急之官惜日愛功亟戰疾耕既庶而富遂屠諸侯此救弊之術也故曰刻薄可施於進趨變詐可陳於攻戰天下已平故可易之以寬簡潤之以淳和秦乃不然淫虐滋甚往而不反卒至土崩此不知變

之禍也陸賈叔孫通事漢祖當滎陽成皐間糧餉窮智勇困未嘗敢開一說效
一奇惟進豪猾貪暴之人及區宇適定乃陳詩書說禮樂開王道高帝忿然曰
吾以馬上得之安事詩書對曰馬上得之可馬上治之乎帝默然於是賈著新
語通定禮儀此知變之善也向若高帝斥二子置詩書重攻戰尊首級則復道
爭功拔劍擊柱晷漏不保何十二帝二百年乎故曰仁義者聖人之蘧廬禮者
先王之陳迹祠祝畢芻狗捐淳精流糟粕棄仁義尙爾況其輕乎國家自文明
以來天地草昧內則流言外則構難故不設鉤距無以順人不切刑罰無以息
暴於是置神器開告端故能不出房闥而天下晏然易主矣臣聞急趨者無善
迹促柱者無和聲拯溺不規行療饑不鼎食卽向時祕策今之芻狗也願鑒秦
漢之失考時事之宜毀蘧廬遺糟粕下寬大之令流曠蕩之澤去萋斐之角牙
頓姦險之芒刃塞羅織之妄源掃朋黨之險迹曠然使天下更始豈不樂哉后
善其言遷正諫大夫兼修國史乃請高史官選以求名才侍中韋安石嘗閱其
史稾歎曰董狐何以加世人不知史官權重宰相宰相但能制生人史官兼制

生死古之聖君賢臣所以畏懼者也時賦斂繁重民多蕩析后數召入禁中訪
失得進同鳳閣鸞臺平章事張易之構魏元忠張說欲誅之無敢言者敬則獨
奏曰元忠說秉心忠一而所坐無名殺之失天下望乃得不死以老疾還政事
俄改成均祭酒冬官侍郎易之等集名儒譔三教珠英又繪武三思李嶠蘇味
道李迥秀王紹宗等十八人像以爲圖欲引敬則固辭不與世潔其爲人出爲
鄭州刺史遂致仕侍御史冉祖雍誣奏與王同皎善貶涪州刺史既明非其罪
改廬州代還無淮南一物所乘止一馬子曹步從以歸卒年七十五敬則與三
從昆弟居四十年貲產無異及執政每以用人爲先細務不省也嶺表蠻叛以
裴懷古有文武才用爲桂州都督蠻服其威惠相率降薦魏知古爲鳳閣舍人
張思敬爲右史皆稱職初二張權寵盛敬則密謂敬暉曰公若假太子令舉北
軍誅易之兄弟兩飛騎力耳暉卒用其策始崔寔仲長統王朗曹冏論封建指
秦爲失敬則以爲秦漢世禮義陵遲不可復用周制封諸侯著論明之儒者以
爲知言睿宗嗣位嘗曰神龍以來忠於本朝者李多祚王同皎韋月將燕欽融

並褒復矣尚有遺者耶劉幽求曰朱敬則忠正義烈天下所推往爲宗楚客冉
祖雍等所誣謫守刺史長安中嘗語臣曰相王必受命當悉心事之及韋氏干
紀臣遂見危赴難雖天誘其衷亦敬則啓之於是追贈祕書監謚曰元
敬則兄仁軌字德容隱居養親嘗誨子弟曰終身讓路不枉百步終身讓畔不
失一段有赤烏白鵲棲所居樹按察使趙承恩表其異及卒郭山惲員半千魏
知古共諡爲孝友先生
贊曰武后乘唐中衰操殺生柄劫制天下而攘神器仁傑蒙耻奮忠以權大謀
引張柬之等卒復唐室功蓋一時人不及知故唐呂溫頌之曰取日虞淵洗光
咸池潛授五龍夾之以飛世以爲名言方高宗舉天下將以禪后處俊固爭不
使妻乘夫陰反陽至姦人銜怨仇嚙以逞蓋所謂諠形於主耶敬則一諫而羅
織之獄衰時而後言者歟

唐書卷一百十五

唐書卷一百十六

宋　端　明　殿　學　士　宋　祁　撰

列傳第四十一

二王韋陸二李杜

王綝字方慶以字顯其先自丹楊徙雍咸陽父弘直爲漢王元昌友王好畋游上書切諫王稍止然益疏斥終荆王友方慶起家越王府參軍受司馬遷班固二史於記室任希古希古他還就卒其業武后時累遷廣州都督南海歲有崑崙舶市外區琛琲前都督路元叡冒取其貨舶酋不勝忿殺之方慶至秋毫無所索始部中首領沓墨民詣府訴府曹素相餉謝未嘗治方慶約官屬不得與交通犯者痛論以法境內清畏議者謂治廣未有如方慶者號第一下詔賜瑞錦雜綵以著善政轉洛州長史封石泉縣子遷鸞臺侍郎同鳳閣鸞臺平章事進鳳閣侍郎神功初清邊道大總管武攸宜破契丹凱還且獻俘內史王及善以孝明帝忌月請鼓吹備而不作方慶曰晉穆帝納后當康帝忌月時以爲疑

荀納謂禮有忌日無忌月自月而推則忌時忌年愈無理據世用其言臣謂軍
方大凱作樂無嫌詔可武后幸玉泉祠以山道險欲御腰輿方慶奏昔張猛諫
漢元帝乘船危就橋安帝乃從橋今山阿危峭隥道曲狹比於樓船又復甚危
陛下奈何輕踐畏塗哉后爲罷行方慶嘗以令期及大功喪未葬不聽朝賀未
除弗豫享宴比羣臣不遵用頹紊教誼不可長有詔申責內外畏之后嘗就求
羲之書方慶奏十世從祖羲之書四十餘番太宗求之先臣悉上送今所存惟
一軸并上十一世祖導十世祖洽九世祖珣八世祖曇首七世祖僧綽六世祖
仲寶五世祖騫高祖規曾祖褒并九世從祖獻之等凡二十八人書共十篇后
御武成殿徧示羣臣詔中書舍人崔融序其代閥號寶章集復以賜方慶士人
歆其寵以老乞身改麟臺監脩國史中宗復爲皇太子拜方慶檢校左庶子后
欲季冬講武有司不時辦遂用明年孟春方慶曰按月令孟冬天子命將帥講
武習射御角力此乃三時務農一時講武安不忘危之道孟春不可以稱兵兵
金也金勝木方春木王而舉金以害盛德逆生氣孟春行冬令則水潦爲敗雪

霜大摯首種不入今孟春講武以陰政犯陽氣害發生之德臣恐水潦敗物霜雪損稼夏麥不登願陛下不違時令前及孟冬以順天道手制褒允是歲真拜左庶子進封公奉入同職事三品兼侍太子讀書方慶奏人臣於天子未有斥太子名者晉山濤啓事稱皇太子不名孝敬爲太子更弘爲崇沛王爲太子更賢爲文今東宮門殿名多嫌觸請一改之以協舊典制可長安二年卒贈兗州都督謚曰貞中宗復位以東宮舊臣贈吏部尚書方慶博學練朝章著書二百餘篇尤精三禮學者有所咨質酬復淵詣故門人次爲雜禮答問家聚書多不減祕府圖畫皆異本方慶歿後諸子不能業隨皆散亡孫備六世孫瑱別傳瑱曾孫摶

贊曰李德裕著書稱方慶爲相時子爲眉州司士參軍武后曰君在相位何子之遠對曰廬陵是陛下愛子今尚在遠臣之子庸敢相近以比倉唐悟文侯事嗟乎君子哉雖造次不忘悟君於善及建言不斥太子名以動羣臣示中興之漸所謂人難言者於方慶難乎哉德裕之稱爲不誣矣

俌字靈龜明經調莫州參軍辟范陽節度使張守珪幕府時契丹屈烈部將謀入寇河北騷然俌至虜中脅說禍福虜乃不入安祿山叛拜博陵常山二太守副河北招討卒贈太常卿自褒至俌六世封石泉云俌孫遂

遂好興利操下以嚴累遷鄧州刺史太府卿西北供軍使與度支潘孟陽爭營田事憲宗怒出遂爲柳州刺史親吏韋行素柳季常當受課料兩池吏見遂斥卽抵以罪始詔書出左丞呂元膺劾遂補吏犯贓法當坐而詔稱清能業官按遂犯有狀不宜謂清且柳大州不可使治帝喻之乃下會兵宿淮西亟財賦藉遂幹彊拜宣歙觀察使蔡已平師東討李師道召爲光祿卿淄青行營糧料使辭卿職換檢校左散騎常侍兼御史大夫始調兵食歲三百萬俄而賊誅遂簿羨貲百萬以獻帝高其能于時析齊爲三鎭卽拜遂沂兗海觀察使遂資褊刻杖扑皆踰制盛夏治署舍牆垣程督慘峭將吏素悍戾遂輒罵曰反殘賊人人嗟怨裨校王弁與役人浴于川語曰天方兩牆且毀等罪耳乃謀亂明日遂方燕弁率其黨挾兵進遂驚匿廁下執而數其罪殺之其副張敦實官屬李矩甫

皆死弁自知留事帝以沂海新定畏青鄆亦搖乃拜弁開州刺史至徐州械送京師斬東市監軍上遂所製杖出示於朝爲戒云

摶字昭逸擢進士第辟佐王鐸滑州節度府累遷蘇州刺史久之以戶部侍郎判戶部乾寧初進同中書門下平章事董昌誅出爲威勝節度使未行加檢校尚書右僕射浙東西宣撫使會錢鏐兼領二浙故留拜門下侍郎同中書門下平章事判度支昭宗建嫡后摶請因赦天下以尊大其禮正拜右僕射還司空封魯國公初中官權盛帝欲翦抑之自石門還政一決宰相羣宦不平搆藩鎮內脅天子摶曰人君務平心大體御萬物偏聽產亂古所戒也今奄人盜威福偪制君上道路人皆知之方朝廷多難未可卒除當徐以計去之事急且有變崔胤與摶並位素忌摶明達有謀即劾摶爲中官外應會胤罷宰相疑摶擠斥乃厚結朱全忠薦己復輔政即譖摶與樞密使宋道弼景務脩交私將危社稷全忠因顯疏其尤光化三年罷爲工部侍郎貶溪州刺史又貶崖州司戶參軍事賜死藍田驛

韋思謙名仁約以近武后父諱爲嫌遂以字行其先出雍州杜陵後客襄陽更徙爲鄭州陽武人八歲喪母以孝聞及進士第累調應城令負殿不得進官吏部尚書高季輔曰予始得此一人豈以小疵棄大德邪擢監察御史常曰御史出使不能動搖山岳震慴州縣爲不任職中書令褚遂良市地不如直思謙劾之罷爲同州刺史及復相出思謙清水令或弔之答曰吾狷直觸機輒發暇卹身乎丈夫當敢言地要須明目張膽以報天子焉能錄錄保妻子耶沛王府長史皇甫公義引爲倉曹參軍謂曰公非池中物屈公爲數旬客以重吾府改侍御史高宗賢之每召與語雖甚倦徙倚軒檻猶數刻罷疑獄劇事多與參裁武候將軍田仁會誣奏御史張仁禕帝廷詰仁禕懦不得對思謙爲辯其枉因言仁會營罔陷人不測者詞旨詳暢帝善之仁禕得不坐累遷右司郎中尚書左丞振明綱轄朝廷肅然進御史大夫性謇諤顏色莊重不可犯見王公未嘗屈禮或以爲譏答曰耳目官固當特立鵰鶚鷹鸇豈衆禽之偶奈何屈以狎之帝崩思謙扶疾入臨涕泗冰須俯伏號絶詔給扶侍轉司屬卿復爲右肅政大夫

故事大夫與御史鈞禮思謙獨不答或以爲疑思謙曰班列固有差奈何尙姑
息邪垂拱初封博昌縣男同鳳閣鸞臺三品轉納言辭疾不許詔肩輿以朝聽
子孫侍以太中大夫致仕卒贈幽州都督子承慶嗣立

承慶字延休性謹畏事繼母爲篤孝擢進士第補雍王府參軍府中文翰悉委
之王爲太子遷司議郎儀鳳中詔太子監國太子稍嗜聲色與士功承慶見造
作玩好浮廣倡優鼓吹讙譁戸奴小人皆得親左右承顏色恐因是作威福宜
加繩察乃上疏極陳其端又進諭善箴太子頗嘉納承慶嘗謂人所以擾濁浮
躁本之於心乃著靈臺賦譏揣當世亦自廣其志太子廢出爲烏程令累遷鳳
閣舍人掌天官選屬文敏無留思雖大詔令未嘗著藁失大臣意出爲沂州刺
史明堂災上疏諫以文明垂拱後執政者未滿歲率以罪去大抵皆惡逆不道
夫構大廈濟巨川必擇文梓鯮艎若亟毀而敗則是用朽木乘膠船也臣謂陛
下求賢之意切而取人之路寬故一言有合而付大任夫以堯舉舜猶歷試諸
難況庸庸者可超處輔相以百揆萬幾畀小人哉書不報未幾復爲舍人掌選

病免改太子諭德歷豫號二州刺史有善政轉天官侍郎修國史凡三掌選銓
授平允議者公之長安中拜鳳閣侍郎同鳳閣鸞臺平章事張易之誅承慶以
素附離免冠待罪時議草赦令咸推承慶召使爲之無撓色誤辭援筆而就衆
嘆其壯然以累猶流嶺表歲餘拜辰州刺史未行以祕書員外少監召兼修國
史封扶陽縣子招撰武后紀聖文中宗善之遷黄門侍郎未拜卒帝悼之召其
弟相州刺史嗣立會葬因拜黄門侍郎繼其位贈禮部尚書謚曰溫
嗣立字延構與承慶異母少友悌母遇承慶嚴每笞輒解衣求代母不聽卽遣
奴自捶母感寤爲均愛世比晉王覽第進士累調雙流令政爲二川最承慶解
鳳閣舍人武后召嗣立謂曰爾父嘗稱二子忠且孝堪事朕比兄弟稱職如而
父言今使卿兄弟自相代卽拜鳳閣舍人時學校廢刑濫及善人乃上書極陳
永淳後庠序隳散冑子衰缺儒學之官輕章句之選弛貴閥後生以徼倖升寒
族平流以替業去垂拱間仕入彌多公行私謁選補逾濫經術不聞猛暴相夸
陛下誠下明詔追三館生徒敕王公以下子弟一入太學尊尙師儒發揚勸奬

海內知嚮然後審畀銓總各程所能以之臨人則官無曠民樂業矣又曰揚豫以來大獄屢興窮治連捕數年不絕大猾伺間陰相影會構似是之言正不赦之辜恣行楚慘類自誣服王公士人至連頸就戮道路藉藉咸知其非而鍛鍊已成不可翻動小則身誅大則族夷相緣共坐者庸可勝道彼皆報讎復嫌苟圖功求官賞耳臣願陛下廓天地之施雷雨之仁取垂拱以來罪無重輕所不赦者普皆原洗死者還官生者霑恩則天下曉然知向所陷罪非陛下意也長安中拜鳳閣侍郎同鳳閣鸞臺平章事時州縣非其人后以爲憂李嶠唐休璟曰今朝廷重內官輕外職每除牧守皆訴不行非過累不得遣請選臺閣賢者分典大州自近臣始后曰誰爲朕行嶠立曰內典機要非臣所堪請先行以示羣臣后悅以本官檢校汴州刺史由是左肅政大夫楊再思等十八人悉補外未幾承慶知政事嗣立以成均祭酒徙魏洛二州政無它異坐善二張貶饒州刺史繇相州刺史入爲黃門侍郎轉太府卿修文館大學士中宗景龍中拜兵部尚書同中書門下三品時崇飾觀寺用度百出又恩倖食邑者衆封戶凡五

十四州皆據天下上腴一封分食數州隨土所宜牟取利入至安樂太平公主率取高貲多下家無復如平民有所損免爲封戶者亟於軍與監察御史宋務光建言願停徵封一切附租庸輸送不納嗣立建言今廩帑耗竭無一歲之儲假遇水旱人須賑給不時軍興士待資裝陛下何以具之伏見營立寺觀累年不絕鴻侈繁麗務相矜勝大抵費常千萬以上轉徙木石廢功害農地藏開發蟄蟲傷露上聖至慈理必不然準之道法則乖質之生人則損陛下豈不是思又食封之家日月猥衆凡用戶部丁六十萬人課二絹則固一百二十萬臣見太府歲調絹纔百萬匹少則十之二有所貸免曾不半在比諸封家所入已寡國初功臣共定天下食封不二十家今橫恩特賜家至百四十以上天下租賦在公不足而私有餘又封家徵求各遣奴皁凌突侵漁百姓怨嘆或貿易斷盜誅責紛紜曾無少息下民窶乏何以堪命臣願以丁課一送太府封家詣左藏仰給禁止自徵以息重困臣聞設官建吏本於治人而務安之也明官得其人則天下治古者取士先鄉曲之譽然後辟於州州已試然後辟五府五府著聞

乃升諸朝得不謂所擇悉而所歷深乎今之取人未試而遽遷務進徼幸比肩係踵故文者治官則回邪贓汙武者治軍則庸懦怯弱補授亡限員外置官吏困供承官竭資奉國家大事豈甚於此古者設爵待士才者有之不才者進則有才之路塞賢人據正遠僥倖之門僥倖開則賢者隱矣賢者隱則人不安人不安國將危矣刺史縣令治人之首比年不加簡擇京官坐負及聲稱下者乃典州吏部年高不善刀筆者乃擬縣朝輕用人何以治國願下有司精加汰擇凡諸曹侍郎兩省工臺及五品以上清望官當先選用刺史縣令所冀守宰稱職以與太平帝不聽嗣立與韋后屬疏帝特詔附屬籍顧待甚渥營別第驪山鸚鵡谷帝臨幸命從官賦詩制序冠篇賜況優備因封嗣立逍遙公名所居曰清虛原幽棲谷嗣立獻木㮇藤盤數十物唐隆初拜中書令韋后敗幾死于亂寧王爲救免出爲許州刺史以定策立睿宗賜封百戶徙汝州入爲國子祭酒太子賓客坐宗楚客等削遺制事不執正貶岳州別駕再徙爲陳州刺史開元中河南道巡察使表其廉欲復用會卒年六十六贈兵部尚書謚曰孝初嗣立

代承慶爲鳳閣舍人黃門侍郎承慶亦代爲天官侍郎及知政事父子並爲宰
相世罕其比有二子恆濟知名
恆開元初爲碭山令政寛惠吏民愛之天子東巡州縣供張皆鞭扑趣辦恆不
立威而事給姑子御史中丞宇文融薦恆有經濟才讓以其位擢殿中侍御史
累轉給事中爲隴右河西黜陟使時河西節度使蓋嘉運恃左右援橫恣不法
妄列功狀恆劾奏之人代其恐出爲陳留太守卒
濟開元初調鄄城令或言吏部選縣令非其人既衆謝有詔問所以安人者對
凡二百人惟濟居第一不能對者悉免官於是擢濟醴泉令侍郎盧從愿李朝
隱並貶爲刺史濟四遷戶部侍郎爲太原尹著先德詩四章世服其典懿天寶
中授尚書左丞凡三世居之濟文雅頗能修飾政事所至有治稱終馮翊太守
子輿夏令亦以能政聞
嗣立孫弘景擢進士第數佐節度府以左補闕召爲翰林學士蘇光榮爲涇原
節度使弘景當草詔書辭不如旨罷學士累遷度支郎中張仲方黜李吉甫諡

得罪憲宗意弘景擿助出爲綿州刺史李夷簡鎭淮南奏以自副召入再遷給事中駙馬都尉劉士涇賂權近擢太僕卿弘景上還詔書穆宗使喻其先人昌有功朕所以念功睦親者弘景固執帝怒使宣慰安南由是有名時蕭俛輔政弘景議論常佐佑之遷再遷吏部侍郎銓綜平序貴幸憚其嚴不敢恩以私歷陝虢觀察使召拜尙書左丞駮正吏銓所除六十餘官不當進資於是鄭絪丁公著楊嗣復皆奪俸郎吏肅然望風脩整吏部員外郎楊虞卿以累下吏詔弘景與御史詳讞虞卿私造門弘景厲言曰有詔按公尙私謁邪虞卿多朋助自謂必見納及是惶恐去遷禮部尙書東都留守卒年六十六贈尙書左僕射弘景以直道進議論持正有守當時風教所倚賴爲長慶名卿

陸元方字希仲蘇州吳人陳給事黃門侍郎琛之曾孫伯父東之善書名家官太子司議郎元方初明經後舉八科皆中累轉監察御史武后時使嶺外方涉海風濤驚壯舟人懼元方曰吾受命不私神豈害我趣使濟而風訖息使還除殿中侍御史擢鳳閣舍人秋官侍郎爲來俊臣所陷后置不罪遷鸞臺侍郎同

鳳閣鸞臺平章事坐附會李昭德貶綏州刺史擢天官侍郎兼司衛卿或言其薦引皆親黨后怒免官令白衣領職元方薦人如初后召讓之對曰舉臣所知不暇問讎黨又薦其友崔玄暐有宰相才后知無他復拜鸞臺侍郎同鳳閣鸞臺平章事后嘗問外事對曰臣備位宰相大事當白奏民間碎務不敢以聞忤旨下除太子右庶子進文昌左丞卒元方素清慎再執政每進退羣臣后必先訪問外祕莫知臨終取奏稾焚之曰吾陰德在人後當有興者又曰吾當壽但領選久耗傷吾神有一柙生平所緘鑰者歿後家人發之乃前後詔敕贈越州都督諸子皆美才而象先景倩景融尤知名

象先器識沈邃舉制科高第爲揚州參軍事時吉頊與元方同爲吏部侍郎頊擢象先爲洛陽尉元方不肯當頊曰爲官擇人豈以吏部子廢至公邪卒以授俄還監察御史累授中書侍郎景雲中進同中書門下平章事監脩國史初太平公主謀引崔湜爲宰相湜曰象先人望宜幹樞近君不者湜敢辭主不得已爲言之遂並知政事然其性恬靜寡欲議論高簡爲時推向湜嘗曰陸公加於

人一等公主既擅權宰相爭附之象先未嘗往謁及謀逆召宰相議曰寧王長
不當廢嫡立庶象先曰帝得立何也主曰帝有一時功今失德安可不廢對曰
立以功者廢必以罪今不聞天子過失安得廢主怒更與竇懷貞等謀卒誅死
時象先與蕭至忠岑羲等坐爲主所進將同誅玄宗遽召免之曰歲寒然後知
松柏之後凋也以保護功封兗國公賜封戶二百初難作睿宗御承天樓羣臣
稍集帝麾曰助朕者留不者去於是有投名自驗者事平玄宗得所投名詔象
先收按象先悉焚之帝大怒欲幷加罪頓首謝曰赴君之難忠也陛下方以德
化天下柰何殺行義之人故臣違命安反側者其敢逃死帝寤善之時窮治忠
羲等黨與象先密爲申救保全甚衆當時無知者罷爲益州大都督府長史劍
南按察使爲政尚仁恕司馬韋抱真諫曰公當峻扑罰以示威不然民慢且無
畏答曰政在治之而已必刑法以樹威乎卒不從而蜀化累徙蒲州刺史兼河
東按察使小吏有罪誡遣之大吏白爭以爲可杖象先曰人情大抵不相遠謂
彼不曉吾言邪必責者當以汝爲始大吏慚而退嘗曰天下本無事庸人擾之

爲煩耳第澄其源何憂不簡邪故所至民吏懷之入爲太子詹事歷戶部尚書知吏部選事母喪免起爲揚州大都督府長史遷太子少保卒年七十二贈尚書左丞相謚曰文貞始象先名景初睿宗曰子能紹先構是爲象賢者乃賜名焉

弟景倩爲扶溝丞河南按察使畢構覆州縣殿最欲必得實有吏言狀曰某彊清某詐清惟景倩曰眞清終監察御史

景融長七尺美姿質寬中而厚外博學工筆札以蔭補千牛轉新鄭令政有風績累遷工部尚書東京留守卒贈廣陵郡都督景融於象先後母弟也象先被笞景融諫不入則自楚母爲損威人多其友四世孫希聲

希聲博學善屬文通易春秋老子論著甚多商州刺史鄭愚表爲屬後去隱義興久之召爲右拾遺時憸腐秉權歲數歉梁宋尤甚希聲見州縣刓敝上言當謹視盜賊明年王仙芝反株蔓數十州遂不制擢累歙州刺史昭宗聞其名召爲給事中拜戶部侍郎同中書門下平章事在位無所輕重以太子少師罷李

茂貞等兵犯京師與疾避難卒贈尙書左僕射謚曰文

元方從父餘慶陳右衛將軍珣孫方雅有祖風已冠名未顯兄玄表啗曰爾名宦不立奈何餘慶感激閉戶誦書三年以博學稱舉制策甲科補蕭尉累遷陽城尉武后封嵩山以辦具勞擢監察御史聖曆初靈勝二州党項誘北胡寇邊詔餘慶招慰喻以恩信蕃酋率衆內附還殿中侍御史鳳閣舍人嘗命草詔殿上恐懼不能得一詞降左司郎中久之封廣平郡公太子右庶子餘慶於寒品晚進必悉力薦藉人有過輒面折退無一言開元初爲河南河北宣撫使薦富春孫逖京兆韋述吳興蔣洌河南達奚珣後皆爲知名士遷大理卿終太子詹府事謚曰莊雅善趙貞固盧藏用陳子昂杜審言宋之問畢構郭襲微司馬承禎釋懷一時號方外十友餘慶才不逮子昂等而風流敏辯過之初武后時酷吏用事中宗朝倖臣貴主斜封大行啗利嗇禍之人與相乾沒雖亟責驟用而戮不反踵餘慶以道自將雖仕不赫赫訖無悔尤

子璪字仲采舉明經補長安尉以清幹稱開元初中朝臣子弟不任京畿改新

鄉令人爲立祠用按察使宇文融薦遷澠池令累遷兵部郎中東彍騎使還除洛陽令時車駕在洛權勒姦豪人不敢犯爲中書令蕭嵩所器嵩罷佗宰相俾陰廉嵩短璪曰與人交過且不可言況無有邪以是忤貴近出爲太原少尹累徙西河太守封平恩縣男屬邑多虎前守設檻穽璪至徹之而虎不爲暴

王及善洺州邯鄲人父君愕有沈謀隋亂并州人王君廓掠邯鄲君愕往說曰隋氏失御豪俊共救其亂宜撫納遺甿而保全之觀時變待真主足下無尺寸之地兼旬之糧劫衆而與但恣殘剽所過失望竊爲足下羞之君廓謝曰計安出答曰井陘之險可先取君廓從其言遂屯井陘山高祖入關與君廓偕來拜君愕大將軍封新興縣公累遷左武衛將軍從太宗征遼領左屯營兵與高麗戰駐驆山死于陣贈左衛大將軍幽州都督邢國公陪葬昭陵及善以父死事授朝散大夫襲邢國公爵皇太子弘立擢及善左奉裕率太子宴于宮命宮臣擲倒及善辭曰殿下自有優人臣苟奉令非羽翼之美太子謝之高宗聞賜絹百匹除右千牛衛將軍帝曰以爾忠謹故擢三品要職羣臣非搜辟不得至朕

所爾佩大橫刀在朕側亦知此官貴乎病免召爲衞尉卿垂拱中歷司屬卿山東飢詔爲巡撫賑給使拜春官尚書出爲秦州都督益州長史加光祿大夫以老病致仕神功元年契丹擾山東擢魏州刺史武后勞曰逆虜盜邊公雖病可與妻子行日三十里爲朕臥治爲屏蔽也因延問朝政得失及善陳治亂所宜后悅曰禦寇末也輔政本也公不可行留拜內史來俊臣繫獄當死后欲釋不誅及善曰俊臣凶狡不道引亡命汙戮善良天下疾之不勦絕元惡且搖亂胎禍憂未既也后納之廬陵王之還密贊其謀旣爲皇太子又請出外朝以安羣臣及善不甚文而清正自將臨事不可奪有大臣節時二張怙寵每侍宴無人臣禮及善數裁抑之后不悅曰卿年高不宜侍游燕但檢校閣中及善即移病餘月后不復問歎曰中書令可一日不見天子乎遂乞骸骨猶不許改文昌左相同鳳閣鸞臺三品卒年八十二贈益州大都督諡曰貞陪葬乾陵

李日知鄭州滎陽人及進士第天授中歷司刑丞時法令嚴吏爭爲酷日知獨平寬無文致嘗免一囚死少卿胡元禮執不可曰吾不去曹囚無生理日知曰

僕不去曹囚無死法皆以狀讞而武后用日知議神龍初為給事中母老病取
急調侍數日須髮輒白母未及封而卒方葬吏乃齎贈制日知殞絕于道左右
為泣莫能視巡察使路敬潛欲表其孝使求狀辭不報服除累遷黃門侍郎景
龍初同中書門下平章事轉御史大夫仍知政事初安樂公主館第成中宗臨
幸燕從官賦詩日知卒章獨以規誡睿宗佗日謂曰嚮日雖朕亦不敢諫非公
挺直何能爾即拜侍中先天元年罷為刑部尚書屢乞骸骨許之日知將有請
不謀于家歸乃治行妻驚曰產利空空何辭之遽日知曰仕至此已過吾分人
亦何厭之有若厭于心無日而足也既罷不治田園唯飾臺池引賓客與娛樂
開元三年卒日知貴諸子方總角皆通婚名族時人譏之後少子伊衡以妾為
妻鬻田宅至兄弟訟鬩家法遂替云

杜景佺冀州武邑人性嚴正舉明經中第累遷殿中侍御史出為益州錄事參
軍時隆州司馬房嗣業徙州司馬詔未下欲即視事先笞責吏以示威景佺謂
曰公雖受命為司馬州未受命何急數日祿邪嗣業怒不聽景佺曰公持咫尺

制真僞莫辨卽欲攪亂一府敬業揚州之禍非此類邪叱左右罷去既乃除荆州司馬吏歌之曰錄事意與天通州司馬折威風由是寖知名入爲司刑丞與徐有功來俊臣侯思止專治詔獄時稱遇徐杜者生來侯者死改秋官員外郎與侍郎陸元方按員外郎侯味虛罪已推輒釋之武后怒其不待報元方大懼景佺獨曰陛下明詔六品七品官文辨已定待命于外今雖欲罪臣奈明詔何宰相曰詔爲司刑設何預秋官邪景佺曰詔令一布無臺寺之異后以爲守法擢鳳閣舍人還洛州司馬延載元年檢校鳳閣侍郎同鳳閣鸞臺平章事后嘗季秋出棃華示宰相以爲祥衆賀曰陛下德被草木故秋再華周家仁及行葦之比景佺獨曰陰陽不相奪倫瀆卽爲災故曰冬無愆陽夏無伏陰春無淒風秋無苦雨今花木黃落而木復華瀆陰陽也竊恐陛下布德施令有所虧紊臣位宰相助天治物治而不和臣之咎也頓首謝罪后曰真宰相會李昭德下獄景佺苦申救后以爲面欺左遷秦州刺史入拜司刑卿聖曆元年復以鳳閣侍郎同鳳閣鸞臺平章事契丹入寇陷河北數州虜已去武懿宗欲盡論其罪景

佺以爲脅從可原后如其議罷爲秋官尚書坐漏省内語降司刑少卿出爲幷州長史道病卒贈相州刺史初名元方垂拱中改今名
李懷遠字廣德邢州柏仁人少孤嗜學宗人欲藉以高蔭懷遠辭退而曰因人之勢高士恥之假蔭而官吾志邪擢四科第累轉司禮少卿出爲本州刺史改冀州遷揚益二都督府長史徙同州刺史治尚清簡累遷鸞臺侍郎進同鳳閣鸞臺平章事封平鄉縣男以左散騎常侍同中書門下三品爵趙郡公賜實封戸三百以老聽致仕中宗還京師召知東都留守復加同中書門下三品懷遠久貴益素約不治居室嘗乘款段馬僕射豆盧欽望謂曰公貴顯顧當然邪答曰吾幸其馴不願宅駿神龍二年卒帝賜錦衾斂自爲文祭之贈侍中諡曰成子景伯景龍中爲諫議大夫中宗宴侍臣及朝集使酒酣各命爲回波詞或以諂言媚上或要丐謬寵至景伯獨爲箴規語以諷帝帝不悅中書令蕭至忠曰真諫官也景雲中進太子右庶子時有建言置都督府非是詔羣臣普議景伯與太子舍人盧俌議今天下諸州分隸都督專生殺刑賞使授非其人則權重

釁生非彊幹弱枝經邦軌物之誼願罷都督留御史以時按察秩卑任重以制
姦宄便繇是停都督終右散騎常侍
子彭年有才剖析明悟歷遷中書舍人吏部侍郎與李林甫善常慕山東著姓
爲婚姻引就清列典選七年卒以贓敗長流臨賀郡天寶十二載擢爲濟陰太
守徙馮翊天子幸蜀陷於賊脅以爲官憂憤死贈禮部尚書

唐書卷一百十六

唐書卷一百十六考證

韋思謙子承慶贈禮部尚書○舊書贈祕書監

陸元方子象先入爲太子詹事歷戶部尚書○舊書歷工部尚書

起爲揚州大都督府長史○舊書起復同州刺史

杜景佺傳○舊書及通鑑綱目俱作景儉

聖曆元年復以鳳閣侍郎同鳳閣鸞臺平章事○沈炳震曰按舊書聖歷二年

則天紀神功元年皆不合

唐書卷一百十六考證

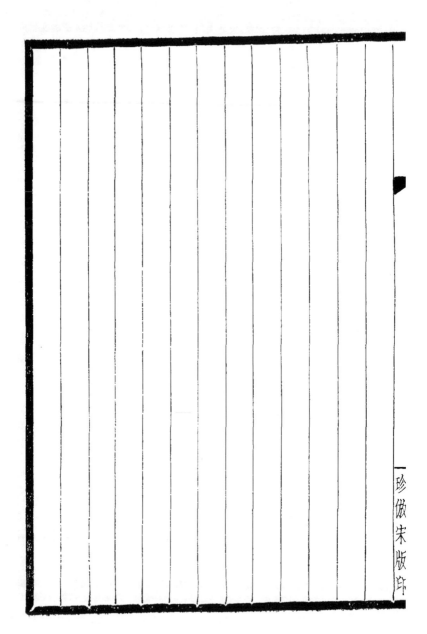

唐書卷一百十七

宋　端　明　殿　學　士　宋　祁　撰

列傳第四十二

裴劉魏李吉

裴炎字子隆絳州聞喜人寬厚寡言笑有奇節補弘文生休澣它生或出游炎讀書不廢有司欲薦狀以業未就辭不舉服勤十年尤通左氏春秋舉明經及第補濮州司倉參軍歷御史起居舍人遷黃門侍郎調露二年同中書門下三品進拜侍中高宗幸東都留皇太子京師以炎調護帝不豫太子監國詔炎與劉齊賢郭正一於東宮平章政事及大漸受遺輔太子是爲中宗改中書令舊宰相議事門下省號政事堂長孫無忌以司空房玄齡以僕射魏徵以太子太師皆知門下省事至炎以中書令執政事筆故徙政事堂於中書省中宗欲以后父韋玄貞爲侍中及授乳媼子五品官炎固執不從帝怒曰我意讓國與玄貞豈不可何惜侍中邪炎懼因與武后謀廢帝后命炎洎劉禕之率羽林將

軍程務挺張虔勗勒兵入宮宣太后令扶帝下殿帝曰我何罪后曰以天下與玄貞安得無罪乃廢帝爲廬陵王更立豫王爲皇帝以定策功封永清縣男后已持政稍自肆於是武承嗣請立七廟追王其先炎諫曰太后天下母以盛德臨朝宜存至公不容追王祖考示自私且獨不見呂氏事乎后曰呂氏之王權屬生人今追崇先世在亡迹異安得同哉炎曰蔓草難圖漸不可長后不悅而罷承嗣又諷太后誅韓王元嘉魯王靈夔以絕宗室望劉禕之韋仁約畏默不敢言炎獨固爭后愈銜怒未幾賜爵河東縣侯豫王雖爲帝未嘗省天下事炎謀乘太后出游龍門以兵執之還政天子會久雨太后不出而止徐敬業兵興后議討之炎曰天子年長矣不豫政故豎子有辭今若復子明辟賊不討而解御史崔詧曰炎受顧託身總大權聞亂不討乃請太后歸政此必有異圖后乃捕炎送詔獄遣御史大夫騫味道御史魚承曄參鞫之鳳閣侍郎胡元範曰炎社稷臣有功於國悉心事上天下所知臣明其不反納言劉齊賢左衛率蔣儼繼辨之后曰炎反有端顧卿未知耳元範齊賢曰若炎反臣輩亦反矣后曰朕

知炎反卿輩不反遂斬于都亭驛炎被劾或勉其遜辭炎曰宰相下獄理不可全卒不折節籍其家無儋石之贏初炎見裴行儉破突厥有功沮薄之乃斬降虜阿史那伏念等五十餘人議者恨其媢克且使國家失信四夷以爲陰禍有知云睿宗立贈太尉益州大都督謚曰忠元範申州義陽人介廉有才以炎故流死嶲州炎從子伷先

伷先未冠推蔭爲太僕丞炎死坐流嶺南上變求面陳得失后召見盛氣待之曰炎謀反法當誅尚何道伷先對曰陛下唐家婦身荷先帝顧命今雖臨朝當責任大臣須東宮年就德成復子明辟奈何遽王諸武斥宗室炎爲唐忠臣而戮逮子孫海內憤怨臣愚謂陛下宜還太子東宮罷諸武權不然豪桀乘時而動不可不懼后怒命曳出杖之朝堂長流瀼州歲餘逃歸爲吏蹟捕流北廷無復名檢專居賄五年至數千萬娶降胡女爲妻妻有黄金駿馬牛羊以財自雄養客數百人自北廷屬京師多其客詗候朝廷事聞知十常七八時補闕李秦授爲武后謀曰讖言代武者劉劉無彊姓殆流人乎今大臣流放者數萬族使

之叶亂社稷憂也后謂然夜拜秦授考功員外郎分走使者賜墨詔慰安流人
實命殺之伷先前知以橐駝載金幣賓客奔突厥行未遠都護遣兵追之與格
鬭爲所執械繫獄以狀聞會武后度流人已誅畏天下姍請更遣使者安撫十
道以好言自解釋曰前使使慰安有罪而不曉朕意擅誅殺殘忍不道朕甚自
咎今流人存者一切縱還繇是伷先得不死中宗復位求炎後授伷先太子詹
事丞遷秦桂廣三州都督坐累且誅賴宰相張說右之免官久乃擢范陽節度
使太原京兆尹以京師官冗奏罷畿縣員外及試官進工部尚書年八十六以
東京留守累封翼城縣公卒官下

劉禕之字希美常州晉陵人父子翼字小心在隋爲著作郎峭直有行嘗面折
僚友短退無餘訾李伯藥曰子翼詈人人都不憾貞觀初召之辭以母老詔許
終養江南道巡察使李襲譽嘉其孝表所居爲孝慈里母已喪召拜吳王府功
曹參軍終著作郎弘文館直學士禕之少與孟利貞高智周郭正一俱以文辭
稱號劉孟高郭並直昭文館俄遷右史弘文館直學士上元中與元萬頃等偕

召入禁中論次新書凡千餘篇高宗又密與參決時政以分宰相權時謂北門學士兄懿之亦給事中同兩省先是姊爲內官武后遣至外家問疾禕之因賀蘭敏之私省之坐流巂州后爲丐還除中書舍人儀鳳中吐蕃寇邊帝訪侍臣所以置之討之之宜人人異謀禕之獨勸帝夷狄猶禽獸雖被馮陵不足校願戢威紓百姓之急帝內其言俄拜相王府司馬檢校中書侍郎帝謂曰卿家忠孝朕子賴卿以師矩譬蓬在麻不扶而挺也后既立王爲帝以其參奉大議愈親之擢中書侍郎同中書門下三品賜爵臨淮縣男方是時詔令叢繁禕之思致華敏裁可占授少選可待也司門員外郎房先敏坐累貶衞州司馬訴于相府內使騫味道謂曰太后旨禕之曰乃上從有司所奏云后聞以味道歸非於上貶青州刺史加禕之太中大夫賜物百段后因曰君爲元首臣爲股肱以手足疾移於腹背尚爲一體乎禕之引咎於己忠臣也納言王德真推順曰戴至德無異才惟能歸善於君爲時所服后曰善後私語鳳閣舍人賈大隱曰后能廢昏立明盍反政以安天下大隱表其言后怒曰禕之乃負我垂拱中或告禕

之受歸誠州都督孫萬榮金與許敬宗妾私通太后遣肅州刺史王本立鞫治以敕示褘之褘之曰不經鳳閣鸞臺何謂之敕后以爲拒制使賜死于家年五十七初褘之得罪睿宗以舊屬申理之姻友冀得釋褘之曰吾死矣太后威福由己而帝營救速吾禍也在獄上疏自陳臨誅洗沐神色自若命其子執筆占爲表子號塞不通書褘之乃自捉筆得數紙詞懇哀到人皆傷之麟臺郎郭翰太子文學周思鈞悵歎其文后惡之貶翰巫州司法參軍思鈞播州司倉參軍睿宗嗣位贈褘之中書令翰嘗爲御史巡察隴右多所按劾次寧州時狄仁傑爲刺史民爭言有異政翰就館以筆紙置于案謂僚屬曰入其境其政可知願薦使君美於朝毋久留即命駕去性寬簡讀老子至和其光同其塵慨然曰大雅君子以保其身乃辭憲官改麟臺郎云

魏玄同字和初定州鼓城人祖士廓仕齊爲輕車將軍玄同進士擢第調長安令累官司列大夫坐與上官儀善流嶺外既廢不自護藉乃馳逐爲生事上元初會赦還工部尚書劉審禮表其材拜岐州長史再遷吏部侍郎永淳元年詔

與中書門下同承受進止平章事封鉅鹿男上疏言選舉法弊曰方今人不加
富盜賊未衰禮誼褻薄者下吏不稱職庶官非其才取人之道有所未盡也武
德貞觀庶事草創人物固乏天祚大聖享國永年異人間出諸色人流歲以千
計官有常員人無定限選集猥至十不收一取舍淆紊夏商以前制度多闕至
周煥然可觀諸侯之臣不皆命天子王朝庶官不專一職穆王以伯冏爲太僕
正命曰愼簡乃僚此乃自擇下吏之言也太僕正特中大夫耳尚以僚屬委之
則三公九卿亦當然也故太宰內史並掌爵祿廢置司徒司馬別掌興賢詔事
是分任羣司而統以數職王命其大者而自擇其小者漢制諸侯自置吏四百
石以下其傳相大臣則漢爲置之州郡掾吏督郵從事悉任之牧守自魏晉以
後始歸吏部而迄于今以刀筆量才簿書察行法與世敝其來久矣尺丈之量
鍾庾之器非所及則不能度非所受則無以容況天下之大士類之衆可委數
人手乎又尸厥任者闇非其選至爲人擇官爲身擇利下筆繫親疏措情觀勢
要悠悠風塵此焉奔競使百行折之一面九能斷之數言不亦難乎且臣聞莅

官者不可以無學傳曰學以從政不聞以政入學今貴戚子弟一皆早仕弘文崇賢羊牛輦脚之類程較既淺技能亦薄而門閥有素資望自高夫所謂胄子者必裁諸學少則受業長而入官然後移家事國謂之德進夫少仕則不務學輕試則無才又勳官三衞流外之屬不待州縣之舉直取書判非先德後言之誼臣聞國之用人如人用財貧者止糟糠富者餘粱肉故當衰敝乏賢則磨策朽鈍以馭之太平多士則遴柬髦俊而使之今選者猥多宜以簡練爲急竊見制書三品至九品並得薦士此誠仄席旁求意也但褒貶不明故上不憂黜責下不盡搜揚莫慎所舉而苟以應命且惟賢知賢聖人篤論臯陶既舉不仁者遠身苟濫進庸及知人不擇舉者之賢而擇所舉之濫不可得已以陛下聖明國家德業而不建經久之策但顧望魏晉遺風臣竊惑之願少遵周漢之規以分吏部選即所用詳所失鮮矣不納進拜文昌左丞鸞臺侍郎同鳳閣鸞臺三品遷地官尚書檢校納言玄同與裴炎締交能保終始故號耐久朋先是狄仁傑督太原運失米萬斛將坐誅玄同救免而河陽令周興未知也數於朝堂聽

命玄同曰明府可去矣毋久留與以爲沮己銜之至是誣玄同言太后老矣當復皇嗣后不察賜死于家年七十三初監察御史房濟監刑謂曰丈人盍上變冀召見得自陳玄同曰人殺與鬼殺等耳不能爲告事人玄同子恬字安禮事親以孝聞第進士爲御史主簿開元中至穎王傅

李昭德雍州長安人父乾祐貞觀初爲殿中侍御史鄃令裴仁軌私役門卒太宗欲斬之乾祐曰法令與天下共之非陛下獨有也仁軌以輕罪致極刑非畫一之制刑罰不中則民無所措手足帝意解繇是免死還侍御史母卒廬墓側負土成墳帝遣使就弔表異其閭歷治書侍御史有能名永徽初擢御史大夫爲褚遂良所惡出爲邢魏二州刺史乾祐雖彊直而昵小人嘗爲書與所善吏刺取朝廷事迷隱其辭爲吏所賣遂良白發於朝坐流驩州召拜滄州刺史入爲司刑太常伯舉雍州司功參軍崔擢爲尚書郎不得報私語擢所以然後擢犯罪告乾祐漏禁中語以自贖詔免官卒昭德彊幹有父風擢明經累官御史中丞永昌初坐事貶振州陵水尉還爲夏官侍郎如意元年拜鳳閣侍郎同鳳

閣鸞臺平章事武后營神都昭德規創文昌臺及定鼎上東諸門標置華壯洛有二橋司農卿韋機徙其一直長夏門民利之其一橋廢省巨萬計然洛水歲淙齧之繕者告勞昭德始累石代柱銳其前廝殺暴濤水不能怒自是無患俄檢校內史薛懷義討突厥以昭德爲行軍長史不見虜還武承嗣任文昌左相昭德諫曰承嗣已王不宜典機衡以惑衆庶且父子猶相簒奪況姑姪乎后矍然曰我未之思也乃罷承嗣爲太子少保洛陽人王慶之率險佞數百人請以承嗣爲皇太子后不許固請后遣昭德詰其故昭德笞殺慶之餘黨散走因奏曰自古有姪爲天子而爲姑立廟乎以親親言之天皇陛下夫也皇嗣陛下子也當傳之子孫爲萬世計陛下承天皇顧託而有天下又立承嗣臣見天皇不來食矣后乃止承嗣恨譖短之后曰吾任昭德而獲安枕是代我勞非而所知也有人獲洛水白石而赤文者獻闕下曰此石赤心故以獻昭德叱曰洛水餘石豈盡能反邪時來俊臣侯思止舞文法數誅陷大臣人皆懾懼昭德每奏其誣罔不道狀卒搒殺思止其黨稍摧沮然昭德頗怙權爲衆指目魯王府功曹

參軍丘悖上疏曰臣聞魏冉誅庶族以安秦忠也弱諸侯以彊國功也然出入自專擊斷無忌威震人主不聞有王張祿一言而卒用憂死向使昭王不卽覺悟則秦之霸業或不傳子孫陛下天授以前萬機獨斷公卿百執具職而已自長壽以來厭怠細政擢委昭德秉總權綱而才小任重負氣彊愎聾盲下民芻狗同列刻薄慶賞多所矯虔聲威翕習天下杜口臣伏見南臺敕目羣臣奏請陛下制已曰可而昭德建言不可制又從之且人臣參奉機密獻可替否事或便利不豫咨謀而畫可已行方與駁異是陽露擅命以示於人歸美引咎誼不類此一切奏讞皆承風指陰相傅會臣觀其膽乃大於身鼻息所衝上拂雲漢夫小家治生千百之貲將以託人尚憂失授況天下之重可輕委寄乎履霜堅冰須防其漸大權一去收之良難願陛下察臣之言又果毅鄧注著石論數千言述其專恣鳳閣舍人逢弘敏以聞后由是惡之謂姚璹曰誠如所言昭德固負國矣乃貶欽州南賓尉俄召授監察御史萬歲通天二年來俊臣誣以逆謀既而俊臣亦下獄同日誅時甚雨衆庶莫不寃昭德而快俊臣神龍二年贈左

御史大夫建中三年加贈司空
吉頊洛州河南人長七尺性陰克敢言事舉進士及第調明堂尉父哲爲易州刺史坐賕當死頊往見武承嗣自陳有二女弟請侍王巾盥者承嗣喜以犢車迎之三日未言問其故答曰父犯法且死故憂之承嗣爲表貸哲死還頊龍馬監劉思禮謀反頊上變事后命武懿宗雜訊因諷囚引近臣高閥生平所牾者凡三十六姓捕繫詔獄搒楚百慘以成其獄同日論死天下寃之擢右肅政臺中丞來俊臣下獄司刑當以死狀三日不下頊從武后游苑中因間言臣爲陛下耳目知俊臣狀入不出人以爲疑后曰朕以俊臣有功徐思之頊曰于安遠告虺貞反今爲成州司馬俊臣誣殺忠良罪惡如山國蠹賊也尚何惜於是后斬俊臣而召安遠爲尚食奉御突厥陷趙定授檢校相州刺史且募兵制虜南向頊辭不知武后曰賊方走藉卿坐鎮耳初太原温彬茂死高宗時封一笥書誘妻曰吾死後須年及垂拱獻之垂拱初妻上其書言后革命事及突厥至趙去故后知虜且還頊至募士無應者俄詔以皇太子爲元帥應募日數千頊還

言狀后曰人心若是邪卿可爲羣臣道之頊誦語于朝諸武惡之始頊善張易之殿中少監田歸道鳳閣舍人薛稷正諫大夫員半千夏官侍郎李迥秀皆爲控鶴內供奉頊又彊敏故后倚爲腹心聖曆二年進天官侍郎同鳳閣鸞臺平章事爲刺史時武懿宗討契丹退保相州後爭功殿中懿宗陋短俯僂頊嚴語侵之無所容假后怒曰我在乃藉諸武宅日安可保銜之張易之兄弟以寵盛思自全問頊計安出頊曰公家以倖進非有大功於天下勢必危吾有不朽策願効之非止保身且世世不絕胙易之流涕請頊曰天下思唐久矣廬陵斥外相王幽閉上春秋高武諸王非海內屬意公盍從容請相王廬陵以副人望易弔爲賀之資也易之昌宗乘間如頊教后意乃定既而知頊與謀召見問狀頊對廬陵相王皆陛下子先帝顧託於陛下當速有所付乃還中宗明年頊坐弟冒僞官貶琰川尉及辭召見泣曰臣去國無復再謁願有所言然疾棘請須臾間后命坐頊曰水土皆一盎有爭乎曰無曰以爲塗有爭乎曰無曰以塗爲佛與道有爭乎曰有之頊首謝曰雖臣亦以爲有夫皇子外戚有分則兩安今太

子再立而外家諸王並封陛下何以和之貴賤親疏之不明是驅使必爭臣知
兩不安矣后曰朕知之業已然且奈何頊尋徙始豐尉客江都卒中宗之立頊
實倡之會得罪無知者睿宗初有發明其忠乃下詔贈御史大夫
贊曰異乎炎之暗于幾也知中宗之不君不知武后之盜廟假虎翼而責其搏
人死固宜哉昭德頊進不以道君子恥之雖然一情區區抑武興唐其助有端
則賢炎遠矣褘之玄同漏言及誅不失所以事君者云

唐書卷一百十七

唐書卷一百十七考證

裴炎傳元範申州義陽人以炎故流死嶲州○舊書坐救炎流死瓊州

李昭德傳坐流驩州召拜滄州刺史○舊書坐流愛州乾封中起爲桂州都督

吉頊傳頊尋徙始豐尉卒○舊書改安固尉尋卒

唐書卷一百十七考證

唐書卷一百十八

宋　端　明　殿　學　士　宋　祁　撰

列傳第四十三

張韋韓宋辛二李裴

張廷珪河南濟源人慷慨有志尚第進士補白水尉舉制科異等累遷監察御史按劾平直武后稅天下浮屠錢營佛祠於白司馬坂作大象廷珪諫以爲傾四海之財殫萬民之力窮山之木爲塔極冶之金爲象然猶有爲之法不足高也塡塞澗穴覆壓蟲蟻且巨億計工員窮窶驅役爲勞饑渴所致疾疹方作又僧尼乞匃自贍而州縣督輸星火迫切鬻賣以充非浮屠所謂隨喜者今天下虛竭蒼生彫弊謂宜先邊境實府庫養人力后善之召見長生殿賞慰良厚因是罷役會詔市河南河北牛羊荊益奴婢置監登萊以廣軍資廷珪上書曰今河南牛疫十不一在詔雖相市甚於抑奪倂市則價難準簡擇則吏求賄是牛再疫農重傷也高原耕地奪爲牧所兩州無復丁田牛羊踐暴舉境何賴荊益

奴婢多國家戶口姦豪掠買一入於官永無免期南北異宜至必生疾此有損無益也抑聞之君所恃在民民所恃在食食所資在耕耕所資在牛牛廢則耕廢耕廢則食去食去則民亡民亡則何恃爲君羊非軍國切要假令蕃滋不可射利后乃止張易之誅議窮治黨與廷珪建言自古革命務歸人心則以刑勝治今唐歷不移天地復主宜以仁化蕩宥且易之盛時趨附奔走半天下盡誅則已暴罰一二則法不平宜一切洗貸中宗納之神龍初詔白司馬坂復營佛祠廷珪方奉詔抵河北道出其所見營築勞亟懷不能已上書切爭且言自中興之初下詔書弛不急斥少監楊務廉以示中外今土木復興不稱前詔掘壤伐木覆害生氣願罷之以紓窮乏帝不省尋爲中書舍人再遷禮部侍郎玄宗開元初大旱關中飢詔求直言廷珪上疏曰古有多難興國殷憂啓聖蓋事危則志銳情苦則慮深故能轉禍爲福也景龍先天間凶黨構亂陛下神武汎掃氛垢日月所燭無不濡澤明明上帝宜錫介福而頃陰陽愆候九穀失稔關輔尤劇臣思天意殆以陛下春秋鼎盛不崇朝有大功輕堯舜而不法思秦漢以

自高故昭見咎異欲日愼一日永保太和是皇天於陛下睠顧深矣陛下得不奉若休旨而寅畏哉誠願約心削志考前王之書敦素樸之道登端士放佞人屏後宮減外廏場無蹴鞠之玩野絕從禽之樂促遠境罷縣戍矜惠惸獨蠲薄傜賦去淫巧捐珠璧不見可欲使心不亂或謂天戒不足畏而上帝馮怒風雨迷錯荒饉日甚則無以濟下矣或謂人窮不足恤而億兆攜離愁苦昏墊則無以奉上矣斯安危所繫禍福之原奈何不察今受命伊始華夷百姓淸耳以聽刮目以視冀有聞見何遽孤其望哉再遷黃門侍郞監察御史蔣挺坐法詔決杖朝堂廷珪執奏御史有譴當殺殺之不可辱也士大夫服其知體王琚持節巡天兵諸軍方還復詔行塞下議者皆謂將襲回紇廷珪陳五不可且言中國步多騎少人齎一石糧負甲百斤盛夏長驅晝夜不休勞逸相絕其勢不敵一也出軍掩敵兵不數萬不可以行廢農廣饋飢歲不支二也千里遠襲其誰不知賊有斥候必能預防三也狄人獸居磧漠譬之石田克而無補四也天下無年當養人息兵五也又請復十道按察使巡視州縣帝然納之因詔陸象先等

分使十道時遣使齎繒錦至石國市犬馬廷珪曰犬馬非土性弗畜珍禽異獸不育于國不宜勞遠人致異物願省無益之故救必然之急天下之幸坐漏禁內語出爲沔州刺史頻徙蘇宋魏三州初景龍中宗楚客紀處訥武延秀韋溫等封戶多在河南河北諷朝廷詔兩道蠶產所宜雖水旱得以蠶折租廷珪謂兩道倚大河地雄奧股肱走集宜得其歡心安可不恤其患而殫其力若以桑蠶所宜而加別稅則隴右羊馬山南椒漆山之銅錫鉛鍇海之蜃蛤魚鹽水旱皆免寧獨河南北外於王度哉願依貞觀永徽故事準令折免詔可在官有威化入爲少府監封范陽縣男以太子詹事致仕卒贈工部尚書謚貞穆廷珪偉姿儀善八分書與李邕友善及邕躓於仕屢表薦之人尙其方介云

韋湊字彥宗京兆萬年人祖叔諧貞觀中爲庫部郎中與弟吏部郎中叔謙兄主爵郎中季武同省時號三列宿湊永淳初解褐婺州參軍事徙資州司兵觀察使房昶才之表于朝還揚州法曹州人孟神爽罷仁壽令豪縱數犯法交通貴戚吏莫敢繩湊按治杖殺之遠近稱伏入爲相王府屬時姚崇兼府長史嘗

曰韋子識遠文詳吾恨晚得之六遷司農少卿忤宗楚客出爲貝州刺史睿宗立授鴻臚少卿徙太府兼通事舍人時改葬故太子重俊有詔加謚又詔雪李多祚等罪議贈官湊上言王者發號出令必法天道善善著惡惡明也賞罰所不加則考行立謚以褒貶之臣議其君子議其父曰靈曰厲者不敢以私亂公也臣伏見故太子與多祚等擁北軍犯宸居破扉斬關兵指黃屋騎騰紫微和帝御玄武門親諭逆順太子據鞍自若督衆不止逆黨悔非回兵執賊多祚伏誅太子乃遁去明日帝見羣臣涕數行下曰幾不與公等相見其爲危甚矣臣子之禮過位必趨蹙路馬芻有誅昔漢成帝爲太子行不敢絕馳道秦師免胄過周北門王孫滿策其必敗推此則太子稱兵宮中爲悖已甚以斬三思父子而嘉之乎則弄兵討逆以安君父可也因欲自立則是爲逆又奚可褒此時韋氏逆未明義未絕於太子母也子無廢母之理非中宗命廢之則又劫父廢母且君或不君臣安可不臣父或不父子安可不子晉太子申生謚曰恭漢太子據謚曰戾今太子乃謚節閔臣所未諭願與議謚者質於御前使臣言非耶甘

鼎鑊之誅申大義示天下臣言是耶咸蒙冰釋不復異議如曰未然奈何使後
世亂臣賊子資以爲辭宜易謚以合經禮多祚等罪云免而不云雪帝矍然引
內閣中勞曰誠如卿言業已爾奈何對曰太子實逆不可以褒請質行以示時
大臣亦重改唯罷多祚等贈官景雲初作金仙等觀湊諫以爲方農月興功雖
費出公主然高直售庸則農人捨耕取僱趨末棄本恐天下有受其飢者不聽
湊執爭以萬物生育草木昆蚑傷伐甚多非仁聖本意帝詔外詳議中書令崔
湜侍中岑羲曰公敢是耶湊曰食厚祿死不敢顧況聖世必無死乎朝廷爲減
費萬計出爲陝汝岐三州刺史開元初欲建碑靖陵湊以古園陵不立碑又方
旱不可興工諫而止遷將作大匠詔復孝敬皇帝廟號義宗湊諫曰傳云必也
正名禮祖有功宗有德其廟百世不毀商有三宗周宗武王漢文帝爲太宗武
帝爲世宗歷代稱宗者皆方制海內德澤可尊列於昭穆是謂不毀孝敬皇帝
未嘗南面且別立寢廟無稱宗之義遂罷遷右衛大將軍玄宗謂曰故事諸衛
大將軍與尚書更爲之近時職輕故用卿以重此官其毋辭尋徙河南尹封彭

城郡公會洛陽主簿王鈞以賕抵死詔曰兩臺御史河南尹縱吏侵漁春秋重
責帥其出湊曹州刺史侍御史張洽通州司馬久之遷太原尹兼北都軍器監
邊備修舉詔賜時服勞勉之及病遣上醫臨治卒年六十五贈幽州都督謚曰
文子見素

見素字會微質性仁厚及進士第授相王府參軍襲父爵擢累諫議大夫天寶
五載爲江西山南黔中嶺南道黜陟使繩糾吏治所至震畏遷文部侍郎平判
皆誦於口銓敘平允官有匄求輒下意聽納人多德之十三載玄宗苦雨潦閱
六旬謂宰相非其人罷左相陳希烈詔楊國忠審擇大臣時吉溫得幸帝欲用
之溫爲安祿山所厚國忠懼其進沮止之謀於中書舍人竇華宋昱皆以見素
安雅易制國忠入白帝帝亦以相王府屬有舊恩遂拜武部尚書同中書門下
平章事集賢院學士知門下省事明年祿山表請蕃將三十二人代漢將帝許
之見素不悅謂國忠曰祿山反狀暴天下今又以蕃代漢難將作矣國忠不應
見素曰知禍之芽不能防見禍之形不能制焉用彼相明日當懇論之既入帝

迎諭曰卿等有疑祿山意耶國忠見素趍下流涕且陳祿山反明甚詔復位因以祿山表置帝前乃出帝令中官袁思藝傳詔曰此姑忍朕徐圖之由是奉詔然每進見未嘗不爲帝言之帝不入其語未幾祿山反從帝入蜀陳玄禮之殺國忠也兵傷其首衆傳聲曰毋害韋公父子獲免帝令壽王賜藥傳創次巴西詔兼左相封豳國公肅宗立與房琯崔渙持節奉傳國璽乃冊宣揚制命帝曰太子仁孝去十三載已有傳位意屬方水旱左右勸我且須豐年今帝受命朕如釋負矣煩卿等遠去善輔導之見素涕泣拜辭又命見素子諤及中書舍人賈至爲冊使判官謁見肅宗於順化郡肅宗聞琯名且舊虛懷待之以見素嘗附國忠禮遇獨減是歲十月丙申有星犯昴見素言於帝曰昴者胡也天道謫見所應在人祿山將死矣帝曰日月可知乎見素曰福應在德禍應在刑昴金忌火行當火位昴之昏中乃其時也既死其月亦死其日明年正月甲寅祿山其殪乎帝曰賊何等死答曰五行之說子者視妻所生昴犯以丙申金木之妃也木火之母也丙火爲金子申亦金也二金本同末異還以相剋賊殆爲子與

首亂者更相屠戮乎及祿山死日月皆驗明年三月至鳳翔拜尚書左僕射罷知政事初行在所承喪亂後兵吏三銓簿領煬散選部文符僞濫帝欲廣懷士心至者一切補官不加檢覆見素奏宜明條綱以爲持久帝未及從既還都選者猥集補署無所日訴于朝乃追行其言會郭子儀亦爲僕射徙見素太子太師詔至蜀郡奉迎太上皇以功食實封三百戶上元初以疾求致仕許之詔朝朔望寶應元年卒年七十六贈司徒諡忠貞子諤

贊曰楊國忠本與安祿山爭寵故捕吉温以激其亂陰儲蜀貲待天子之出則已與韋見素流涕爭祿山反狀將信所言以久其權見素能言祿山反不能言所以反是佐國忠敗王室也玄宗不悟仍相之卒爲後帝所薄然猶完其要領幸矣謂見素爲前知果非也

諤歷京兆府司錄參軍國忠之死軍聚不解陳玄禮請殺貴妃以安衆帝意猶豫諤諫曰臣聞以計勝色者昌以色勝計者亡今宗廟震驚陛下棄神器奔草莽惟割恩以安社稷因叩頭流血帝寤賜妃死軍乃大悅擢諤御史中丞爲置

頊使乘輿將行或曰國忠死不可往蜀請之河隴或請幸太原朔方涼州或曰如京師雜然不一帝心向蜀未能言諤曰今兵少不能捍賊還京非萬全計不如至扶風徐圖去就帝問於衆衆然之遂至扶風乃決西幸後終給事中

顗字周仁諤弟益之子蚤孤事姊恭順及長身不衣帛通陰陽象緯博知山川風俗論議典據以門調補千牛備身自鄠尉判入等授萬年尉歷御史補闕與李約李正辭更進諷諫數移大事裴垍韋貫之李絳崔羣蕭俛皆布衣舊繼爲宰相朝廷典章多所咨逮嘗曰吾儕五人智不及一韋公長慶初爲大理少卿累遷給事中敬宗立授御史中丞爲戶部侍郎徙吏部卒贈禮部尚書所著易緼解推演終始有深誼旣喜接士後出莫不造門而李逢吉方結黨與擅國政顗傅會之素議遂衰然節儉自居天下推其尙云

知人字行哲叔謙子弱而好古以國子舉授校書郎高宗時擢州參軍入人爲中臺郎知人自荊府兵曹遷司庫員外郎兼判司戎大夫事未幾卒子維繩

維字文紀進士對策高第擢武功主簿督役乾陵會歲飢均力勸功人不知勞

坐徐敬業親貶五泉主簿徙內江令教民耕桑縣爲刻頌還戶部郎中善裁剖
時員外宋之問善詩故時稱戶部二妙終太子右庶子
繩長文辭撫養宗屬孤幼無異情舉孝廉以母老不肯仕踰二十年乃歷長安
尉威行京師擢監察御史更泗涇鄜三州刺史天寶初入爲祕書少監玄宗尚
文視其職如尚書丞郎繩刊是圖籍以善職稱終陳王傅
虛心字無逸維子舉孝廉還大理丞侍御史神龍中按大獄僕射竇懷貞侍中
劉幽求有所輕重虛心据正不撓景龍中屬羌叛既禽捕有詔悉誅虛心惟論
酋長死原活其餘遷御史中丞歷荆潞揚三大都督府長史荆州有鄉豪負勢
干法虛心籍其貲入之官以廬江多盜遂縣舒城盜賊爲衰入爲工部尚書東
京留守累封南皮郡子卒贈揚州大都督諡曰正弟虛舟歷洪魏二州刺史有
治名入爲刑部侍郎初維爲郎時柳于廷及虛心兄弟居郎省對之輒斂容自
叔謙後至郎中者數人世號郎官家
韓思復字紹出京兆長安人祖倫貞觀中歷左衛率封長山縣男思復少孤年

十歲母爲語父亡狀慼咽幾絶故倫特愛之嘗曰此兒必大吾宗然家富有金
玉車馬玩好未嘗省篤學舉秀才高第襲祖封永淳中家益窶歲飢京兆杜瑾
者以百綾餉思復思復方併日食而綾完封不發調梁府倉曹參軍會大旱輒
開倉賑民州劾責對曰人窮則濫不如因而活之無趣爲盜賊州不能詘轉汴
州司戶仁恕不行鞭罰以親喪去官鬻薪自給姚崇爲夏官侍郎識之擢司禮
博士五遷禮部郎中建昌王武攸寧母亡請鼓吹思復持不可而止坐爲王同
皎所薦貶始州長史遷滁州刺史州有銅官人鏟鑿尤苦思復爲買他郡費省
獲多有黃芝五生州署民爲刻頌其祥徙襄州入拜給事中帝作景龍觀思復
諫曰禍難初弭土木遽興非憂物恤人所急不見省嚴善思坐譙王重福事捕
送詔獄有司劾善思任汝州刺史與王游至京師不暴王謀但奏東都有兵氣
匿反罔上宜伏誅思復曰往韋氏擅內謀危社稷善思詣相府白陛下必即位
今詔追善思書發即至使有逆節者肯遽奔命哉請集百官議議多同善思得
免死流靜州遷中書舍人數指言得失頗見納用開元初爲諫議大夫山東大

蝗宰相姚崇遣使分道捕瘞思復上言夾河州縣飛蝗所至苗輒盡今游食至洛使者往來不敢顯言且天災流行庸可盡瘞望陛下悔過責躬損不急之務任至公之人持此誠實以荅譴咎其驅蝗使一切宜罷玄宗然之出其疏付崇崇建遣思復使山東按所損還以實言崇又遣監察御史劉沼覆視沼希宰相意悉易故牒以聞故河南數州賦不得蠲崇惡之出爲德州刺史拜黃門侍郎帝北巡爲行在巡問賑給大使還御史大夫性恬澹不喜爲繩察徙太子賓客進爵伯累遷吏部侍郎復爲襄州刺史治行名天下代還仍拜太子賓客卒年七十四謚曰文天子親題其碑曰有唐忠孝韓長山之墓故吏盧僎邑人孟浩然立石峴山初鄭仁傑李無爲者隱居太白山思復少從二人游嘗曰子識清貌古恨仕不及宰相也子朝宗

朝宗初歷左拾遺睿宗詔作乞寒胡戲諫曰昔辛有過伊川見被髮而祭知其必戎今乞寒胡非古不法無乃爲狄又道路籍籍咸言皇太子微服觀之且匈奴在邸刺客卒發大憂不測白龍魚服可深畏也況天象變見疫癘相仍厭兵

助陰是謂無益帝稱善特賜中上考帝傳位太子朝宗與將軍龐承宗諫曰太子雖睿聖宜且養成盛德帝不聽累遷荆州長史開元二十二年初置十道採訪使朝宗以襄州刺史兼山南東道襄州南楚故城有昭王井傳言汲者死行人雖暍困不敢視朝宗移書諭神自是飲者亡恙人更號韓公井坐所任吏擅賦役貶洪州刺史天寶初召爲京兆尹分渭水入金光門匯爲潭以通西市材木出爲高平太守始開元末海內無事訛言兵當與衣冠潛爲避世計朝宗廬終南山爲長安尉霍仙奇所發玄宗怒使侍御史王鉷訊之貶吳興別駕卒朝宗喜識拔後進嘗薦崔宗之嚴武於朝當時士咸歸重之

朝宗孫佽字相之性清劭元和初第進士自山南東道使府入爲殿中侍御史累遷桂管觀察使部二十餘州自參軍至縣令無慮三百員吏部所補纔十一餘皆觀察使商才補職佽下車悉來謁一吏持籍請補缺員佽下教曰居官治吾不奪其不奉法無望縱舍缺者須按籍取可任任之會春服使至鄉有豪猾厚進賄使者求爲縣令使者請佽佽許之既去召鄉豪責以撓法笞其背以令

部中自是豪右畏戢時詔置五管監兵盡境賦不足充其費佽處以儉約遂爲
定制衆以爲難卒贈工部侍郎
宋務光字子昂一名烈汾州西河人舉進士及第調洛陽尉遷右衞騎曹參軍
神龍元年大水詔文武九品以上官直言極諫務光上書曰后王樂聞過罔不
興拒諫罔不亂樂聞過則下情通下情通則政無缺此所以興也拒諫則羣議
壅羣議壅則上孤立此所以亂也臣嘗觀天人相與之際有感必應其間甚密
是以教失於此變生於彼易曰天垂象見吉凶聖人象之竊見自夏以來水氣
勃戾天下多罹其災洛水暴漲漂損百姓傳曰簡宗廟廢祠祀則水不潤下夫
王者卽位必郊祀天地嚴配祖宗自陛下御極郊廟山川不時薦見又水者陰
類臣妾之道氣盛則水泉溢頃虹蜺紛錯暑雨滯霪陰勝之沴也後廷近習或
有離中饋之職以干外政願深思天變杜絕其萌又自春及夏牛多病死疫氣
浸淫傳曰思之不睿時則有牛禍意者萬幾之事陛下未躬親乎晁錯曰五帝
其臣不及則自親之今朝廷賢佐雖多然莫能仰陛下清光願勤思法宮凝就

大化以萬方爲念不以聲色爲娛以百姓爲憂不以犬馬爲樂臣聞三五之君不能免淫亢顧備禦存乎人耳災與細微安之不怪及禍變已成駭而圖之猶水決治防病困求藥雖復僶俛尙何救哉夫寒變應天實繫人事今霖雨卽閉坊門豈一坊一市能感發天道哉必不然矣故里人呼坊門爲宰相謂能節宣風雨天工人代乃爲虛設又數年以來公私罄竭戶口減耗家無接新之儲國乏俟荒之蓄陛下近觀朝市則以爲旣庶且富試踐閭陌則百姓衣馬牛之衣食犬彘之食十室而九丁壯盡於邊塞孀孤轉於溝壑猛吏奮毒急政破資馬困斯佚人窮斯詐起爲姦盜從而刑之良可歎也今人貧而奢不息法設而僞不止長吏貪冒選擧以私稼穡之人少商旅之人衆願坦然更化以身先之凋殘之後緩其力役久弊之極訓以敦龐十年之外生聚方足臣聞太子者君之貳國之本所以守器承祧養民贊業願擇賢能早建儲副安社稷慰黎元姻戚之閒謗議所集積疑成患憑寵生災愛之適以害之也如武三思等誠不宜任以機要國家利器庸可久假於人祕書監鄭普思國子祭酒葉靜能挾小道淺

術列朱紫取銀黃虧國經悖天道書曰制治于未亂保邦于未危此誠治亂安危之秋也願陛下遠佞人親有德乳保之母妃主之家以時接見無令媟黷疏奏不省俄以監察御史巡察河南道時滑州輸丁少而封戶多每配封人皆亡命失業務光建言通邑大都不以封今命侯之家專擇雄奧滑州七縣而分封者五王賦少於侯租入家倍於輸國請以封戶均餘州又請食賦附租庸歲送停封使息傳驛之勞不見納以考最進殿中侍御史遷右臺嘗薦汝州參軍事李欽憲後爲名臣卒年四十二時又有清源尉呂元泰亦上書言時政曰國家者至公之神器一正則難傾一傾則難正今中興政化之始幾微之際可不慎哉自頃營寺塔度僧尼施與不絕非所謂急務也林胡數叛獯虜內侵帑藏虛竭戶口亡散天下人失業不謂太平邊兵未解不謂無事水旱爲災不謂年登倉廩未實不謂國富而乃驅役飢凍彫鐫木石營搆不急勞費日深恐非陛下中興之要也比見坊邑相率爲渾脫隊駿馬胡服名曰蘇莫遮旗鼓相當軍陣勢也騰逐喧譟戰爭象也錦繡夸競害女工也督斂貧弱傷政體也胡服相歡

非雅樂也渾脫爲號非美名也安可以禮義之朝法胡虜之俗詩云京邑翼翼四方是則非先王之禮樂而示則於四方臣所未諭書曰謀時寒若何必羸形體灌衢路鼓舞跳躍而索寒焉書聞不報

辛替否字協時京兆萬年人景龍中爲左拾遺時置公主府官屬而安樂府補授尤濫武崇訓死主弃故宅別築第侈費過度又盛興佛寺公私疲匱替否上疏曰古之建官不必備九卿有位而闕其選故賞不僭官不濫士有完行家有廉節朝廷餘奉百姓餘食下忠於上上禮於下委積無倉卒之危垂拱無顛沛之患夫事有惕耳目動心慮事不師古以行於今臣得言之陛下倍百行賞倍十增官金銀不供於印束帛不充於錫何所媿於無用之臣無力之士哉古語曰福生有基禍生有胎且公主陛下愛子也選賢嫁之設官輔之傾府庫以賜之壯第觀以居之廣池籞以嬉之可謂至重至憐也然用不合古義行不根人心將變愛成憎轉福爲禍何者竭人之力費人之財奪人之家怨也愛一女取三怨於天下使邊疆士不盡力朝廷士不盡忠人心散矣獨持所愛何所恃乎

向使魯王賞同諸壻則有今日之福無曩日之禍人徒見其禍不知禍所來所以禍者寵過也今弃一宅造一宅忘前悔忽後禍臣竊謂陛下乃憎之非愛之也臣聞君以人爲本本固則邦寧邦寧則陛下夫婦母子長相保也願外謀宰臣爲久安計不使姦臣賊子有以伺之今疆埸危駭倉廩空虛卒輸不充士賞不及而大建寺宇廣造第宅伐木空山不給棟梁運土塞路不充牆壁所謂佛者清淨慈悲體道以濟物不欲利以損人不榮身以害教今三時之月掘山穿地損命也殫府虛帑損人也廣殿長廊榮身也損命則不慈悲損人則不愛物榮身則不清淨寧佛者之心乎昔夏爲天子二十餘世而商受之商二十餘世而周受之周三十餘世而漢受之由漢而後歷代可知已咸有道之長無道之短豈窮金玉修塔廟享久長之祚乎臣以爲減彫琢之費以賙不足是有佛之德息穿掘之苦以全昆蟲是有佛之仁罷營構之直以給邊垂是有湯武之功回不急之祿以購廉清是有唐虞之治陛下緩其所急急其所緩親未來疏見在失真實冀虛無重俗人之所爲而輕天子之業臣竊痛之今出財依勢避役

亡命類度爲沙門其未度者窮民善人耳拔親樹知豈離朋黨畜妻養孥非無
私愛是致人毀道非廣道求人也陛下常欲塡池塹捐苑囿以賑貧人今天下
之寺無數一寺當陛下一宮壯麗用度尙或過之十分天下之財而佛有七八
陛下何有之矣雖役不食之人不衣之士猶尙不給況必待天生地養風動雨
潤而後得之乎臣聞國無九年之儲曰非其國今計倉廩度府庫百僚共給萬
事用度臣恐不能卒歲假如兵旱相乘則沙門不能擐甲冑寺塔不足穰飢饉
矣帝不省睿宗立罷斜封官千餘人俄詔復之方營金仙玉貞觀替否以左補
闕上疏曰臣謂古之用度不時爵賞不當國破家亡者口說不若身逢耳聞不
若目見臣請以有唐治道得失陛下所及見者言之太祖陛下之祖撥亂立極
得至治之體省官淸吏舉天下職司無虛授用天下財帛無枉費賞必待功官
必得才爲無不成征無不服不多寺觀而福祿至不度僧尼而咎殃滅陰陽不
愆五穀遂成粟腐帛爛萬里貢賦百蠻歸款享國久長多歷年所陛下何憚而
不法之中宗陛下之兄居先帝之業忽先帝之化不聽賢臣之言而悅子女之

意虛食祿者數千人妄食土者百餘戶造寺蠹財數百億度人免租庸數十萬
是故國家所出日加所入日減倉乏半歲之儲庫無一時之帛所惡者逐逐必
忠良所愛者賞賞皆讒慝朋佞喋喋交相傾動奪百姓之食以養殘凶剝萬人
之衣以塗土木人怨神怒親忿衆離水旱疾疫六年之間三禍爲變享國不永
受終於凶婦取譏萬代詒笑四夷陛下所見也若法太宗治國太山之安可致
也法中宗治國累卵之危亦可致也頃淫雨不解穀荒于壟麥爛于場入秋亢
旱霜損蟲暴草木枯黃下人咨嗟未知所濟而營寺造觀日繼于時道路流言
計用緡錢百餘萬陛下知倉有幾歲儲庫有幾歲帛百姓何所活三邊何所輸
民散兵亂職此由也而以百萬構無用之觀受天下之怨陛下忍棄太宗之治
本不忍棄中宗之亂階忍棄太宗長久之謀不忍棄中宗短促之計何以繼祖
宗觀萬國耶陛下在韋氏時切齒羣凶今貴爲天子不改其事恐復有切齒於
陛下者往見明敕一用貞觀故事且貞觀有營寺觀加浮屠黃老益無用之官
行不急之務者乎往者和帝之憐悖逆也宗晉卿勸爲第宅趙履温勸爲園亭

工徒未息義兵交馳亭不得游宅不得息信邪僻之說成骨肉之刑陛下所見也今茲二觀得無晉卿之徒陰勸爲之冀娛骨肉不可不察也惟陛下停二觀以須豐年以所費之財給貧窮塡府庫則公主福無窮矣疏奏帝不能用然嘉切直稍遷右臺殿中侍御史雍令劉少微恃權貪贓替否按之岑羲屢以爲請替否曰我爲憲司懼勢以縱罪謂王法何少微坐死遷累潁王府長史卒年八十

李渤字濬之魏橫野將軍申國公發之裔父鈞殿中侍御史以不能養母廢于世渤恥之不肯仕刻志於學與仲兄涉偕隱廬山嘗以列禦寇拒粟其妻怒是無婦也樂羊子捨金妻讓之是無夫也乃摭古聯德高蹈者以楚接輿老萊子黔婁先生於陵子王仲孺梁鴻六人圖象讚其行因以自儆久之更徙少室元和初戶部侍郎李巽諫議大夫韋況交章薦之詔以右拾遺召於是河南少尹杜兼遣吏持詔幣卽山敦促渤上書謝昔屠羊說有言位三旌祿萬鍾知貴於屠羊然不可使吾君妄施彼賤買也猶能忘己愛君臣雖欲盜榮以濟所欲得

無愧屠羊乎不拜洛陽令韓愈遺書曰有詔河南敦諭拾遺公朝廷士引頸東望若景星鳳鳥始見爭先覩之爲快方今天子仁聖小大之事皆出宰相樂善言如不得聞自即大位凡所出而施者無不得宜勤儉之聲寬大之政幽閨婦女草野小子飽聞而厭道之愈不通於古請問先生茲非太平世歟加又有非人力而至者年穀屢熟符貺委至干紀之姦不戰而拘纍彊梁之凶銷鑠縮栗迎風而委伏其有一事未就正視若不成人四海所環無一夫甲而兵者若此時也拾遺公不疾起與天下士樂成而享之斯無時矣昔孔子知不可爲而爲之不已跡接於諸侯之國今可爲之時自藏深山牢關而固拒即與仁義者異守矣想拾遺公冠帶就車惠然肯來舒所畜積以補綴盛德之闕利加于時名垂將來踴躍懷企頃刻以冀又切聞朝廷議必起拾遺公使者往若不許即河南必繼以行拾遺徵若不至更加高秩如是辭少就多傷於廉而害於義拾遺公必不爲也善人進其類皆有望於公公不爲起是使天子不盡得良臣君子不盡得顯位人庶不盡被惠利其害不爲細必審察而諦思之務使合於孔子

之道乃善渤心善其言始出家東都每朝廷有闕政輒附章列上元和九年討
淮西上平賊三術一曰感二曰守三曰戰感不成不失爲守守不成不失爲戰
又上禦戎新錄乃以著作郎召渤遂起歲餘遷右補闕以直忤旨下遷丹王府
諮議參軍分司東都十三年上言至德以來天下思致治平訖今不稱者人倦
而不知變天以變通之運遺陛下陛下順而革之則悠久宜乘平蔡之勢以德
羈服恆兗無不濟則恩威暢矣昔舜禹以匹夫宅四海其烈如彼今以五聖營
太平其難如此臣恐宰相羣臣蘊晦術略啓沃有所未盡使陛下翹然思文武
禹湯而不獲也宜正六官敘九疇修王制月令崇孝悌敦九族廣諫路黜選舉
復俊造定四民省抑佛老明刑行令治兵禦戎願下宰相公卿大夫議博引海
內名儒大開學館與羣臣參講據經稽古應時便俗者使切磋周復作制度合
宣父繼周之言謹上五事一禮樂二食貨三刑政四議都五辨讎渤雖處外然
志存朝廷表疏凡四十五獻擢爲庫部員外郎會皇甫鎛輔政務剝下佐用度
而渤奉詔弔鄜士美喪在道上言渭南長源鄉戶四百今纔四十閿鄉戶三千

而今千宅州縣大抵類此推其敝始於攤逃人之賦假令十室五逃則均責未逃者若抵石于井非極泉不止誠繇聚斂之臣割下媚上願下詔一賜禁止計不三年人必歸于農夫農國之本本立而太平可議矣又言道路茀不治驛馬多死憲宗得奏咨駭即詔出飛龍馬數百給畿驛渤既以峭直觸要臣意乃謝病歸穆宗立召拜考功員外郎歲終當校考渤自宰相而下升黜之上奏曰宰相俛文昌值陛下即位倚以責功安危治亂繫也方陛下敬大臣未有昵比左右自驕之心而天下事一以付之俛等不推至公陳先王道德又不振拔舊典復百司之本政之興廢在賞罰俛等未聞慰一首公使天下吏有所勸黜一不職使尸祿有所懼士之邪正混然無章陛下比幸驪山宰相學士皆股肱心腹宜皆知之不先事以諫陷君於過俛與學士杜元穎等請考中下御史大夫李絳左散騎常侍張惟素右散騎常侍李益諫幸驪山鄭覃等諫畋游得事君之禮請考上下崔元略當考上下前考于翬不實翬以賄死請降中中大理卿許季同任翬者應考中下然頃陷劉闢棄家以歸宜補厥過考中中少府監裴通

職修舉考應中上以封母捨嫡而追所生請考中下奏入不報會渤請急馮宿
領考功以考課令取歲中善惡爲上下郎中校京官四品以下黜陟之由三品
上爲清望官歲進名聽內考非有司所得專渤舉舊事爲襃貶違朝廷制請如
故事渤議遂廢會魏博節度使田弘正表渤爲副元穎劾奏渤賣直售名資狂
躁干進不已外交方鎮求尉薦不宜在朝出爲虔州刺史渤奏還信州移稅錢
二百萬免賦米二萬石廢冗役千六百人觀察使上狀不閱歲遷江州刺史度
支使張平叔斂天下逋租渤上言度支所收貞元二年流戸賦錢四百四十萬
臣州治田二千頃今旱死者千九百頃若徇度支所斂臣懼天下謂陛下當大
旱責民三十年逋賦臣刺史上不能奉詔下不忍民窮無所逃死請放歸田里
有詔蠲責渤又治湖水築隄七百步使人不病涉入爲職方郎中遷諫議大夫
時敬宗晏朝紫宸入閤帝久不出羣臣立屏外至頓仆渤見宰相曰昨論晏朝
事今益晚是諫官不能移人主意渤請出閤待罪會喚仗乃止退上疏曰今日
入閤陛下不時見羣臣羣臣皆布路跛倚夫跛倚形諸外則憂思結諸內憂倦

既積災釁必生小則爲旱爲孽大則爲兵爲亂禮三諫不聽則逃之陛下新即
位臣至三諫恐危及社稷又言左右常侍職規諷循默不事若設官不責實不
如罷之俄充理匭使建言事大者以聞次白宰相下以移有司有司不當許再
納匭妄訴者加所坐一等以絕冒越詔可時政移近倖紀律蕩然渤勁正不顧
患通章封無闋日天子雖幼昏亦感寤擢給事中賜金紫服五坊卒夜鬭傷縣
人鄠令崔發怒敕吏捕捽其一中人也釋之帝大怒收發送御史獄會大赦改
元發以因坐雞竿下俄而中人數十持挺亂擊發敗面折齒幾死吏哀請乃去
既而囚皆釋而發不得原渤上疏曰縣令曳辱中人中人毆御囚其罪一也然
令罪在赦前而中人在赦後不寘于法臣恐四夷聞之慢倍之心生矣渤又誦
言前神策軍在慢城篡京兆進食牙盤不時治致宦人益橫帝以問左右皆曰
無之帝謂渤有黨出爲桂管觀察使宅曰宰相李逢吉等見帝曰發暴中人誠
不敬然其母故宰相韋貫之姊年八十憂發成疾陛下方孝治宜少延之帝惻
然曰比諫官但言發枉未嘗道此卽遣使送發於家且撫慰其母韋拜詔泣對

使者杖發四十猶奪其官至文宗乃用發爲懷州長史桂有灕水出海陽山世
言秦命史祿代粤鑿爲漕馬援討徵側復治以通餽後爲江水潰毀渠遂廢淺
每轉餉役數十戶濟一艘渤釃浚舊道鄣泄有宜舟楫利焉踰年以病歸洛太
和中召拜太子賓客卒年五十九贈禮部尚書渤孤操自將不苟合於世人咸
謂之沽激屢以言斥而悻直不少衰守節者尚之

裴潾本河東聞喜人篤學善隸書以蔭仕元和初累遷左補闕於是兩河用兵
憲宗任宦人爲館驛使檢稽出納有曹進玉者尤恃恩倨甚使者過至加捽辱
宰相李吉甫奏罷之會伐蔡復以中人領使潾諫曰凡驛有官專尸之畿內以
京兆尹道有觀察使刺史相監臨臺又御史爲之使以察過闕猶有不職則宜
明科條督責之誰不惕懼若復以宮闈臣領之則內人而及外事職分亂矣夫
事不善誡於初體有非不必大方開太平澄本正末宜塞侵官之原出位之漸
帝雖不用而嘉其忠擢起居舍人帝喜方士而柳泌爲帝治丹劑求長年帝御
劑中躁病渴潾諫曰夫除天下之害者常受天下之利共天下之樂者常饗天

下之福故上自黃帝顓頊堯舜禹湯文武咸以功濟生人天皆報以耆壽垂榮無疆陛下以孝安宗廟以仁牧黎庶攘剗祆凶復張太平賓禮賢俊待以終始神功聖德前古所不及陛下躬行之天地宗廟必相陛下以億萬之永今乃方士韋山甫柳泌等以丹術自神更相稱引詭爲陛下延年臣謂士有道者皆匿名滅景無求於世豈肯干謁貴近自鬻其伎哉今所至者非曰知道咸求利而來自言飛鍊爲神以訹權賄爲窮情得不恥遁亡豈可信厥術御其藥哉臣聞人食味別聲被色而生者也味以行氣氣以實志水火鹽梅以烹魚肉宰夫和之齊之以味君子食之以平其心夫三牲五穀稟五行以生也發爲五味天地生之所以奉人聖人節調以致康彊若乃藥劑者所以禦疾豈常進之餌哉況又金石性託酷烈而燒治積年包炎產毒未易可制夫秦漢之君亦信方士矣如盧生徐福欒大李少君後皆詐譎無成功事暴前策皆可驗視禮君之藥臣先嘗之父之藥子先嘗之臣子一也願以所治劑俾其人服之竟一歲以考真僞則無不驗矣帝怒貶江陵令穆宗立泌等誅召澣再遷刑部郎中前率府倉

曹參軍曲元衡杖民柏公成母死有司以死在辜外推元衡父蔭贖金公成受
賕不訴以赦免潾議曰杖棰者官得施所部非所部雖有罪必請有司明不可
擅也元衡非在官公成母非所部不可以蔭免公成取賄仇家利母之死逆天
性當伏誅有詔元衡流公成論死久之繇給事中爲汝州刺史越法杖人輒死
以太子左庶子分司東都還左散騎常侍集賢殿學士改刑部侍郎爲華州刺
史召拜兵部侍郎出爲河南尹復還舊官卒贈戶部尚書謚曰敬潾以道自任
悉心事上疾黨附不爲權近所持嘗裒古今辭章續梁昭明太子文選自號太
和通選上之當時文士非與遊者皆不取世恨其隘憲宗竟以藥棄天下世益
謂潾知言穆宗雖誅泌而後稍稍復惑方士有布衣張臯者上疏曰神慮澹則
血氣和嗜欲勝則疾疹作古之聖賢務自頤養不以外物撓耳目聲色敗情性
繇是和平自臻福慶用昌在易无妄之疾勿藥有喜在詩自天降康降福穰穰
此天人符也然則藥以攻疾無疾不用藥也高宗時處士孫思邈達於養生其
言曰人無故不用餌藥藥有所偏助則藏氣爲不平推此論之可謂達見至理

夫寒暑爲賊節宣乖度有資於醫尚當重愼故禮稱醫不三世不服其藥庶士猶爾況天子乎先帝晚節喜方士累致危疾陛下所自知不可蹈前覆迎後悔也今人人竊議直畏忤旨莫敢言臣蓬蔽之生非以邀寵顧忠義可爲者聞而默則不安願陛下無忽帝善其言詔訪皐不獲

李中敏字藏之系出隴西元和中擢進士第性剛峭與杜牧李甘善其文辭氣節大抵相上下沈傳師觀察江西辟爲判官入拜侍御史鄭注誣逐宰相宋申錫天下以目太和六年大旱文宗內憂詔詢所以致雨者中敏時以司門員外郎上言雨不時降夏陽驕忿苗欲槁枯陛下憂勤降德音俾下得盡言臣聞昔東海誤殺一孝婦大旱三年臣頃爲御史臺推因華封儒殺良家子三人陛下赦封儒死然三人者亦陛下赤子也神策士李秀殺平民法當死以禁衛刑止流宋申錫位宰相生平饋致一不受其道勁正姦人忌之陷不測之辜獄不參驗銜恨而沒天下士皆指目鄭注臣知數冤必列訴上帝天之降災殆有由然漢武帝國用空竭桑弘羊興筦榷之利然卜式請烹以致雨況申錫之枉天下

知之何惜斬一注以快忠臣之魂則天且雨矣帝不省中敏以病告滿歸頴陽
注誅以司勳員外郎召累遷諫議大夫爲理匭使建言上書者將納於匭有司
允審其副有不可輒卻之臣請匭出禁中暮而入爲下開必達之路廣聽明直
枉結若有司先裁可否恐事不重密非窮塞得自申意請一裁諸上詔可遷給
事中仇士良以開府階廕其子中敏曰內謁者監安得有子士良慚恚繇是復
棄官去開成末爲婺杭二州刺史卒于官
中敏所善李款字言源長慶初第進士爲侍御史注自邠寧入朝款伏閤劾奏
注內通敕使外結朝臣往來兩地卜射財謝帝不省後還用事款被斥去注死
繇倉部員外郎累遷江西觀察使終澶王傅
李甘字和鼎長慶末第進士舉賢良方正異等累擢侍御史鄭注侍講禁中求
宰相朝廷諱言將用之甘顯倡曰宰相代天治物者當先德望後文藝注何人
欲得宰相白麻出我必壞之既而麻出乃以趙儋爲鄜坊節度使甘坐輕肆貶
封州司馬而李訓內亦惡注繇是注卒不相甘終于貶始河南人楊牢字松年

有至行甘方未顯以書薦於尹曰執事之部孝童楊牢父茂卿從田氏府趙軍反殺田氏茂卿死牢之兄蜀三往索父喪慮死不果至牢自洛陽走常山二千里號伏叛壘委髮羸骸有可憐狀讎意感解以尸還之單縗冬月往來太行間凍膚皸瘃銜哀雨血行路稠人爲牢泣歸責其子以牢勉之牢爲兒踐操如此未聞執事門唁而書顯之豈樹風扶教意耶且鄉人能醫疽刳脞急親之病皆一時決耳猶蒙表其閭脫之徭上有大禮則差問以粟帛今河北驕叛萬師不能攘而牢徒步請尸仇手與夫含腐忍瘡者孰多牢絕乳卽能詩洛陽兒曹壯於牢者皆出其下聞牢之贖喪潞帥償其費其葬也滑帥賻之財斯執事之事他人既篡之矣卽有稱牢於上者執事能無恨其後乎其激卬自任類此牢後亦擢進士第

贊曰夫以下摩上士所甚患然取名最多故上失德則與下爭名而後有誅夷斥竄事然或依古肆言高而難從以邀主賈直者逆之似傷道行之不切時此言事常弊也若廷珪數子優游彌縫皆中時病非所謂賈直自榮者也至漸爭

晏朝潾諫方士甘斥鄭注不可作宰相排寵救危不得不爾賢哉

唐書卷一百十八

唐書卷一百十八考證

韋湊傳春秋重責帥其出湊曹州刺史○舊書以公事左授杭州刺史

盧心入爲工部尚書○舊書歷戶部尚書

李中敏傳以病告滿歸潁陽○舊書中敏謝病歸洛陽

唐書卷一百十八考證

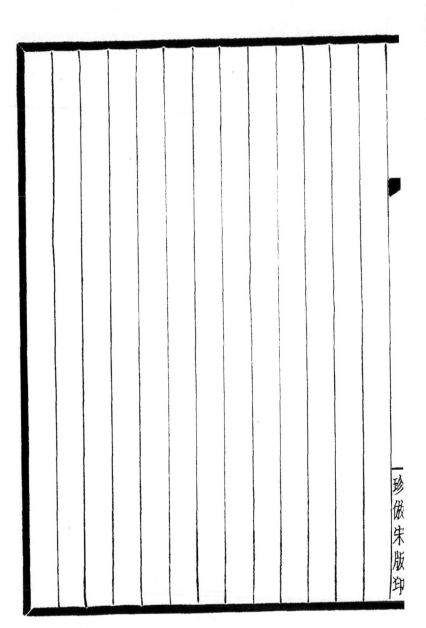

唐書卷一百十九

宋　端　明　殿　學　士　宋　祁　撰

列傳第四十四

武李賈白

武平一名甄以字行潁川郡王載德子也博學通春秋工文辭武后時畏禍不敢與事隱嵩山修浮圖法屢詔不應中宗復位平一居母喪迫召爲起居舍人丐終制不見聽景龍二年兼修文館直學士時天子暗柔不君韋后烝亂外戚盛平一重斥語卽自請抑母黨上言去歲熒惑入羽林太白再經天太陽虧月犯大角臣聞災不妄生上見下應信如景響詩曰唯此文王小心翼翼昭事上帝聿懷多福陛下天性孝愛戚屬外家恩洽澤濡臣一宗階三等家數侯朱輪華轂過許史梁鄧遠甚恩崇者議積位厚者釁速故月滿必虧日中則移時不再來榮難久藉昔永淳之後王室多難先聖從權故臣家以宗子竊祿疏封今上聖復辟宜退守園廬乃再假光寵爵封如初高班厚位遂超涯極故陰氣僭

陽河洛汎溢昔王族驕盈梅福上書竇氏專縱丁鴻進諫且后妃之家恩過寵深一朝覆沒遂無噍類願思抑損之宜長遠之策推遠時權以全親親帝尉勉不許遷考功員外郎于時太平安樂公主各立黨相報毀親貴離闐帝患之欲令敦和以訪平一因上書曰病之在四體者跡分而易逐居心腹者候遽而難治刑政乖舛四支疾也親權猜間心腹患也書曰克明俊德以親九族九族既睦平章百姓詩曰協比其鄰婚姻孔云是知親族以輯睦爲義也自頃權貴猜防外和內離怨結姻婭疑生骨肉邀榮之徒詭獻忠款膏脣之伍苟輸讒計齊肩邸第之中噤頤媼宦之側故過從絕猜嫌構親愛乖黨與生積霜成冰禍不可既顧悉召近親貴人會宴內殿告以輯睦申以恩勤斥姦人塞讒路若猶未已則捨近圖遠抑慈示嚴惟陛下之命帝美其忠切卒不用初崔日用自言明左氏春秋諸侯官族宅日學士大集日用折平一曰君文章固耐久若言經則敗績矣時崔湜張說素知平一該習勸令酬詰平一乃請所疑日用曰魯三桓鄭七穆奈何答曰慶父叔牙季友桓三子也孟孫至彘凡九世叔孫舒季孫肥

凡八世鄭穆公十一子子然及二子子孔三族亡子羽不爲卿故稱七穆子罕子駟子良子國子游子印子豐也一坐驚服平一問曰用曰公言齊桓公楚莊王時諸侯屬齊若楚凡幾平公靈王時諸侯屬晉楚凡幾晉六卿齊楚執政幾何人日用謝曰吾不知君能知乎平一條舉始末無留語日用曰吾請北面闔坐大笑後宴兩儀殿帝命后兄光祿少卿嬰監酒嬰滑稽敏給詔學士譋之嬰能抗數人酒酣胡人襪子何懿等唱合生歌言淺穢因倨肆欲奪司農少卿宋廷瑜賜魚平一上書諫曰樂天之和禮地之序禮配地樂應天故音動於心聲形于物因心哀樂感物應變樂正則風化正樂邪則政教邪先王所以達廢興也伏見胡樂施于聲律本備四夷之數比來日益流宕異曲新聲哀思淫溺始自王公稍及閭巷妖妓胡人街童市子或言妃主情貌或列王公名質詠歌蹈舞號曰合生昔齊衰有行伴侶陳滅有玉樹後庭花趨數驚僻皆亡國之音夫禮慊而不進卽銷樂流而不反則放臣願屏流僻崇肅雍凡胡樂備四夷外一皆罷遣況兩儀承慶殿者陛下受朝聽訟之所比大饗羣臣不容以倡優媟狎

虧汙邦典若聽政之暇苟玩耳目自當奏之後廷可也不納玄宗立貶蘇州參軍徙金壇令平一見寵中宗時雖宴豫嘗因詩頌規誡然不能卓然自引去故被譏既譏而名不衰開元末卒孫元衡儒衡別傳

李乂字尚真趙州房子人少孤年十二工屬文中書令薛元超曰是子且有海內名第進士茂才異等累調萬年尉長安三年詔雍州長史薛季昶選部吏才中御史者季昶以乂聞擢監察御史劾奏無避景龍初葉靜能怙勢乂條其姦中宗不納遷中書舍人修文館學士帝遣使江南發在所庫貲以贖生乂上疏以爲江南魚鼈之利衣食所資江湖之生無既而府庫之財有限與其拯物不如憂民且鬻生之徒惟利所視錢刀日至網罟歲廣施之一朝營之百倍若回所贖之貲減方困之徭其澤多矣韋氏之變詔令嚴促多乂草定進吏部侍郎仍知制誥與宋璟等同典選事請謁不行時人語曰李下無蹊徑改黃門侍郎封中山郡公制敕不便輒駁正貴幸有求官者睿宗曰朕非有靳顧李乂不可耳諫罷金仙玉真二觀帝雖不從優容之太平公主干政欲引乂自附乂深自

拒絶開元初姚崇爲紫微令薦爲侍郎外託引重實去其糾駁權畏乂明切也
未幾除刑部尚書卒年六十八贈黄門監謚曰貞遺令薄葬毋還鄉里乂沈正
方雅識治體時稱有宰相器葬日蘇頲畢構馬懷素往祖之哭曰非公爲慟而
誰慟歟乂事兄尚一尚貞孝謹甚又俱以文章自名弟兄同爲一集號李氏花
萼集又所著甚多尚一終清源尉尚貞博州刺史

賈曾河南洛陽人父言忠貌魁梧事母以孝聞補萬年主簿護役蓬萊宮或短
其苛高宗廷詰辯列詳諦帝異之擢監察御史方事遼東奉使稟軍餉還奏上
山川道里幷陳高麗可破狀帝問諸將材否對曰李勣舊臣陛下所自悉龐同
善雖非鬭將而持軍嚴薛仁貴票勇冠軍高侃忠果而謀契苾何力性沈毅雖
忌前有統御才然夙夜小心亡身憂國莫逮於勣者帝然所許衆亦以爲知言
累轉吏部員外郎李敬玄兼尚書言忠尚氣及主選不能下貶邵州司馬失武
懿宗意下獄幾死左除建州司戶參軍卒曾少有名景雲中爲吏部員外郎玄
宗爲太子遴選宮僚以曾爲舍人太子數遣使采女樂就率更寺肄習曾諫曰

作樂崇德以和人神韶夏有容英氣有節而女樂不與其間昔魯用孔子幾霸戎有由余而彊齊秦遺以女樂故孔子行由余出奔良以冶容哇咬蠱心喪志聖賢疾之最甚殿下渴賢之美未彰好伎之聲先聞非所以追啓誦嗣堯舜之烈也餘閑宴私後廷伎樂古亦有之猶當祕隱不以示人況闔之所司明示羣臣哉願下令屏倡優女子諸使者採召一切罷止太子手令嘉答俄擢中書舍人以父嫌名不拜從諫議大夫知制誥天子親郊有司議不設皇地祇位曾請合享天地如古制幷從祀等坐睿宗詔宰相禮官議皆如曾請開元初復拜中書舍人曾固辭議者謂中書乃曹司非官稱嫌名在禮不諱乃就職與蘇晉同掌制誥皆以文辭稱時號蘇賈後坐事貶洋州刺史歷虔鄭等州刺史遷禮部侍郎卒子至

至字幼鄰擢明經第解褐單父尉從玄宗幸蜀拜起居舍人知制誥帝傳位至當譔冊既進稾帝曰昔先天誥命乃父爲之辭今茲命冊又爾爲之兩朝盛典出卿家父子手可謂繼美矣至頓首嗚咽流涕歷中書舍人至德中將軍王去

榮殺富平令杜徽肅宗新得陝且惜去榮材詔貸死以流人使自效至諫曰聖人誅亂必先示法令崇禮義漢始入關約法三章殺人者死不易之法也按將軍去榮以朔方偏裨提數千士不能整行列挾私怨殺縣令有犯上之逆或曰去榮善守陝新下非去榮不可守臣謂不然李光弼守太原程千里守上黨許叔冀守靈昌魯炅守南陽賈賁守雍丘張巡守睢陽初無去榮未聞賊能下也以一能而免死彼弧矢絕倫劍術無前者恃能犯上何以止之若捨去榮誅將來是法不一而招罪人也惜一去榮殺十去榮之材其傷蓋多後逆亂之人有逆於此而順於彼亂富平而治於陝乎悖縣令能不悖於君乎律令者太宗之律令陛下不可以一士小材廢祖宗大法帝詔羣臣議太子太師韋見素文部郎中崔器等皆以爲法者天地大典王者不敢專也帝王不擅殺而小人得擅殺者是權過人主開元以前無敢專殺尊朝廷也今有之是弱國家也太宗定天下陛下復鴻業則去榮非至德罪人乃貞觀罪人也其罪祖宗所不赦陛下可易之耶詔可蒲州刺史以河東瀕賊徹傳城廬舍五千室不使賊得保聚

民大擾詔遣至慰安官助營完蒲人乃安坐小法貶岳州司馬寶應初召復故官還尙書左丞楊綰建請依古制縣令舉孝廉于刺史刺史升天子禮部詔有司參議多是綰言至議以爲自晉後衣冠遷徙人多僑處因緣官族所在占籍今鄉舉取人未盡請廣學校增國子博士員十道大州得置大學館詔博士領之召置生徒使保桑梓者鄉里舉焉在流寓者庠序推焉議者更附至議轉禮部侍郎待制集賢院大歷初徙兵部累封信都縣伯進京兆尹七年以右散騎常侍卒年五十五贈禮部尙書謚曰文

白居易字樂天其先蓋太原人北齊五兵尙書建有功于時賜田韓城子孫家焉又徙下邽父季庚爲彭城令李正己之叛說刺史李洧自歸累擢襄州別駕居易敏悟絕人工文章未冠謁顧況況吳人恃才少所推可見其文自失曰吾謂斯文遂絕今復得子矣貞元中擢進士拔萃皆中補校書郎元和元年對制策乙等調盩厔尉爲集賢校理月中召入翰林爲學士遷左拾遺四年天子以旱甚下詔有所蠲貸振除災沴居易見詔節未詳卽建言乞盡免江淮兩賦以

救流瘠且多出宮人憲宗頗采納是時于頔入朝悉以歌舞人內禁中或言普寧公主取以獻皆頔嬖愛居易以爲不如歸之無令頔得歸曲天子李師道上私錢六百萬爲魏徵孫贖故第居易言徵任宰相太宗用殿材成其正寢後嗣不能守陛下猶宜以賢者子孫贖而賜之師道人臣不宜掠美帝從之河東王鍔將加平章事居易以爲宰相天下具瞻非有重望顯功不可任按鍔誅求百計不卹彫瘵所得財號爲羨餘以獻今若假以名器四方聞之皆謂陛下得所獻與宰相諸節度私計曰誰不如鍔爭裒割生人以求所欲與之則綱紀大壞不與則有厚薄事一失不可復追是時孫璹以禁衛勞擢鳳翔節度使張奉國定徐州平李錡有功還金吾將軍居易爲帝言宜罷璹進奉國以竦天下忠臣心度支有囚繫閿鄉獄更三赦不得原又奏言父死縶其子夫久繫妻嫁債無償期禁無休日請一切免之奏凡十餘上益知名會王承宗叛帝詔吐突承璀率師出討居易諫唐家制度每征伐專委將帥責成功比年始以中人爲都監韓全義討淮西賈良國監之高崇文討蜀劉貞亮監之且與天下兵未有以中

人專統領者神策既不置行營節度卽承璀爲制將又充諸軍招討處置使是實都統恐四方聞之必輕朝廷後世且傳中人爲制將自陛下始陛下忍受此名哉且劉濟等洎諸將必恥受承璀節制心有不樂無以立功此乃資承宗之姦挫諸將之銳帝不聽既而兵老不決居易上言陛下討伐本委承璀外則盧從史范希朝張茂昭今承璀進不決戰已喪大將希朝茂昭數月乃入賊境觀其勢似陰相爲計空得一縣卽辟不進理無成功不亟罷之且有四害以府帑金帛齊民膏血助河北諸侯使益富彊一也河北諸將聞吳少陽受命將請洗滌承宗章一再上無不許則河北合從其勢益固與奪恩信不出朝廷二也今暑溼暴露兵氣重烝雖不顧死孰堪其苦又神策雜募市人不忸于役脫奔逃相動諸軍必搖三也回鶻吐蕃常有游偵聞討承宗歷三時無功則兵之強弱費之多少彼一知之乘虛入寇渠能救首尾哉兵連事生何故蔑有四也事至而罷則損威失柄秖可逆防不可追悔亦會承宗請罪兵遂罷後對殿中論執彊鯁帝未諭輒進曰陛下誤矣帝變色罷謂李絳曰是子我自拔擢乃敢爾我

叵堪此必斥之絳曰陛下啓言者路故羣臣敢論得先若黜之是鉗其口使自
爲謀非所以發揚盛德也帝悟待之如初歲滿當遷帝以資淺且家素貧聽自
擇官居易請如姜公輔以學士兼京兆戸曹參軍以便養詔可明年以母喪解
還拜左贊善大夫是時盜殺武元衡京都震擾居易首上疏請亟捕賊刷朝廷
耻以必得爲期宰相嫌其出位不悅俄有言居易母墮井死而居易賦新井篇
言浮華無實行不可用出爲州刺史中書舍人王涯上言不宜治郡追貶江州
司馬既失志能順適所遇託浮屠生死說若忘形骸者久之徙忠州刺史入爲
司門員外郎以主客郎中知制誥穆宗好畋游獻續虞人箴以諷曰唐受天命
十有二聖兢兢業業咸勤厥政鳥生深林獸在豐草春蒐冬狩取之以道鳥獸
蟲魚各遂其生民野君朝亦克用寧在昔玄祖厥訓孔彰馳騁畋獵俾心發狂
何以效之曰羿與康曾不是誡終然覆亡高祖方獵蘇長進言不滿十旬未足
爲懽上心既悟爲之輟畋降及宋璟亦諫玄宗温顏聽納獻替從容璟趨以出
鷂死握中噫逐獸于野走馬于路豈不快哉銜橛可懼審其安危惟聖之慮俄

轉中書舍人田布拜魏博節度使命持節宣諭布遺五百縑詔使受之辭曰布
父讎國恥未雪人當以物助之乃取其財誼不忍方諭問旁午若悉有所贈則
賊未殄布貲竭矣詔聽辭餉是時河朔復亂合諸道兵出討遷延無功賊取弓
高絶糧道深州圍益急居易上言兵多則難用將衆則不一宜詔魏博澤潞定
滄四節度令各守境以省度支貲餉每道各出銳兵三千使李光顔將光顔故
有鳳翔徐滑河陽陳許軍無慮四萬可徑薄賊開弓高糧路合下博解深州之
圍與牛元翼合還裴度招討使使悉太原兵西壓境見利乘隙夾攻之間令招
諭以動其心未及誅夷必自生變且光顔久將有威名度爲人忠勇可當一面
無若二人者於是天子荒縱宰相才下賞罰失所宜坐視賊無能爲居易雖進
忠不見聽乃丐外遷爲杭州刺史始築堤捍錢塘湖鍾洩其水漑田千頃復浚
李泌六井民賴其汲久之以太子左庶子分司東都復拜蘇州刺史病免文宗
立以祕書監召遷刑部侍郎封晉陽縣男太和初二李黨事興險利乘之更相
奪移進退毀譽若旦暮然楊虞卿與居易姻家而善李宗閔居易惡緣黨人斥

乃移病還東都除太子賓客分司踰年卽拜河南尹復以賓客分司開成初起爲同州刺史不拜以太子少傅進馮翊縣侯會昌初以刑部尚書致仕六年卒年七十五贈尚書右僕射宣宗以詩弔之遺命薄葬毋請謚居易被遇憲宗時事無不言湔剔抉摩多見聽可然爲當路所忌遂擯斥所蘊不能施乃放意文酒既復用又皆幼君偃蹇益不合居官輒病去遂無立功名意與弟行簡從祖弟敏中友愛東都所居履道里疏沼種樹構石樓香山鑿八節灘自號醉吟先生爲之傳暮節惑浮屠道尤甚至經月不食葷稱香山居士嘗與胡杲吉旼鄭據劉眞盧眞張渾狄兼謨盧貞燕集皆高年不事者人慕之繪爲九老圖居易於文章精切然最工詩初頗以規諷得失及其多更下偶俗好至數千篇當時士人爭傳鷄林行賈售其國相率篇易一金甚僞者相輒能辯之初與元稹酬詠故號元白稹卒又與劉禹錫齊名號劉白其始生七月能展書姆指之無兩字雖試百數不差九歲暗識聲律其篤於才章蓋天稟然敏中爲相請謚有司曰文後履道第卒爲佛寺東都江州人爲立祠焉

贊曰居易在元和長慶時與元稹俱有名最長於詩它文未能稱是也多至數千篇唐以來所未有其自敘言關美刺者謂之諷諭詠性情者謂之閑適觸事而發謂之感傷其宅爲雜律又譏世人所愛惟雜律詩彼所重我所輕至諷諭意激而言質閑適思澹而辭迂以質合迂宜人之不愛也今視其文信然而杜牧謂纖豔不逞非莊士雅人所爲流傳人閒子父女母交口教授淫言媟語入人肌骨不可去蓋救所失不得不云觀居易始以直道奮在天子前爭安危冀以立功雖中被斥晚益不衰當宗閔時權勢震赫終不附離爲進取計完節自高而稹中道徼險得宰相名望漼然嗚呼居易其賢哉

行簡字知退擢進士辟盧坦劍南東川府罷與居易自忠州入朝授左拾遺累遷主客員外郎代韋詞判度支按進郎中長慶時振武營田使賀拔志歲終結課最詔行簡閱實發其妄志懼自刺不殊行簡敏而有辭後學所慕尚寶曆二年卒

敏中字用晦少孤承學諸兄長慶初第進士辟義成節度使李聽府聽一見許

其遠到遷右拾遺改殿中侍御史爲符澈邠寧副使澈卒以能政聞御史中丞高元裕薦爲侍御史再轉左司員外郎武宗雅聞居易名欲召用之是時居易足病廢宰相李德裕言其衰苶不任事卽薦敏中文詞類其兄而有器識卽日知制誥召入翰林爲學士進承旨宣宗立以兵部侍郎同中書門下平章事遷中書侍郎兼刑部尚書德裕貶敏中抵之甚力議者訾惡德裕著書亦言惟以怨報德爲不可測蓋斥敏中云歷尚書右僕射門下侍郎封太原郡公自員外凡五年十三遷崔鉉輔政欲專任患敏中居右會党項數寇邊鉉言宜得大臣鎭撫天子嚮其言故敏中以司空平章事兼邠寧節度招撫制置使初帝愛萬壽公主欲下嫁士人時鄭顥擢進士第有閥閱敏中以充選顥與盧氏婚將授室而罷銜之敏中自以居外畏顥讒自訴于帝帝曰朕知久矣若用顥言庸相任耶顧左右取書一函發視悉顥所上敏中乃安及行帝御安福樓以餞頒璽書諭尉賜通天帶衞以神策兵開府辟士禮如裴度討淮西時次寧州諸將已破羌賊敏中卽說諭其衆皆願棄兵爲業乃自南山並河按屯堡回繞千里又

規蕭關通靈威路使爲耕戰具踰年檢校司徒徙劍南西川增騾軍完創關壁
治蜀五年有勞加兼太子太師徙荆南懿宗立召拜司徒門下侍郎還平章事
數月足病不任謁固求避位不許中使者勞問俾對别殿毋拜右補闕王譜奏
言敏中病四月陛下坐朝與他宰相語不三刻安暇論天下事願聽其請無使
有持寵曠貴之譏書聞帝怒斥譜陽翟令給事中鄭公輿申救不聽譜者侍中
珪之遠裔未幾加敏中中書令自裴度以勳德居而敏中以恩澤進咸通二年
南蠻擾邊召敏中入議許挾扶升殿固求免乃出爲鳳翔節度使三奏願歸守
墳墓除東都留守不敢拜許以太傅致仕詔書未至卒冊贈太尉博士曹鄴責
其病不堅退且逐諫臣舉怙威肆行謚曰醜

唐書卷一百十九考證

白居易傳會昌初以刑部尚書致仕六年卒年七十五○舊書大中元年卒年七十六

居易從祖弟敏中乃出爲鳳翔節度使○舊書河中晉絳節度使

唐書卷一百十九考證

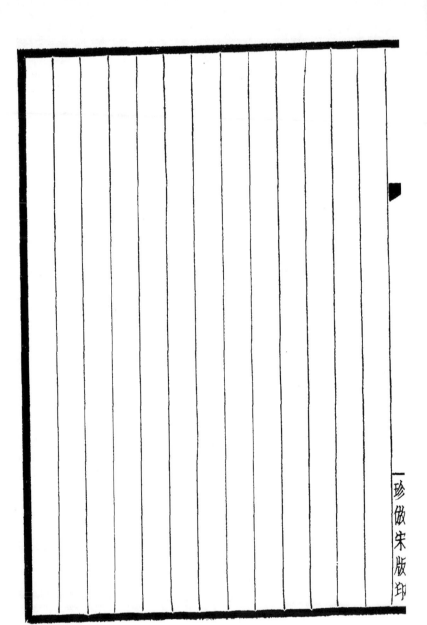

唐書卷一百二十

宋　端　明　殿　學　士　宋　祁　撰

列傳第四十五

五王

桓彥範字士則潤州丹陽人以門蔭調右翊衛遷司衛主簿狄仁傑曰君之才當自光大毋卹于初厚爲禮尋擢監察御史遷累中丞長安中爲司刑少卿張昌宗引妖人迎占言計不軌宋璟請窮治其姦武后以昌宗嘗自歸不許彥範諫曰昌宗謬橫恩苞福心億測天命皇神降怒自擿其咎推原厥情蓋防事暴之日得引首以免未敗則候時爲逆此凶詭之臣營惑聖心既自歸露而尙與妖人祈福禳解則果於必成初無悔意今而宥之誠恐昌宗自謂應運天下浩然從之父在子稱尊爲逆子君在臣圖位爲逆臣逆而不誅社稷懼亡請付三司考治不納時內史李嶠等屢奏往爲酷吏破家者請皆宥雪依違未從彥範復上言自文明後得罪惟揚豫博三州不免它可悉赦疏十上卒見聽嘗曰大

理人命所繫不可便辭詭合以自免張柬之將誅易之等引與定策於是以彥範敬暉爲左右羽林將軍屬以禁兵時中宗每北門起居因得謁陳祕計神龍元年正月彥範暉率羽林兵與將軍李湛李多祚楊元琰薛思行等千騎五百人討賊令湛多祚就東宮迎中宗至玄武門彥範等斬關入士皆鼓譟時武后處迎仙宮之集仙殿斬易之等廡下后聞變而起見中宗曰乃汝耶豎子誅可還宮彥範進曰太子今不可以歸往天皇棄羣臣以愛子託陛下今久居東宮羣臣思天皇之德不血刃清內難此天意人事歸李氏臣等謹奉天意惟陛下傳位萬世不絕天下之幸后乃臥不復言明日中宗復位以彥範爲侍中封譙郡公賜實封五百戶上書戒帝曰詩以關雎爲始言后妃者人倫之本治亂之端也故舜之興以皇英而周之興以任姒桀奔南巢禍階末嬉魯桓滅國惑始齊姜伏見陛下臨朝視政皇后必施帷殿上預聞政事臣愚謂古王者謀及婦人皆破國亡身傾輈繼路且以陰乘陽違天也以婦淩夫違人也違天不祥違人不義故書曰牝雞之晨惟家之索易曰無攸遂在中饋言婦人不得預外政

也伏願上以社稷爲重令皇后無居正殿干外朝深居宮掖脩陰教以輔佐天子又道路籍籍皆云胡僧慧範託浮屠法詭惑后妃出入禁奥瀆撓朝政陛下嘗輕騎微服數幸其居上下汙慢君臣虧替臣謂與化致治以康乂國家者繇進善而棄惡孔子曰執左道以亂政者殺假鬼神以危人者殺今慧範亂政危人者也不急誅且有變除惡務本願早裁之帝昬昏狃左右不能有所省納俄墨敕以方士鄭普思爲祕書監葉靜能爲國子祭酒彥範執不可帝曰要已用之不可止彥範曰陛下始復位制詔軍國皆用貞觀故事貞觀時以魏徵虞世南顏師古爲監以孔穎達爲祭酒如普思等方伎猥下安足繼蹤前烈臣恐物議謂陛下官不擇才以天秩加私愛不從時武三思以還太后衛恚慮不利諸武而韋后雅爲帝寵畏且三思與烝亂由是朋譏奇中未幾罷彥範等政事五月加特進封扶陽郡王賜姓韋同后屬籍錫金銀錦繡皆以鐵券恕十死令朝朔望尋出爲洛州刺史改濠州王同晈謀誅三思事洩三思誣彥範等同逆陰令許州司功參軍鄭愔上變乃貶彥範瀧州司馬敬暉崖州司馬袁恕己竇州

司馬崔玄暐白州司馬張柬之新州司馬悉奪勳封三思又疏韋后隱穢榜於
道請廢之帝震怒三思猥曰此殆彥範輩爲之命御史大夫李承嘉鞫狀物色
其人承嘉卽奏彥範暉柬之恕己玄暐暴訕搖變內託廢后而實危君人臣無
將當伏誅詔有司議罪大理丞李朝隱執奏彥範等未訊卽誅恐爲讎家誣衊
請遣御史按實卿裴談請卽誅斬家籍沒帝業嘗許以不死遂流瀼州禁錮終
身子弟年十六以上謫徙嶺外擢承嘉金紫光祿大夫襄武郡公后又賜綵五
百段錦被一進談刑部尚書而貶朝隱三思又諷節愍太子請夷彥範等三族
帝不從三思慮五人者且復用乃納崔湜計遣周利貞矯制殺之利貞至貴州
逢彥範卽縛曳竹槎上肉盡杖殺之年五十四睿宗卽位彥範等並追復官爵
賜實封二百戶還其子孫謚曰忠烈開元六年詔與暉玄暐柬之恕己勤勞王
家皆配享中宗廟庭建中三年復贈彥範爲司徒暉太尉玄暐太子太師柬之
司徒恕己太子太傅彥範工屬文然不甚喜觀書所志惟忠孝大略居若不能
言及議論帝前雖被詰讓而安辭定色辨爭愈切誅二張也柬之勒兵景運門

將遂夷諸武洛州長史薛季昶勸曰二凶雖誅産祿猶在請除之會日暮事遽彥範不欲廣殺因曰三思机上肉爾留爲天子籍手季昶歎曰吾無死所矣俄而三思竊入宮因韋后反盜朝權同功者歎曰死我者桓君也彥範亦曰主上昔爲英王故吾留武氏使自誅定今大事已去得非天乎初將起事告其母母曰忠孝不並立義先國家可也御史李福業者嘗與彥範謀及被殺福業亦流番禺後亡匿吉州參軍敬元禮家吏捕得元禮俱坐死福業將刑謝元禮曰子有親吾甚愧恨元禮曰公窮而歸我我得已乎見者傷之時監察御史盧襲秀亦坐與桓敬善爲冉祖雍所按不屈或報曰南使至桓敬已死襲秀泫然祖雍怒曰彥範等負國君乃流涕且君下獄諸弟皆縱酒無憂色何邪對曰我何負哉正坐與彥範善耳今盡殺諸弟則已如獨殺襲秀恐公不得高枕而瞑祖雍色動握其手曰當活公遂得不坐襲秀者其祖方慶武德中爲察非掾秦王器之嘗引與議建成事方慶辭曰母老矣匄身歸養王不逼也貞觀中爲稾城令

彥範弟玄範官至常州刺史臣範工部侍郎

薛季昶者絳州龍門人武后時上書自布衣擢監察御史以累左遷平遙尉復拜御史屢按獄如旨擢給事中夏官郎中侯味虛將兵討契丹不利妄言賊行有蛇虎導軍后惡其詭拜季昶爲河北道按察使季昶馳至軍斬味虛以聞威震北方槀城尉吳澤射殺驛使髡民女髮爲髢州不能劾季昶杖殺之然後布恩信甄表善良或傳季昶囊爲味虛笞辱故深文報怨自給事中數月爲御史中丞坐事左遷久乃入爲雍州長史遷文昌左丞爲洛州長史預誅易之等功進戶部侍郎五王失柄出季昶荊州長史貶儋州司馬初季昶與昭州首領周慶立廣州司馬光楚客不叶懼二怨不敢往歎曰吾至是邪即具棺沐浴仰藥死葬昭州睿宗立詔贈左御史大夫同彥範等賜一子官季昶剛烈然喜入先語以爲寶後雖有辦理不能得也而敦愛故舊禮有名士其長可蓋所缺云

楊元琰者字温虢州閿鄉人漢太尉震十八代孫生數歲未言相者視曰語遲者神定必爲重器及長秀眉美鬚髯崇肩博頤居父喪七日不食服除補梓州參軍平棘令課第一御史府表其政璽書褒厲再擢永寧軍副使忤用事者免

載初中爲安南副都護三徙爲荆府長史五遷州刺史咸有風績初張柬之代爲荆州共乘艫江中私語外家革命元琰悲涕慷慨志在王室柬之執政故引爲右羽林將軍謂曰江上之言君叵忘之今可以勉乃與李多祚等定計斬二張進雲麾將軍封弘農郡公實封戸五百賜鐵券恕十死敬暉等爲武三思所構元琰知禍未已乃詭計請祝髮事浮屠悉還官封中宗不許暉聞尚戲曰胡頭應祝以多鬚似胡云元琰曰功成不退懼亡我不空言暉感之然已不及計暉等死獨元琰全再遷衞尉卿又上官封願追寵其親帝哀憐贈越州都督長史李多祚死太子難元琰坐厚善繫獄蕭至忠救之免睿宗立數上書乞骸骨不聽四遷刑部尚書封魏國公徙太子賓客詔設位東宮太子爲拜俄致仕開元六年卒年七十九諡曰忠生平無留蓄中外食其家常數十人臨終敕諸子薄葬

子仲昌字蔓以通經爲脩文生累調不甚顯以河陽尉對策玄宗擢第一授蒲州法曹參軍判入異等遷監察御史坐累爲孝義令鸞降庭樹太守蕭恕表其

政徙下邽終吏部郎中仲昌資長于吏常分父邑租振宗黨御身以約善與人
交士樂從之游云
敬暉字仲曄絳州平陽人弱冠舉明經聖歷初爲衞州刺史是時河北經突厥
所騷方秋而城暉曰金湯非粟不守豈有棄農畝事池隍哉縱民歸斂闔部賴
安遷夏官侍郎出爲太州刺史改洛州長史武后幸長安爲副留守以治幹聞
璽書勞之多賜物段長安二年授中臺右丞以誅二張功加金紫光祿大夫爲
侍中平陽郡公實封五百戶進封齊國暉表請諸武王者宜悉降爵繇是皆爲
公三思憤俄封平陽郡王加特進罷政事初易之已誅薛季昶請收諸武暉亦
苦諫不從三思濁亂暉每椎坐悵恨彈指流血尋及貶又放瓊州爲周利貞所
害睿宗時追復官爵又贈秦州都督謚曰肅愍
崔玄暐博陵安平人本名曄武后時有所避改焉少以學行稱叔父祕書少監
行功器之舉明經爲高陵主簿居父喪盡禮廬有燕更巢共乳母盧有賢操常
戒玄暐曰吾聞姨兄辛玄馭云子姓仕宦有言其貧窶不自存此善也若貲貨

盈衍惡也吾嘗以爲確論比見親表仕者務多財以奉親而親不究所從來必出于祿稟則善如其不然何異盜乎若今爲吏不能忠清無以戴天履地宜識吾意故玄暐所守以清白名母亡哀毀甘露降庭樹後以庫部員外郎累遷鳳閣舍人長安元年爲天官侍郎當公介然不受私謁執政忌之改文昌左丞不踰月武后曰卿向改職乃聞令史設齋相慶此欲肆其貪耳卿爲朕還舊官乃復拜天官侍郎厚賜綵物三年授鸞臺侍郎同鳳閣鸞臺平章事兼太子左庶子四年遷鳳閣侍郎先是酷吏誣籍數百家玄暐開陳其枉后感悟皆爲原洗宋璟劾張昌宗不軌事玄暐頗助璟及有司正昌宗罪而玄暐弟昪爲司刑少卿執論大辟兄弟守正如此后久疾宰相不召見者累月及少間玄暐奏言皇太子相王皆仁明孝友宜侍醫藥不宜引異姓出入禁闥后慰納以誅二張功爲中書令博陵郡公后遷上陽宮顧玄暐曰諸臣進皆因人而玄暐我所擢何至是對曰此正所以報陛下也俄拜博陵郡王罷政事冊其妻爲妃賜實封五百戶檢校益州大都督府長史知都督事會貶又流古州道病卒年六十九謚

曰文獻玄暐三世不異居家人怡怡如也貧寓郊墅羣從皆自遠會食無它爨
與昇尤友愛族人貧孤者撫養教勵後雖秉權而子弟仕進不使踰常資當時
稱重少頗屬辭晚以非己長不復構思專意經術子璩亦有文開元二年詔玄
暐柬之神龍之初保乂王室姦臣忌焉謫歿荒海流落變遷感激忠義宜以玄
暐子璩柬之孫毖並爲朝散大夫璩終禮部侍郎璩子渙
渙博綜經術長論議十歲居父喪毀瘠加人陸元方異之起家亳州司功參軍
還調於是入判者千餘吏部侍郎嚴挺之施特榻試彝尊銘謂曰子清廟器故
以題相命累遷司門員外郎楊國忠惡不附己出爲巴西太守玄宗西狩迎謁
于道帝見占奏以爲明治體恨得之晚房琯亦薦之卽日拜門下侍郎同中書
門下平章事肅宗立與韋見素等同赴行在時京師未復舉選不至詔渙爲江
淮宣諭選補使收采遺逸不以親故自嫌常曰抑才虞謗吾不忍爲然聽受不
甚精以不職罷爲左散騎常侍兼餘杭太守江東採訪防禦使入還吏部侍郎
集賢院待制簡淡自處時望尤重遷御史大夫元載輔政與中官董秀槃結固

寵渙疾之因進見慨然論載姦代宗曰載雖非重慎然協和中外無間然能臣也對曰和之爲貴者由禮節也不節之以禮焉得和今干戈甫定品物思乂載爲宰相宜明制度易海內耳目而怙權樹黨毀法爲通鬻恩爲怨附下茍容乃幽國卑主術臣所未喻帝默然會渙兼稅地青苗錢物使以錢給百官而吏用下直爲使料上直爲百司料載諷皇城副留守張清擿其非詔尚書左丞蔣渙按實且載所惡由是貶道州刺史卒贈太子太傅謚曰元子縱

縱繇協律郎三遷監察御史會詔擇令長授藍田令德化大行縣人立碑頌德渙之貶縱棄金部員外郎就養後爲汴西水陸運兩稅鹽鐵等使王師圍田悅乏食詔縱餉四節度糧軍無乏德宗出奉天方鎮兵未至縱勸李懷光奔命悉軍財稱所須懷光兵疲久戰次河中遷延不進縱以金帛先度曰濟者即賜衆趨利爭西遂及奉天還京兆尹上言懷光反覆不情宜備之及帝徙梁州追扈不及左右短縱素善懷光殆不來帝曰知縱者朕也非爾輩所及後數日至授御史大夫處大體不急細事獄訴付成僚屬而已自兵與內外官冗溢時議併

省縱奏兵未息仕進者多緒在官則累遷有功而褒賞不可廢也比選集乃據闕留人怨望滋結朝廷頻詔録勞而諸道敘優日廣若停減吏員非但承優者無官可敘亦恐序進者無路勝置矣詔可貞元元年天子郊見爲大禮使歲旱用屈縱撙裁文物儉而不陋除吏部侍郎尋爲河南尹時兵雖定民彫耗縱治簡易蠲略細苛先是戍邊者道由洛儲餼取於民縱始令官辦使五家相保自占發斂以絶胥史之私又引伊洛溉高仰通利里閈人甚宜之入爲太常卿封常山縣公卒年六十二贈吏部尚書謚曰忠初渙爲元載所抑縱訖載世不求聞達渙有嬖妾縱以母事之妾剛酷雖縱顯官而數笞詬然率妻子候顏色承養不懈時以爲難孫碣

碣字東標及進士第遷右拾遺武宗方討澤潞碣建請納劉稹降忤旨貶鄧城令稍轉商州刺史擢河南尹右散騎常侍再爲河南尹邑有大賈王可久轉貨江湖閒值龐勛亂盡亡其貲不得歸妻詣卜者楊乾夫咨在亡乾夫名善數而內悅妻色且利其富旣占陽驚曰乃夫殆不還矣卽陰以百金謝媒者誘聘之

妻乃嫁乾夫遂爲富人宅年徐州平可久困甚丐衣食歸閭里往見妻乾夫大怒詬逐之妻詣吏自言乾夫厚納賄可久反得罪再訴復坐誣可久恨歎遂失明碭之來可久陳寃碭得其情即敕吏捽乾夫并前獄史下獄悉發賕姦一日殺之以妻還可久時淫潦獄決而霽都民相語歌舞于道徙陝虢觀察使軍亂貶懷州司馬卒

張柬之字孟將襄州襄陽人少涉經史補太學生祭酒令狐德棻異其才便以王佐期之中進士第始調清源丞永昌元年以賢良召時年七十餘矣對策者千餘柬之爲第一授監察御史遷鳳閣舍人時突厥默啜有女請和親武后欲令武延秀娶之柬之奏古無天子取夷狄女者忤旨出爲合蜀二州刺史故事歲以兵五百戍姚州地險瘴到屯輒死柬之論其弊曰臣按姚州古哀牢國域土荒外山岨水深漢世未與中國通唐蒙開夜郎滇筰而哀牢不附東漢光武末始請內屬置永昌郡統之賦其鹽布氈罽以利中土其國西大秦南交趾奇珍之貢不闕劉備據蜀甲兵不充諸葛亮五月度瀘收其產入以益軍使張伯

岐選取勁兵以增武備故蜀志稱亮南征後國以富饒此前世置郡以其利之
也今鹽布之稅不供珍奇之貢不入戈戟之用不實於戎行實貨之資不輸於
大國而空竭府庫驅率平人受役蠻夷肝腦塗地臣竊爲陛下惜之昔漢歷博
南山涉蘭倉水更置博南哀牢二縣蜀人愁苦行者作歌曰歷博南越蘭津度
蘭倉爲他人蓋譏其貪珍奇之利而爲蠻夷所驅役也漢獲其利人且怨歌今
減耗國儲費調日引使陛下赤子身膏野草骸骨不歸老母幼子哀號望祭於
千里之外朝廷無絲髮利而百姓蒙終身之酷臣竊爲國家痛之往諸葛亮破
南中卽用渠率統之不置漢官不留戍兵言置官留兵有三不易置官必夷漢
雜居猜嫌將起留兵轉糧爲患滋重後忽反叛勞費必甚故粗設綱紀自然久
定臣謂亮之策誠盡羈縻蠻夷之要今姚州官屬既無固邊厭寇之心又無亮
且縱且擒之伎唯詭謀狡算恣情割剝扇動酋渠遣成朋黨折支諂笑取媚蠻
夷拜跪趨伏無復爲耻提挈子弟嘯引凶愚聚會蒱博一擲累萬凡逋逃亡命
在彼州者戶贏二千專事剽奪且姚州本龍朔中武陵主簿石子仁奏置其後

長史李孝讓辛文協死於羣蠻詔遣郎將趙武貴討擊兵無噍類又以將軍李義總繼往而郎將劉惠基戰死其州遂廢臣竊以亮有三不易其言卒驗垂拱中蠻郎將王善寶昆州刺史爨乾福復請置州言課稅自支不旁取於蜀及置州掾李稜爲蠻所殺延載中司馬成琛更置瀘南七鎭戍以蜀兵蜀始擾矣且姚府總管五十七州閒皆巨猾游客國家設官所以正俗防姦而無恥之吏敗謬至此今刦害未止恐驚擾之禍日滋宜罷姚州隸嶲府歲時朝覲同蕃國廢瀘南諸鎭而設關瀘北非命使不許交通增嶲屯兵擇清良吏以統之臣愚以爲便疏奏不納俄爲荊州大都督府長史長安中武后謂狄仁傑曰安得一奇士用之仁傑曰陛下求文章資歷今宰相李嶠蘇味道足矣豈文士齷齪不足與成天下務哉后曰然仁傑曰荊州長史張柬之雖老宰相材也用之必盡節於國卽召爲洛州司馬它日又求人仁傑曰臣嘗薦張柬之未用也后曰遷之矣曰臣薦宰相而爲司馬非用也乃授司刑少卿遷秋官侍郎後姚崇爲靈武軍使將行后詔舉外司可爲相者崇曰張柬之沈厚有謀能斷大事其人老惟

亟用之卽日召見拜同鳳閣鸞臺平章事進鳳閣侍郎誅二張也柬之首發其
謀以功擢天官尚書同鳳閣鸞臺三品漢陽郡公實封五百戸不半歲以漢陽
郡王加特進罷政事柬之旣失權願還襄州養疾乃授襄州刺史中宗爲賦詩
祖道又詔羣臣餞定鼎門外至州持下以法雖親舊無所縱貸會漢水漲齧城
郭柬之因壘爲隄以遏湍怒闔境賴之又懇辭王爵不許俄及貶又流瀧所憂
憤卒年八十二景雲元年贈中書令諡曰文貞授一子官柬之剛直不傅會然
邃於學論次書數十篇子愿漪愿仕至襄州刺史漪以著作佐郎侍父襄陽特
其家立功簡接鄉人鄉人怨之初易之等誅後中宗猶監國告武氏廟而天久
陰不霽侍御史崔渾奏陛下復國當正唐家位號稱天下心奈何尚告武氏廟
請毀之復唐宗廟帝嘉納是日詔書下雰霽澄駭咸以爲天人之應
袁恕己滄州東光人仕累司刑少卿知相王府司馬與誅二張又從相王統南
衙兵備非常以功加銀青光祿大夫中書侍郎同中書門下三品封南陽郡公
實封五百戸將作少匠楊務廉者以工巧進恕己恐其復啓游娛侈麗之漸言

於中宗曰務廉位九卿忠言嘉謨不聞而專事營構以媚上不斥之士以昭德乃授陵州刺史未幾拜中書令特進南陽郡王罷政事例及貶又流瓊州爲周利貞所逼恕己素餌黃金至是飲野葛數升不死憤懣抔土以食爪甲盡不能絕乃擊殺之謚曰貞烈孫高

高字公頤少慷慨有節尚擢進士第代宗時累遷給事中建中中拜京畿觀察使坐累貶韶州刺史復拜給事中德宗將起盧杞爲饒州刺史高當草詔見宰相盧翰劉從一曰杞當國矯誣陰賊斥忠誼傲明德反易天常使宗祏失守天下疣痏朝廷不寘以法才示貶黜今還授大州天下其謂何翰等不悅命舍人作詔詔出高執不下奏曰陛下用杞爲相出入三年附下罔上使陛下越在草莽羣臣願食其肉且不厭漢法三光不明雨旱不時皆宰相請罪小者免大者戮杞罪萬誅陛下赦不誅止貶新州俄又內移今復拜刺史誠失天下望帝曰杞不逮是朕之過朕已再赦答曰杞天資詭險非不逮彼固所餘赦者止赦其罪不宜授刺史願問外廷并敕中人聽於民若億兆異臣之言臣請前死諫官

亦力爭帝前帝曰與上佐可乎羣臣奉詔翌日遣使慰高曰朕惟卿言切至已如奏太子少保韋倫曰高言勁挺自是陛下一良臣宜加優禮貞元二年帝以大盜後關輔百姓貧田多荒薉詔諸道上耕牛委京兆府勸課量地給牛不滿五十畝不給高以爲聖心所憂乃在窮乏今田不及五十畝即是窮人請兩戶共給一牛從之卒年六十中外悵惜憲宗時李吉甫言其忠謇特贈禮部尚書文宗開成三年又詔玄暐曾孫郢爲監察御史暉曾孫元膺河南丞柬之四世孫憬壽安尉恕己曾孫德文校書郎始帝訪御史中丞狄兼謨以仁傑功且言五王遺烈乃求其後秩以官唯彥範後無聞云

贊曰五王提衞兵誅嬖臣中興唐室不淹辰天下晏然其謀深矣至謂中宗爲英王不盡誅諸武使天子藉以爲威何其淺耶釁牙一啓爲豔后豎兒所乘劫持戮辱若放豚然何哉無亦神奪其明厚韋氏毒以與先天之業乎不然安李之功賢於漢平勃遠矣

唐書卷一百二十

唐書卷一百二十考證

敬暉傳絳州平陽人○舊書絳州太平人考地理志絳州領縣有太平無平陽當從舊書

長安二年授中臺右丞○舊書作長安三年

崔玄暐傳賜實封五百戶○舊書作四百戶

袁恕己孫高坐累貶韶州刺史○舊書失旨貶韶州長史

唐書卷一百二十考證

唐書卷一百二十一

宋　端　明　殿　學　士　宋　祁　撰

列傳第四十六

劉鍾崔二王

劉幽求冀州武彊人聖曆中舉制科中第調閬中尉刺史不禮棄官去久之授朝邑尉桓彥範等誅張易之昌宗而不殺武三思幽求謂彥範曰公等無葬地矣不早計後且噬臍不從既五王皆爲三思構死臨淄王入誅韋庶人預參大策是夜號令詔敕一出其手以功授中書舍人參知機務爵中山縣男實封二百戶授二子五品官二代俱贈刺史睿宗立進尚書右丞徐國公增封戶至五百賜物千段奴婢二十人第一區良田千畝金銀雜物稱是景雲二年以戶部尚書罷政事不旬月遷吏部拜侍中璽詔曰頃王室不造中宗厭代戚孽專亂將隕社稷朕與王公皆幾于難幽求處危思奮翊贊聖儲協和義士震殄元惡國家之復存繄幽求是賴厥庸茂焉朕用嘉之雖胙以土宇而賦入未廣昔西

漢行封更擇多戶東京定賞復增大邑宜加賜實封二百戶子子孫孫傳國無絕特免十死銘諸鐵券以傳其功先天元年爲尚書右僕射同中書門下三品監脩國史幽求自謂有勞于國在諸臣右意望未滿而竇懷貞爲左僕射崔湜爲中書令殊不平見於言面已而湜等附太平公主有逆計幽求與右羽林將軍張暐定計使暐說玄宗曰湜等皆太平黨與日夜陰計若不早圖且產大害太上不得高枕矣臣請督羽林兵除之帝許之未發也而暐漏言於侍御史鄧光賓帝懼即列其狀睿宗以幽求等屬吏劾奏以疏間親罪應死帝密申右之乃流幽求於封州暐於峰州光賓於繡州明年太平公主誅即日召復舊官知軍國事還封戶賜錦衣一襲開元初進尚書左丞相兼黃門監俄以太子少保罷姚崇素忌之奏幽求鬱怏散職有怨言詔有司鞫治宰相盧懷慎等奏言幽求輕肆不恭失大臣體乖崖分之節翌日貶睦州刺史削實封戶六百遷杭郴二州恚憤卒于道年六十一贈禮部尚書謚曰文獻六年詔與蘇瓌配享睿宗廟廷建中中追贈司徒

鍾紹京虔州贛人初爲司農錄事以善書直鳳閣武后時署諸宮殿明堂及銘九鼎皆其筆也景龍中爲苑總監會討韋氏難紹京帥戶奴丁夫從事平夜拜中書侍郞參知機務明日進中書令越國公實封五百戶賚賜與劉幽求等既當路以賞罰自肆當時惡之因上疏讓官睿宗用薛稷謀進戶部尚書出爲彭州刺史玄宗卽位復拜戶部尚書增實封改太子詹事不爲姚崇所喜與幽求並以怨望得罪貶果州刺史賜封邑百戶後坐宅事貶懷恩尉悉奪階封再遷溫州別駕十五年入朝見帝泣曰陛下忘疇日事邪忍使棄死草莽且同時立功者今骨已朽而獨臣在陛下不垂愍乎帝惻然卽日授太子右諭德久之還少詹事年踰八十以官壽卒紹京嗜書畫如王羲之獻之褚遂良真跡藏家者至數十百卷建中中追贈太子太傅

崔日用滑州靈昌人擢進士第爲芮城尉大足元年武后幸長安陝州刺史宗楚客委以頓峙饋獻豐甘稱過賓使者楚客歎其能亟薦之擢爲新豐尉遷監察御史陰附安樂公主得稍遷神龍中鄭普思納女後宮日用劾奏中宗初不

省廷爭切至普思由是得罪時諸武若三思延秀及楚客等權寵交煽日用多
所結納驟拜兵部侍郎宴內殿酒酣起爲回波舞求學士即詔兼脩文館學士
帝崩韋后專制畏禍及更因僧普潤道士王曄私謁臨淄王以自託且密贊大
計王曰謀非計身直紓親難爾日用曰至孝動天舉無不克然利先發不則有
後憂及韋氏平夜詔權雍州長史以功授黃門侍郎參知機務封齊國公賜實
戶二百坐與薛稷相忿競罷政事爲婺州長史歷揚汴兗三州刺史由荆州長
史入奏計因言太平公主逆節有萌陛下往以宮府討有罪臣子勢須謀與力
今據大位一下制書定矣帝曰畏驚太上皇奈何日用曰庶人之孝承順顏色
天子之孝惟安國家定社稷若令姦宄竊發以亡大業可謂孝乎請先安北軍
而後捕逆黨於太上皇固無所驚帝納之及討逆詔權檢校雍州長史以功益
封二百戶進吏部尚書會帝誕日日用采詩大小雅二十篇及司馬相如封禪
書獻之借以諷諭且勸告成事有詔賜衣一副物五十段以示無言不酬之義
久之坐兄累出爲常州刺史後以例減封戶三百徙汝州開元七年詔曰唐元

之際日用實贊大謀功多不宜減封復食二百戶徙幷州長史卒年五十幷人
懷其惠吏民數百皆縞服送喪贈吏部尚書諡曰昭再贈荆州大都督日用才
辯絕人而敏于事能乘機反禍取富貴先天後求復相然亦不獲也嘗謂人曰
吾平生所事皆適時制變不專始謀然每一反思若芒刺在背云子宗之襲封
亦好學寬博有風檢與李白杜甫以文相知者日用從父兄日知字子駿少孤
貧力學以明經進至兵部員外郎與張說同爲魏元忠朔方判官以健吏稱遷
洛州司馬會譙王重福之變官司逃日知獨率吏卒助屯營擊賊以功加銀青
光祿大夫遷殿中少監建言廏馬多請分牧隴右省關畿芻調授荆州長史四
還京兆尹封安平縣侯坐贓爲御史李如璧所劾貶歙縣丞後歷殿中監進中
山郡公說執政薦爲御史大夫帝不許遂爲左羽林大將軍而自用崔隱甫隱
甫繇是怨說日知俄授太常卿自以處朝廷久每入謁必與尚書齒時謂尚書
裏行終潞州長史諡曰襄
王琚懷州河內人少孤敏悟有才略用天文象緯以從父隱客嘗爲鳳閣侍郎

故數與貴近交時年甫冠見駙馬都尉王同皎同皎器之會謀刺武三思琚義其爲卽與周璟張仲之等共計事洩亡命自傭於揚州富商家識非庸人以女嫁之厚給以貲琚亦賴以濟睿宗立琚自言本末主人厚齎使還長安玄宗爲太子閒游獵韋杜閒怠休樹下琚以儒服見且請過家太子許之至所廬乃蕭然窶陋坐久殺牛進酒殊豐厚太子駭異自是每到韋杜輒止其廬初太子在潞州襄城張暐爲銅鞮令性豪殖喜賓客弋獵事厚奉太子數集其家山東倡人趙元禮有女善歌舞得幸太子止暐第其後生子瑛者也太子已平內難召暐拜宮門郎與姜皎崔滌李令問王守一薛伯陽等並侍左右令問累擢殿中少監守一太僕少卿此數人以東宮皆勢重天下琚是時方補諸暨縣主簿過謝東宮至廷中徐行高視侍衞呵止曰太子在琚怒曰在外惟聞太平公主不聞有太子太子本有功於社稷孝於君親安得此聲太子遽召見琚曰韋氏躬行殺逆天下動搖人思李氏故殿下取之易也今天下已定太平專思立功左右大臣多爲其用天子以元妹能忍其過臣竊爲殿下寒心太子命坐且泣曰

計將安便琚曰昔漢蓋主供養昭帝其後與上官桀謀殺霍光不及天子而帝猶以大義去之今太子功定天下公主乃敢妄圖大臣樹黨有廢立意太子誠召張說劉幽求郭元振等計之憂可紓也太子曰先生何以自隱而日與寡人游琚曰臣善丹沙且工諧隱願比優人太子喜恨相知晚翌日授詹事府司直內供奉兼崇文學士日以諸王及姜皎等入侍獨琚常豫祕謀不踰月遷太子舍人兼諫議大夫太子受內禪擢中書侍郎公主謀益甚幽求暐謀先事誅之侍御史鄧光賓漏謀不克皆得罪久之琚見事迫請帝決策先天二年七月乃與岐王薛王姜皎李令問王毛仲王守一以鐵騎至承天門太上皇聞外譁譟召郭元振升承天樓閉關以拒俄而侍御史任知古召募數百人於朝堂不得入少選琚從帝至樓下誅蕭至忠岑羲竇懷貞斬常元楷李慈北闕下賈膺福李猷於內客省事平琚進戶部尚書封趙國公皎工部尚書楚國公毛仲輔國大將軍霍國公守一太常卿晉國公各食實戶五百令問殿中監宋國公實戶三百琚皎令問辭不就以舊官增戶二百於是帝召燕內殿賜金銀雜皿皆一

絹帛二千第一區帝於琚眷委特異豫大政事時號內宰相每見閤中視日薄
乃得出遇休日使者至第召之而皇后亦使尚宮勞琚母賜賚接足羣臣不能
無望或說帝曰王琚麻嗣宗皆譎詭縱橫可與履危不可與共安方天下已定
宜益求純樸經術士以自輔帝悟稍疏之俄拜御史大夫持節巡天兵以北諸
軍改紫微侍郎道未至拜澤州刺史削封戶百歷九刺史復封戶又改六州二
郡琚自以立勳至天寶時爲舊臣性豪侈其處方面去故就新受饋遺至數百
萬侍兒數十寶帳備具闔門三百口既失志稍自放不能遵法度在州與官屬
小史酣豪飲摴博藏鉤爲樂每徙官車馬數里不絕從賓客女伎馳弋凡四
十年李邕故與琚善皆華省外還書疏往復以譴謫留落爲慊右相李林甫恨
琚恃功使氣欲除之使人劾發琚宿贓削封階貶江華員外司馬又使羅希奭
深按其罪琚懼仰藥未及死希奭縊之時人哀其無罪始琚爲中書侍郎母居
洛陽來京師讓琚曰爾家上世皆州縣職今汝無攻城野戰勞以諂佞取容海
內切齒吾恐汝家墳墓無人復掃除也琚卒不免寶應元年贈太子少保太平

之誅張暐召還爲大理卿封鄧國公實封戶三百進京兆尹入侍宴樂出主京邑時人以爲寵然自以幹治稱累遷太子詹事判尚書左右丞再爲羽林大將軍三至左金吾大將軍以年高加特進子履冰季㝠弟晤仕皆清近暐嘗還鄉上冢帝賜詩及錦袍繒綵乘驛就道子弟車馬聯咽使者賜賚敕州縣供儗居處尊顯天保五載卒年九十贈開府儀同三司履冰歷金吾將軍季㝠殿中監俱列棨戟

王毛仲高麗人父坐事沒爲官奴生毛仲故長事臨淄王王出潞州有李守德者爲人奴善騎射王市得之並侍左右而毛仲爲明悟景龍中王還長安二人常負房箙以從王數引萬騎帥長及豪俊賜飲食金帛得其驩心毛仲曉旨亦布誠結納王嘉之韋后稱制令韋播高嵩爲羽林將軍押萬騎以苛峭樹威果毅葛福順陳玄禮訴於王王方與劉幽求薛崇簡及利仁府折衝麻嗣宗謀舉大計幽求諷之皆願効死遂入討韋氏守德從帝止苑中而毛仲匿不出事定數日乃還不之責例擢將軍王爲皇太子以毛仲知東宮馬駝鷹狗等坊不旬

歲至大將軍階三品與誅蕭至忠等以功進輔國大將軍檢校內外閑廏知監牧使進封霍國公實封戸五百與諸王及姜皎等侍禁中至連榻而坐帝暫不見惘惘若有失見則釋然開元九年詔持節爲朔方道防禦討擊大使與左領軍大總管王晙天兵軍節度使張說幽州節度使裴伷先等數計事毛仲始見飾擢頗持法不避權貴爲可喜事兩營萬騎及閑廏官吏憚之無敢犯雖官田草萊樵斂不敢欺於牧事尤力娩息不訾初監馬二十四萬後乃至四十三萬牛羊皆數倍蒔茼麥苜蓿千九百頃以禦冬市死畜售絹八萬募嚴道僰僮千口爲牧圉檢勒芻菽無漏隱歲贏數萬石從帝東封取牧馬數萬匹每色一隊相間如錦繡天子才之還加開府儀同三司自開元後唯王仁皎姚崇宋璟及毛仲得之然資小人志既滿不能無驕遂求爲兵部尚書帝不悅毛仲鞅鞅又與葛福順爲姻家而守德及左監門將軍盧龍子唐地文左右威衞將軍王景耀高廣濟數十人與毛仲相倚杖爲姦毛仲特舊最不法中使至其家稱詔毛仲不甚恭位卑者或踞見迕意卽侮詬以氣淩之直出其上高力士楊思勗等

銜之毛仲有兩妻其一上所賜皆有國色嘗生子帝命力士就賜仍授子五品
官還問曰毛仲喜乎力士奏毛仲熟視臣曰是子亦何辱三品官帝怒曰前毛
仲負我未嘗爲意今以嬰兒顧云云力士等知帝怒宅日從容曰北門奴官皆
毛仲所與不除之必起大患後毛仲移書太原索甲仗少尹嚴挺之以聞帝恐
毛仲遂亂匿其狀十九年有詔貶瀼州福順壁州守德嚴州盧龍子唐地文振
州王景耀黨州高廣濟道州並爲別駕員外置毛仲四子悉奪官貶惡地緣坐
數十人有詔縊毛仲於零陵守德本名宜得立功乃改今名位武衞將軍嘗遇
故主於道主走避守德命左右迎之至第親上食奉酒主流汗不敢當數日入
奏曰臣蒙國恩過分而故主無寸祿請解官授之帝嘉其志擢爲郎將陳玄禮
宿衞宮禁以淳篤自檢帝嘗欲幸虢國夫人第諫曰未宣敕不可輕去就帝爲
止後在華清宮正月望夜帝將出遊復諫曰宮外曠野無備豫陛下必出遊願
歸城闕帝不能奪安祿山反謀誅楊國忠闕下不克至馬嵬卒誅之從入蜀還
封蔡國公及李輔國還帝西內玄禮以老卒

贊曰幽求之謀紹京之果日用之智琚之辯皆足濟危紓難方多故時必資以成功者也雄邁之才不用其奇則厭然不滿誠不可與共治乎哉姚崇勸不用功臣宜矣然待幽求等恨太薄云毛仲小人志得而驕不足論已

唐書卷一百二十一

唐書卷一百二十二

宋　端　明　殿　學　士　宋　祁　撰

列傳第四十七

魏韋郭

魏元忠宋州宋城人爲太學生跌蕩少檢久不調盩厔人江融曉兵術元忠從之游盡傳所學儀鳳中吐蕃數盜邊元忠上封事洛陽宮言命將用兵之要曰天下之柄有二文武而已至制勝御人其道一也今言武者先騎射不稽之權略言文者首篇章不取之經綸臣觀魏晉齊梁才固不乏然何益治亂哉養由基射能穿札不止鄢陵之奔陸機識能辨亡無救河橋之敗斷可見已夫才生於世世實須才何世而不生才何才而不資世故物有不求未有無物之歲士有不用未有無士之時也志士在富貴與賤貧皆思立功名以傳于後然知己難而所遇罕士之懷琬琰就煨塵抱棟幹困溝壑者悠悠之人直覩此士之貧賤安知其方略哉故漢拜韓信舉軍驚笑蜀用魏延羣臣觖望此富貴者易爲

善貧賤者難爲功也昔漢文帝不知魏尚賢而因之知李廣才而不用乃歎其生不逢時夫以廣之才天下無雙時方歲事匈奴而卒不任故近不知尚廣之賢而遠想廉頗李牧馮唐是以知其有而不能用也此身爲時主所知不得盡其才也晉羊祜謀舉吳賈充荀勗沮之祜歎曰天下事不如意十常七八以二人不同終不大舉此據立功之地而不獲展其志也布衣之人懷奇抱策而望朝奏夕召豈易得哉臣願歷訪文武五品以上得無有智如羊祜武如李廣而不得騁其才者乎使各言其志毋令久失職又言人無常俗政有治亂軍無常勝將有能否兵爲王者大事存亡繫焉將非其任則殄人敗國齊段孝玄有言持大兵如擎盤水一致蹉跌求止可得哉周亞夫堅壁以挫吳楚司馬懿閉營而困諸葛亮此皆全軍制勝不戰而卻敵是知大將臨戎以智爲本今之用人類將家子或死事孤兒進非幹略雖竭力盡誠不免於傾敗若之何用之且建功者言其所濟不言所來言其所能不言所藉若陳湯呂蒙馬隆孟觀悉出貧賤而勳伐甚高不聞其家世將帥也故陰陽不和擢士爲相蠻貊不廷擢校爲

將今以四海之廣億兆之衆豈無卓越之士臣恐未之思乎又賞者禮之基罰者刑之本禮崇則謀夫竭其能賞厚則義士輕其死刑正故君子勗其心罰重則小人懲其過賞罰者軍國之綱紀政教之藥石吐蕃本非彊敵而薛仁貴郭待封至棄甲喪師脫身以免國家寬政罪止削除網漏吞舟何以過此雖陛下顧收後効然朝廷所少豈此一二人乎夫賞不勸謂之止善罰不懲謂之縱惡臣誠疏賤干非其事豈欲閒陛下君臣生薄厚哉正以刑賞一虧百年不復故國無賞罰雖堯舜不能爲今罰既不行賞復難信故議者皆謂比日征行虛立賞格而無其實蓋忘大體之臣恐賚勳庸竭府庫留意錐刀以爲益國所謂惜毫釐失千里者也且黔首雖微不可以欺安有寓不信之令設虛賞之格乎自蘇定方平遼東李勣破平壤賞既不行勳亦淹廢歲月紛淆眞僞相錯臣以吏不奉法慢自京師僞勳所由主司過也其則不遠近在尚書省中然未聞斬一臺郎戮一令史使天下知之陛下何照遠而不照近哉神州化首文昌政本治亂攸在臣故冒死而言夫明鑑所以照形往事所以知今臣請借近以爲諭貞

觀中萬年尉司馬玄景舞文飾智以邀乾沒太宗棄之都市後征高麗總管張君乂不進擊賊斬之旗下臣以爲僞勳之罪多於玄景仁貴等敗重於君乂使早誅之則諸將豈復有負哉慈父多敗子嚴家無格虜且人主病不廣大人臣病不節儉臣恐陛下病之於不廣大過在於慈父斯日月一蝕也又今將吏貪暴所務口馬財利臣恐戎狄之平未可旦夕望也凡人識不經遠皆言吐蕃戰前隊盡後隊方進甲堅騎多而山有氛瘴官軍遠入前無所獲不積穀數百萬無大舉之資臣以爲吐蕃之望中國猶孤星之對太陽有自然之大小不疑之明暗夷狄雖禽獸亦知愛其性命豈肯前盡死而後進哉由殘迫其人非下所願也必其戰不顧死則兵法許敵能鬬當以知算取之何憂不克哉向使將能殺敵橫尸蔽野斂其頭顱以爲京觀則此虜聞官軍鐘鼓望塵卻走何暇前隊皆死哉自仁貴等覆師喪氣故虜得跳梁山谷又師行必藉馬力不數十萬不足與虜爭臣請天下自王公及齊人挂籍之口人稅百錢又弛天下馬禁使民得乘大馬不爲數限官籍其凡勿使得隱不三年人間畜馬可五十萬卽詔州

縣以所稅口錢市之若王師大舉一朝可用且虜以騎爲彊若一切使人乘之則市取其良以益中國使得漸耗虜兵之盛國家之利也高宗善之授祕書省正字直中書省仗內供奉遷監察御史帝嘗從容曰外以朕爲何如主對曰周成康漢文景也然則有遺恨乎曰有之王義方一世豪英而死草萊議者謂陛下不能用賢帝曰我適用之聞其死顧已無及元忠曰劉藏器行副於才陛下所知今七十爲尚書郎徒歎彼而又棄此帝默然慚遷殿中侍御史徐敬業舉兵詔元忠監李孝逸軍至臨淮而偏將雷仁智爲賊敗孝逸懼其鋒按兵未敢前元忠曰公以宗室將天下安危繫焉海內承平久聞狂狡竊發皆傾耳翹心以待其誅今軍不進使遠近解情萬有一朝廷以他將代公且何辭孝逸然之乃部分進討時敬業保下阿谿弟敬猷屯淮陰咸請先擊下阿下阿敗淮陰自破今淮陰急敬業必救是敵在腹背也元忠曰不然賊勁兵盡守下阿利在一決苟有負則大事去矣敬猷博徒不知戰且其兵寡易搖大軍臨之勢宜克敬業畏直擣江都必將邀我中路吾今乘勝進又以逸擊勞破之必矣譬之逐獸

弱者先禽今捨必禽之弱而趨難敵之彊非計也孝逸乃引兵擊淮陰敬猷脫
身遁遂進擊敬業平之還授司刑正遷洛陽令陷周興獄當死以平揚楚功得
流歲餘爲御史中丞復爲來俊臣所構將就刑神色不動前死者宗室子三十
餘尸相枕藉於前元忠顧曰大丈夫行居此矣俄敕鳳閣舍人王隱客馳騎免
死傳聲及于市諸囚歡叫元忠獨堅坐左右命起元忠曰未知實否既而隱客
至宣詔已乃徐謝亦不改容流費州復爲中丞歲餘陷侯思止獄仍放嶺南酷
吏誅人多訟元忠者乃召復舊官因侍宴武后曰卿累負謗鑠何耶對曰臣猶
鹿也羅織之吏如獵者苟須臣肉爲之羹耳彼將殺臣以求進臣顧何辜聖曆
二年爲鳳閣侍郎同鳳閣鸞臺平章事俄檢校并州長史天兵軍大總管以備
突厥還左肅政臺御史大夫兼檢校洛州長史治號威明張易之家奴暴百姓
橫甚元忠笞殺之權豪憚服俄爲隴右諸軍大使以討吐蕃又爲靈武道行軍
大總管禦突厥元忠馭軍持重雖無赫然功而亦未嘗敗中宗在東宮爲檢校
左庶子時二張勢傾朝廷元忠嘗奏曰臣承先帝之顧且受陛下厚恩不能徇

忠使小人在君側臣之罪也易之等恨怒因武后不豫卽共譖元忠與司禮丞高戩謀挾太子爲耐久朋遂下制獄詔皇太子相王及宰相引元忠等辨於廷不能決昌宗乃引張說爲證說初僞許之至是迫使言狀不應后又促之說曰臣不聞也易之等遽曰說與同逆說曩嘗謂元忠爲伊周夫伊尹放太甲周公攝王位此反狀明甚說曰易之昌宗安知伊周臣乃能知之伊尹周公歷古以爲忠臣陛下不遣學伊周將何効焉說又曰臣知附易之朝夕可宰相從元忠則族滅今不敢面欺懼元忠之寃后寤其讒然重違易之故貶元忠高要尉中宗復位召爲衞尉卿同中書門下三品不閱旬還兵部尚書進侍中武后崩帝居喪軍國事委元忠裁可拜中書令封齊國公神龍二年爲尙書右僕射知兵部尙書當朝用事羣臣莫敢望謁告上冢詔宰相諸司長官祖道上東門賜錦袍給千騎四人侍賜銀千兩元忠到家於親戚無所賑施及還帝爲幸白馬寺迎勞之安樂公主私請廢太子求爲皇太女帝以問元忠元忠曰公主而爲皇太女駙馬都尉當何名主恚曰山東木彊安知禮阿母子尙爲天子我何嫌宮

中謂武后爲阿母子故主稱之元忠固稱不可自是語塞武三思用事京兆韋月將渤海高軫上書言其惡帝搒殺之後莫敢言王同皎謀誅三思不克反被族元忠居其間依違無所建明初元忠相武后有清正名至是輔政天下傾望冀幹正王室而稍憚權幸不能賞善罰惡譽望大減陳郡男子袁楚客者以書規之曰今皇帝新服厥德任官惟賢才左右惟其人因以布大化充古誼以正天下君侯安得事循默哉苟利社稷專之可也夫安天下者先正其本本正則天下固國之與亡繫焉太子天下本譬之大樹無本則枝葉零悴國無太子朝野不安儲君有次及之勢故師保教以君人之道用蘊崇其德所以重天下也今皇子旣長未定嫡嗣是天下無本天下無本猶樹而亡根枝葉何以存乎願君侯以清宴之閒言於上擇賢而立之此安天下之道曠而不置此朝廷一失也女有內則男有外傳豈相濫哉幕府者丈夫之職今公主並開府置吏以女處男職所謂長陰抑陽也而望陰陽不愆風雨時若得乎此朝廷二失也今度人旣多緇衣半道不本行業專以重寶附權門皆有定直昔之賣官錢入公府

今之賣度錢入私家以茲入道徒爲游食此朝廷三失也唯名與器不可以假人故曰天工人其代之夫代天非材不可也代非其人必失天意失天意而無患禍未之有也今倡優之輩因耳目之好遂授以官非輕朝廷亂正法邪人君無私私怒害物私賞費財況私人以官乎此朝廷四失也賢者邦家之光任之致治棄之生亂近詔博求多士雖有好賢之名無得賢之實蓋有司選士非賄即勢上失天心下違人望非爲官擇吏乃爲人擇官葛洪有言舉秀才不知書察孝廉濁如泥高第賢良客如黽此朝廷五失也閹豎者給宮掖掃除事古以奴隸畜之中古以來大道乖喪疏賢哲親近習乃委之以事授之以權故豎刁亂齊伊戾敗宋君側之人衆所畏懼所謂鷹頭之蠅廟垣之鼠者也後漢時用事尤甚晚節卒亂天下今大君中興獨有閹豎坐升班秩既無正闕率授員外乃盈千人綰青紫耗府藏前事之驗後事之師此朝廷六失也古者茅茨採椽以儉約遺子孫所以愛力也今公主所賞傾庫府所造皆官供其疏築臺沼崇峙觀廡山無本石木無近產造之終歲功用不絕夫爲君所以養人非以害人

今外戚不助養而反害之是使人主受謗天下此朝廷七失也官以安人非以害于人也先王欲人治必選材欲人安必省事此誠同天下憂也人有樂君共之君有樂人慶之可謂同樂矣如此則上下無間而均一體也今天下困窮州牧縣宰非以選進割剝自私人不聊生是下有憂而上不卹也而更員外置官非助桀歟夫人情自以員外吏恐下不己畏也必峻法懼之恐財不己奉也必枉道奪之欲不亂可得哉古語有之十羊九牧羊既不得食人亦不得息書曰官不必備惟其人此言正員猶難其備況員之外乎此朝廷八失也政出多門大亂之漸近封數夫人皆先帝宮嬪以爲備內職則不當知外不備內職則自可處外而令出入禁掖使內言必出外言必入固將弄君之法縱而不禁非所以重宗廟固國家孔子曰彼婦之口可以出走彼婦之謁可以死敗此朝廷九失也不以道事其君者所以危天下也危天下之臣不可不逐安天下之臣不可不任今有引鬼神執左道以惑主者託鬼神爲難知故致其詐而據非才之地食非德之祿此國盜也傳曰國將興聽於人將亡聽於神今幾聽於神乎此

朝廷十失也君侯不正誰與正之元忠得書益慚以三思權專思有以誅之會節愍太子起兵與聞其謀太子已誅三思引兵走闕下元忠子太僕少卿昇遇於永安門太子脅使從戰已而被殺議者未辨逆順元忠誦言曰既誅賊謝天下雖死鼎鑊所甘心惟皇太子沒爲恨耳帝以其嘗有功且爲高宗武后素所禮置不問宗楚客紀處訥大怒固請夷其族不聽元忠不自安上政事及國封詔以特進齊國公致仕朝朔望楚客等引右衞郎將姚廷筠爲御史中丞暴奏反狀繇是貶渠州司馬楊再思李嶠皆希順楚客傅致元忠罪唯蕭至忠議當申宥之楚客復遣再思與冉祖雍奏元忠緣逆不宜處內地監察御史袁守一固請行誅遂貶務川尉守一又劾天后嘗不豫狄仁傑請陛下監國元忠止之此其逆久萌帝謂楊再思曰守一非是事君者一其心豈有上少疾遽異論哉朕未見元忠過也元忠至涪陵卒年七十餘景龍四年贈尚書左僕射齊國公本州刺史睿宗詔陪葬定陵以實封一百五十戶賜其子晃開元六年謚曰貞元忠始名真宰以諸生見高宗高宗慰遣不知謝卽出儀舉自安帝目送謂薛

元超曰是子未習朝廷儀然名不虛謂眞宰相也避武后母諱改今名
韋安石京兆萬年人曾祖孝寬爲周大司空鄖國公祖津隋大業末爲民部侍郎與元文都等留守洛拒李密戰上東門爲密禽後王世充殺文都而津獨免密敗復歸洛世充平高祖素與津善授諫議大夫檢校黃門侍郎陵州刺史卒父琬仕爲成州刺史安石舉明經調乾封尉雍州長史蘇良嗣器之永昌元年遷雍州司兵參軍良嗣當國謂安石曰大才當大用徒勞州縣可乎薦于武后擢膳部員外郎遷并州司馬有善政后手制勞問陟拜德鄭二州刺史安石性方重不茍言笑其政尚清嚴吏民尊畏久視中遷文昌右丞以鸞臺侍郎同鳳閣鸞臺平章事兼太子左庶子仍侍讀尋知納言事時二張及武三思寵橫安石數折辱之會侍宴殿中易之引蜀商宋霸子等博塞后前安石跪奏商等賤類不當戲殿上顧左右引出坐皆失色后以安石辭正改容慰勉鳳閣侍郎陸元方自以爲不及退告人曰韋公眞宰相后嘗幸興泰宮議趨疾道安石曰此道板築所成非自然之固千金子且誡垂堂況萬乘可輕乘危哉后爲回輦長

安二年同鳳閣鸞臺三品俄又知納言檢校揚州大軍督府長史神龍元年罷政事俄復同三品遷中書令兼相王府長史封鄖國公賜封三百戶加特進爲侍中中宗與韋后以正月望夜幸其第賚賜不貲帝嘗幸安樂公主池主請御船安石曰御輕舟乘不測非帝王事乃止睿宗立授太子少保改封郇國復爲侍中中書令進開府儀同三司太平公主有異謀欲引安石數因其壻唐晙邀之拒不往帝一日召安石曰朝廷傾心東宮卿胡不察對曰太子仁孝天下所稱且有大功陛下今安得亡國語此必太平公主計也帝矍然曰卿勿言朕知之主竊聞乃搆飛變欲訊之賴郭元振保護免遷尚書右僕射兼太子賓客同三品俄罷政事留守東都會妻薛怨壻婢笞殺之爲御史中丞楊茂謙所劾下遷蒲州刺史徙青州安石在蒲太常卿姜皎有所請拒之皎弟晦爲中丞以安石昔相中宗受遺制而宗楚客韋溫擅削相王輔政語安石無所建正諷侍御史洪子輿劾舉子輿以更赦不從監察御史郭震奏之有詔與韋嗣立趙彥昭等皆貶安石爲沔州別駕皎又奏安石護作定陵有所盜沒詔籍其贓安石歎

曰祇須我死乃已發憤卒年六十四開元十七年贈蒲州刺史天寶初加贈左僕射郇國公謚文貞二子陟斌

陟字殷卿與弟斌俱秀敏異常童安石晚有子愛之神龍二年安石爲中書令陟甫十歲授温王府東閤祭酒朝散大夫風格方整善文辭書有楷法一時知名士皆與游開元中居喪以父不得志歿乃與斌杜門不出八年親友更往敦曉乃彊調爲洛陽令宋璟見陟歎曰盛德遺範盡在是矣累除吏部郎中中書令張九齡引爲舍人與孫逖梁涉並司書命時號得才遷禮部侍郎陟於鑒裁尤長故事取人以一日試爲高下陟許自通所工先就其能試之已乃程考由是無遺材遷吏部侍郎選人多僞集與正調相冒陟有風采擿辨無不伏者黜正數百員銓綜號爲公平然任威嚴或至詈詰議者訾其峻又自以門品可坐階三公居常簡貴視僚黨謷然其以道誼合雖後進布衣與均禮李林甫惡其名高恐逼己出爲襄陽太守徙河南採訪使以判官員錫善訊覆支使韋元甫工書奏時號員推韋狀陟皆倚任之俄襲郇國公坐事貶守鍾離義陽後爲河

東太守以失職內怏怏乃毀廉隅頗餉謝權倖欲自結天寶十二載入考華清
宮楊國忠忌其才謂拾遺吳豸之曰子能發陟罪乎吾以御史相處豸之乃劾
陟饋遺事國忠又使鍔壻韋元忠左驗陟惶悸賂吉溫求捄由是俱得罪陟貶
桂嶺尉坐不行徙平樂會安祿山陷洛陽弟斌沒賊國忠欲構陟與賊通密諭
守吏令脅陟使憂死州豪傑共說曰昔張說被竄匿陳氏以免今若詔書下誰
敢庇公願公乘扁舟遁去事寧乃出不亦美乎陟慨然曰命當爾其敢逃刑因
謝遣堅臥不出歲餘肅宗即位起爲吳郡太守使者趣追未至會永王兵起委
陟招諭乃授御史大夫江東節度使與高適來瑱會安州陟曰今中原未平江
淮騷離若不齊盟質信以示四方知吾等協心戮力則無以成功乃推瑱爲地
主爲載書登壇曰淮西節度使瑱江東節度使陟淮南節度使適銜國威命糾
合三垂翦除兇慝好惡同之毋有異志有渝此盟墜命亡族罔克生育皇天后
土祖宗明神實鑒斯言辭旨慷慨士皆隕泣永王敗帝趣陟赴鳳翔初季廣琛
從永王亂非其本謀陟表廣琛爲歷陽太守慰安之至是恐廣琛有後變乃馳

往諭詔恩釋其疑而後趣召帝雅聞陟名欲倚以相及是遷延疑有顧望意止
除御史大夫會杜甫論房琯詞意迂慢帝令陟與崔光遠顏真卿按之陟奏甫
言雖狂不失諫臣體帝繇是疏之富平人將軍王去榮殺其縣令帝將宥之陟
曰昔漢高帝約法殺人者死今陛下殺人者生恐非所宜時朝廷尚新羣臣班
殿中有相弔哭者帝以陟不任職用顏真卿代之更拜吏部尚書久之宗人伐
墓柏坐不相教貶絳州刺史還授太常卿呂諲入輔薦爲禮部尚書東宮留守
史思明逼伊洛李光弼議守河陽陟率東京官屬入關避之詔授吏部尚書令
就保永樂以圖收復卒年六十五贈荊州大都督陟早有名而爲林甫國忠擯
廢及肅宗擇相自謂必得以後至不用任事者皆新進望風憚之多言其驕倨
及入關又不許至京師鬱鬱不得志成疾且卒歎曰吾道窮於此乎性侈縱喜
飾服馬侍兒閹童列左右常數十倅於王宮主第窮治饌羞擇膏腴地藝穀麥
以鳥羽擇米每食視庖中所棄其直猶不減萬錢宴公侯家雖極水陸曾不下
筯常以五采牋爲書記使侍妾主之以裁答受意而已皆有楷法陟唯署名自

謂所書陟字若五朶雲時人慕之號郇公五雲體然家法脩整敕子允就學夜分視之見其勤旦日問安色必怡稍怠則立堂下不與語雖家僮數十然應門賓客必允主之永泰元年贈尙書左僕射太常博士程皓議謚忠孝顏眞卿以爲許國養親不兩立不當合二行爲謚主客員外郎歸崇敬亦駮正之右僕射郭英乂無學術卒用太常議云

斌父爲相時授太常通事舍人少脩整好文藝容止嚴峭有大臣體與陟齊名開元中薛王業以女妻之遷祕書丞天寶中爲中書舍人兼集賢院學士改太常少卿李林甫構韋堅獄斌以宗累貶巴陵太守移臨汝久之拜銀青光祿大夫列五品時陟守河東而從兄由爲右金吾衞將軍紹爲太子少師四第同時列戟衣冠罕比者祿山陷洛陽斌爲賊得署以黃門侍郎憂憤卒乾元元年贈祕書監斌天性質厚每朝會不敢離立笑言嘗大雪在廷者皆振裾更立斌不徙足雪甚幾至韡亦不失恭子況少隱王屋山孔述睿稱之及述睿以諫議大夫召薦況爲右拾遺不拜未幾以起居郎召半歲輒棄官去徙家龍門除司封

員外郎稱疾固辭元和初授諫議大夫勉諭到職數月乞骸骨以太子左庶子致仕卒況雖世貴而志冲遠不為聲利所遷當時重其風操
叔夏安石兄通禮家學叔父太子詹事琨嘗曰而能繼漢丞相業矣擢明經第歷太常博士高宗崩卹禮亡缺叔夏與中書舍人賈大隱博士裴守真譔定其制擢春官員外郎武后拜洛享明堂凡所沿改皆叔夏祝欽明郭山惲等所裁討每立一議衆咨服之累遷成均司業后又詔五禮儀物司禮博士有所脩革須叔夏欽明等評處然後以聞進位春官侍郎中宗復位轉太常少卿為建立廟社使進銀青光祿大夫累封沛郡公國子祭酒卒贈兖州都督脩文館學士
謚曰文子縚
縚開元時歷集賢脩譔光祿卿遷太常唐興禮文雖具然制度時時繆缺不倫至顯慶中許敬宗建言籩豆以多為貴宗廟乃踰于天請大祀十二中祀十小祀八大祀中祀簠簋甑俎皆一小祀無甑詔可二十三年赦令以籩豆之薦未能備物宜詔禮官學士共議以聞縚請宗廟籩豆皆加十二又言郊奠爵容止

一合容小則陋宜增大之兵部侍郎張均職方郎中韋述議曰禮天之所生地之所長苟可薦者莫不咸在聖人知孝子之情深而物類無限故爲之節使物有品器有數貴賤差降不得相越周制王食用六穀膳用六牲飲用六清羞用百有二十品珍用八物醬用百有二十甕而以四籩四豆供祭祀此祀與賓客豐省不得同舊矣且嗜好燕私之饌與時而遷故聖人一約以禮雖平生所嗜非禮則不薦所惡是禮則不去屈建命去祥祭之芰曰祭典有之不羞珍異不陳庶侈此則禮外之食前古不薦今欲以甘旨肥濃皆充於祭苟踰舊制其何極焉雖籩豆有加不能備也若曰以今之珍生所嗜愛求神無方是簠簋可去而盤盂桮案當御矣韶濩可抵而箜篌笙笛應奏矣且自漢以來陵有寢宮歲時朔望薦以常饌固可盡孝子之心至宗廟法享不可變古從俗有司所承一升爵五升散禮凡宗廟貴者以爵賤者以散此貴小賤大以示節儉請如故太子賓客崔沔曰古者有所飮食必先嚴獻未化火則有毛血之薦未麴糵則有玄酒之奠至後王作酒醴用犧牲故有三牲八簋五齊九獻然神尙玄可存而

不可測也祭主敬可備而不可廢也蓋薦貴新味不尚褻雖曰備物猶有節制存焉鉶俎籩豆簠簋尊罍周人時饌也其用通於燕享賓客周公乃與毛血玄酒共薦晉中郎盧諶家祭皆晉日食則當時之食不可闕於祀已唐家清廟時享禮饌備進周法也園寢上食時膳具陳漢法也職貢助祭致遠物也有新必薦順時令也苑囿躬稼所入蒐田親發所中皆因宜以薦薦而後食則濃腴鮮美盡在矣又敕有司著于令不必加籩豆之數也大凡祭器視物所宜故大羹古饌也盛以㽅㽅古器也和羹時饌也盛以鉶鉶時器也有古器而用時器者則毛血于盤玄酒于尊未有進時饌用古器者古質而今文有所不稱也雖加籩豆十二未足盡天下之美而措諸廟徒以近侈而見訾抵臣聞墨家者流出於清廟是廟貴儉不尚奢也禮部員外郎楊仲昌戶部郎中楊伯成左衞兵曹參軍劉秩等請如舊便宰相白奏玄宗曰朕承祖宗休德享祀粢盛實貴豐潔有如不應於法亦不敢用乃詔太常擇品味可增者稍加焉縚又請室加籩豆各六每四時以新果珍羞實之制可又詔獻爵視藥升所容以合古二十三年

詔書服紀所未通者令禮官學士詳議紹上言禮喪服舅緦麻三月從母小功五月傳曰何以小功以名加也而堂姨舅母恩所不及焉外祖父母小功五月傳曰何以小功以尊加也舅緦麻三月皆情親而屬疏也外祖正尊服同從母姨舅一等而有輕重堂姨舅親未疏不相為服親舅母不如同爨其亦古意有所未暢且外祖小功此為正尊請進至大功姨舅儕親服宜等請進舅至小功堂姨舅以疏降親舅從母一等親舅母古未有服請從祖免於是韋述議曰自高祖至玄孫并身謂之九族由近及遠差其輕重遂為五服傳曰外親服皆緦鄭玄曰外親之服異姓正服不過緦外祖父母小功以尊加從母小功以名加舅甥外孫中外昆弟皆緦以匹言之外祖則祖也舅則伯叔也父母之恩不殊而獨殺於外者有以也禽獸知母而不知父野人則父母等都邑之士則知尊禰大夫則知尊祖諸侯及太祖天子及始祖聖人究天道厚祖禰繫姓族親子孫則母黨之於本族不同明甚家無二尊喪無二斬人之所奉不可二也為人後降其父母喪女子嫁殺其家之喪所存者遠抑者私也若外祖及舅加一等

而堂舅及姨著服則中外其別幾何且五服有上殺之義伯叔父母服大功從父昆弟亦大功以其出於祖服不得過於祖也從祖祖父母從祖父母從祖昆弟皆小功以其出於曾祖服不得過曾祖也族祖祖父母族祖父母族昆弟皆緦以其出於高祖服不得過高祖也堂姨舅出外曾祖若為之服則外曾祖父母外伯叔祖父母亦可制服矣外祖至大功則外曾祖小功外高祖緦推而廣之與本族無異棄親錄疏不可謂順且服皆有報則堂甥外曾孫姪女之子皆當服聖人豈薄其骨肉恩愛哉蓋本於公者末於私議有所斷不得不然茍可加也則可減也如是禮可黷矣請如古便楊仲昌又言舅服小功魏徵嘗進之矣今之所請正同徵論堂舅堂姨舅母皆升袒免則外祖父母進至大功不加報於外孫乎外孫而報以大功則本宗之庶孫用何等邪帝手敕曰議既為姨舅服小功則舅母於舅有三年之喪不得全降於舅宜服緦堂姨舅古未有服朕思睦厚九族宜袒免古有同爨緦若比堂姨舅於同爨不已厚乎傳曰外親服皆緦是亦不隔堂姨舅也若謂所服不得過本而復為外曾祖父母外伯叔

父母制服亦何傷皆親親敦本意也侍中裴耀卿中書令張九齡禮部尚書李林甫奏言外服無降甥爲舅母服舅母亦報之夫之甥既報則夫之姨舅又當服恐所引益疏臣等愚皆所不及詔曰從服六此其一也降殺於禮無文皆自身率親爲之數姨舅屬近以親言之亦姑伯之匹可曰所引疏耶婦人從夫者也夫於姨舅既服矣從夫而服是謂睦親卿等宜熟計耀卿等奏言舅母緦堂姨舅袒免請準制旨自我爲古罷諸儒議制曰可初帝詔歲率公卿迎氣東郊至三時常以孟月讀時令於正寢二十六年詔紹奏月令一篇朔日於宣政側設榻東向置案紹坐讀之諸司官長悉升殿坐聽歲餘罷高宗上元三年將祫享議者以禮緯三年祫五年禘公羊家五年再殷祭二家舛互諸儒莫能決太學博士史玄議曰春秋僖公三十三年十二月薨文公之二年八月丁卯大享公羊曰祫也則三年喪畢新君之二年當祫明年當禘羣廟又宣公八年禘僖公宣公八年皆有禘則後禘距前禘五年此則新君之二年祫三年禘爾後五年再殷祭則六年當祫八年祫昭公十年齊歸薨十三年喪畢當祫爲平丘之

會冬公如晉至十四年祫十五年禘傳曰有事於武宮是也至十八年祫二十年禘二十三年祫二十五年禘昭公二十五年有事於襄宮是也則禘後三年而祫又二年而禘合於禮議遂定後睿宗喪畢祫於廟至開元二十七年禘祭五祫祭七是歲縚奏四月嘗已禘孟冬又祫祀禮叢數請以夏禘爲大祭之源自是相循五年再祭矣縚終太子少師抗者安石從父兄子弱冠舉明經累官吏部郎中景雲初爲永昌令輦轂繁要抗不事威刑而治前令無及者遷右御史臺中丞邑民詣闕留不聽乃立碑著其惠開元三年自太子左庶子爲益州大都督府長史授黃門侍郎河曲胡康待賓叛詔持節慰撫抗於武略非所長稱疾逗留不及賊而返俄代王晙爲御史大夫兼按察京畿弟拯方爲萬年令兄弟領本部時以爲榮坐薦御史非其人授安州都督改蒲州刺史入爲大理卿進刑部尚書分掌吏部選卒抗歷職以清儉不治產及終無以葬玄宗聞之特給櫘車贈太子少傅諡曰貞所表奉天尉梁昇卿新豐尉王倕華原尉王燾爲僚屬後皆爲顯人昇卿涉學工書於八分尤工歷廣州都督書東封朝覲碑

爲時絶筆倕累遷河西節度使天寶中功聞于邊宅所辟舉如王縉崔殷等皆一時選云

郭震字元振魏州貴鄉人以字顯長七尺美鬚髯少有大志十六與薛稷趙彥昭同爲太學生家嘗送資錢四十萬會有縗服者叩門自言五世未葬願假以治喪元振舉與之無少吝一不質名氏稷等嘆駭十八舉進士爲通泉尉任俠使氣撥去小節嘗盜鑄及掠賣部中口千餘以餉遺賓客百姓厭苦武后知所爲召欲詰既與語奇之索所爲文章上寶劍篇后覽嘉歎詔示學士李嶠等即授右武衞鎧曹參軍進奉宸監丞會吐蕃乞和其大將論欽陵請罷四鎮兵披十姓之地乃以元振充使因覘虜情還上疏曰利或生害害亦生利國家所患唯吐蕃與默啜耳今皆和附是將大利於中國也若圖之不審害且隨之欽陵欲裂十姓地解四鎮兵此動靜之機不可輕也若直遏其意恐邊患必甚於前宜以策緩之使其和望勿絶而惡不得萌固當取捨審也夫患在外者十姓四鎮是也患在內者甘涼瓜肅是也關隴屯戍向三十年力用困竭脫甘涼有一

日警豈堪廣調發耶善爲國者先料內以敵外不貪外以害內然後安平可保欽陵以四鎮近己畏我侵掠此吐蕃之要然青海吐渾密邇蘭鄯易爲我患亦國家之要今宜報欽陵曰四鎮本扼諸蕃走集以分其力使不得併兵東侵今委之則蕃力益彊易以擾動保後無東意當以吐渾諸部青海故地歸於我則俟斤部落還吐蕃矣此足杜欽陵口而和議未絕且四鎮久附其倚國之心豈與吐蕃等今未知利害情實而分裂之恐傷諸國意非制御之算后從之又言吐蕃倦徭戍久矣咸願解和以欽陵欲裂四鎮專制其國故未歸款陛下誠能歲發和親使而欽陵常不從則其下必怨設欲大舉固不能斯離間之漸也后然其計後數年吐蕃君臣相猜攜卒誅欽陵而其弟贊婆等來降因詔元振與河源軍大使夫蒙令卿率騎往迎授主客郎中久之突厥吐蕃聯兵寇涼州后方御洛城門宴邊遽至因輟樂拜元振爲涼州都督卽遣之初州境輪廣纔四百里虜來必傅城下元振始於南硤口置和戎城北磧置白亭軍制束要路遂拓境千五百里自是州無虜憂又遣甘州刺史李漢通闢屯田盡水陸之利稻

收豐衍舊涼州粟斛售數千至是歲數登至匹縑易數十斛支廥十年牛羊被野治涼五歲善撫御夷夏畏慕令行禁止道不舉遺河西諸郡置生祠揭碑頌德神龍中遷左驍衞將軍安西大都護西突厥酋烏質勒部落盛彊款塞願和元振即牙帳與計事會大雨雪元振立不動至夕凍冽烏質勒已老數拜伏不勝寒會罷即死其子娑葛以元振計殺其父謀勒兵襲擊副使解琬知之勸元振夜遁元振不聽堅臥營爲不疑者明日素服往弔道逢娑葛兵虜不意元振來遂不敢逼揚言迎衞進至其帳修弔贈禮哭甚哀爲留數十日助喪事娑葛感義更遣使獻馬五千駝二百牛羊十餘萬制詔元振爲金山道行軍大總管烏質勒之將闕啜忠節與娑葛交怨屢相侵而闕啜兵弱不支元振奏請追闕啜入宿衞徙部落置瓜沙間詔許之闕啜遂行至播仙城遇經略使周以悌以悌說之曰國家厚秩待君以部落有兵故也今獨行入朝一羇旅胡人耳何以自全乃教以重寶賂宰相無入朝請發安西兵導吐蕃以擊娑葛求阿史那獻爲可汗以招十姓請郭虔瓘使拔汗那蒐其鎧馬以助軍既得復讎部落更存

闕啜然之卽勒兵擊于闐坎城下之因所獲遣人間道齎黃金分遺宗楚客紀處訥使就其謀元振知之上疏曰國家往不與吐蕃十姓四鎮而不擾邊者蓋其諸豪泥婆羅等屬國自有攜貳故贊普南征身殞寇庭國中大亂嫡庶競立將相爭權自相翦屠士畜疲癘財力困窮顧人事天時兩不諧契所以屈志於漢非實忘十姓四鎮也如其有力後且必爭今忠節忽國家大計欲爲吐蕃鄉導主人四鎮危機恐從此啓吐蕃得志忠節亦當在賊掌股若爲復得事我往吐蕃於國無有恩力猶欲爭十姓四鎮今若効力樹恩則請分于闐疏勒者欲何理抑之且其國諸蠻及婆羅門方自嫌阻藉令求我助討者亦何以拒之是以古之賢人不願夷狄妄惠非不欲其力懼後求無厭益生中國事也臣愚以爲用吐蕃之力不見其使又請阿史那獻者豈非以可汗子孫能招綏十姓乎且斛瑟羅及懷道與獻父元慶叔僕羅兄俀子俱可汗子孫也往四鎮以他匐十姓之亂請元慶爲可汗卒亦不能招來而元慶沒賊四鎮淪陷忠節亦嘗請以斛瑟羅及懷道爲可汗矣十姓未附而碎葉幾危又吐蕃亦嘗以俀子僕羅

幷拔布為可汗矣亦不能得十姓而皆自亡滅此非它其子孫無惠下之才恩

義素絕故也豈止不能招懷且復為四鎮患則冊可汗子孫其効固試矣獻又

遠於其父兄人心何繫即附若兵力足取十姓不必要須可汗子孫也又請以

郭虔瓘蒐兵稅馬於拔汗那往虔瓘已嘗與忠節擅入其國臣時在疏勒不聞

得一甲一馬而拔汗那挾忿侵擾南導吐蕃將俀子以擾四鎮且虔瓘往至拔

汗那國四面無助若履虛邑猶引俀子為蔽況今北有娑葛知虔瓘之西必引

以相援拔汗那倚堅城而抗于內突厥邀伺于外虔瓘等豈能復如往年得安

易之幸哉疏奏不省楚客等因建遣攝御史中丞馮嘉賓持節安撫闕啜以御

史呂守素處置四鎮以牛師獎為安西副都護代元振領甘涼兵召吐蕃併力

擊娑葛娑葛之使娑臘知楚客謀馳報之娑葛怒即發兵出安西撥換焉耆疏

勒各五千騎於是闕啜在計舒河與嘉賓會娑葛兵奄至禽闕啜殺嘉賓又殺

呂守素於僻城牛師獎於火燒城遂陷安西四鎮路絕元振屯疏勒水上未敢

動楚客復表周以悌代元振且以阿史那獻為十姓可汗置軍焉耆以取娑葛

娑葛遺元振書且言無仇于唐而楚客等受闕啜金欲加兵擊滅我故懼死而
鬬且請斬楚客元振奏其狀楚客大怒誣元振有異圖召將罪之元振使子鴻
間道奏乞留定西土不敢歸京師以悌乃得罪流白州而赦娑葛睿宗立召爲
太僕卿將行安西酋長有剺面哭送者旌節下玉門關去涼州猶八百里城中
爭具壺漿歡迎都督嗟歎以聞景雲二年進同中書門下三品遷吏部尚書封
館陶縣男先天元年爲朔方軍大總管築豐安定遠城兵得保頓明年以兵部
尚書復同中書門下三品玄宗誅太平公主也睿宗御承天門諸宰相走伏外
省獨元振總兵扈帝事定宿中書者十四昔乃休進封代國公實封四百戶賜
一子官物千段俄又兼御史大夫復爲朔方大總管以備突厥未行會玄宗講
武驪山旣三令帝親鼓之元振遽奏禮止帝怒軍容不整引坐纛下將斬之劉
幽求張說扣馬諫曰元振有大功雖得罪當宥乃赦死流新州開元元年帝思
舊功起爲饒州司馬怏怏不得志道病卒年五十八十年贈太子少保元振雖
少雄邁及貴居處乃儉約手不置書人莫見其喜慍建宅宣陽里未嘗一至諸

院廢自朝還對親欣欣退就室儼如也距國初仕至宰相而親具者唯元振云

贊曰魏韋皆感概而奮似矣及在曆上側臣間臨機會不一引手摧姦邪之謀誠可鄙哉至蘖后豔王以烝謟撼宗社亦不肯從也古所謂具臣者諒乎元振功顯節完一跌未復世恨其蚤歿云

唐書卷一百二十二

唐書卷一百二十二考證

魏元忠傳睿宗詔陪葬定陵以實封一百五十戸賜其子晃〇舊書作實封一百戸

唐書卷一百二十二考證

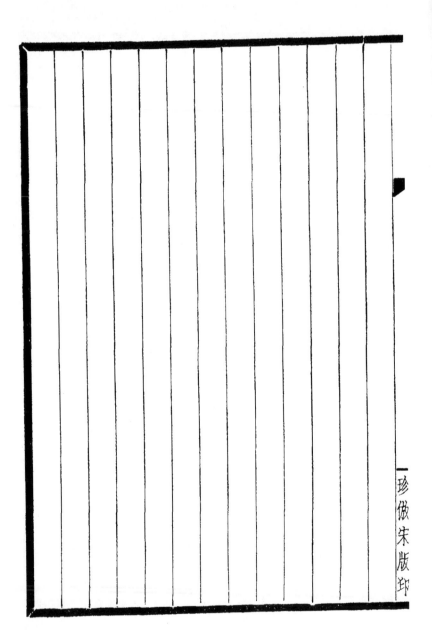

唐書卷一百二十三

宋　端　明　殿　學　士　宋　祁　撰

列傳第四十八

李蕭盧韋趙和

李嶠字巨山趙州贊皇人早孤事母孝爲兒時夢人遺雙筆自是有文辭十五通五經薛元超稱之二十擢進士第始調安定尉舉制策甲科遷長安時畿尉名文章者駱賓王劉光業嶠最少與等夷授監察御史高宗擊邕巖二州叛獠詔監其軍嶠入洞喻降之由是罷兵稍遷給事中會來俊臣搆狄仁傑李嗣真裴宣禮等獄將抵死敕嶠與大理少卿張德裕侍御史劉憲覆驗德裕等內知其冤不敢異嶠曰知其枉不申是謂見義不爲者卒與二人列其枉忤武后旨出爲潤州司馬久乃召爲鳳閣舍人文冊大號令多主爲之初置右御史臺察州縣吏善惡風俗得失嶠上疏曰禁網上疏法象宜簡簡則法易行而不煩雜疏則所羅廣而不苛碎伏見垂拱時諸道巡察使科條四十有四至別敕令又

三十而使以三月出盡十一月奏事每道所察吏多者二千少亦千計要在品覈才行而褒貶之今期會迫促奔逐不暇欲望詳究所能不亦難哉此非隳於職才有限力不逮耳臣願量其功程以爲節制使器周於用力濟於時然後得失可以精覈矣又言今所察按準漢六條而推廣之則無不包矣烏在多張事目也且朝廷萬幾非無事而幾事之動常在四方故出使者冠蓋相望今已置使則外州之事悉得專之傳驛減矣請率十州置一御史以期歲爲之限容其身到屬縣過閭里督察姦訛采訪風俗然後可課其成功且御史出入天禁勵己自修比他吏相百也按劾回庸糾擿隱欺比他吏相十也陛下誠用臣言妙擇能者委之莫不盡力効死矣武后善之下制析天下爲二十道擇堪使者爲衆議沮止俄知天官侍郎事進鱗臺少監同鳳閣鸞臺平章事遷鸞臺侍郎會張錫輔政嶠其出也罷爲成均祭酒俄檢校文昌左丞留守東都長安三年以本官復爲平章事知納言遷內史嶠辭劇復爲成均祭酒平章事武后將建大像於白司馬坂嶠諫造像雖俾浮屠輸錢然非州縣承辦不能濟是名雖不稅

而賣稅之臣計天下編戶貧弱者衆有賣舍帖田供王役者今造像錢積十七萬緡若頒之窮人家給千錢則紓十七萬戶飢寒之苦德无窮矣不納張易之敗坐附會貶豫州刺史未行改通州數月以吏部侍郎召俄遷尙書神龍二年代韋安石爲中書令嶠在吏部時陰欲藉時望復宰相乃奏置員外官數千旣吏衆猥府庫虛耗乃上書歸咎于時因蓋向非曰元首之尊居有重門擊柝之衞出有淸警戒道之禁所以備非常息異望誠不可易舉動慢防閑也陛下厭崇邃輕尊嚴微服濳遊閱廛過市行路私議朝廷驚懼如禍產意外縱不自惜奈宗廟蒼生何又分職建官不可以濫傳曰官不必備惟其人自帝室中興以不愼爵賞爲惠冒級躐階朝陞夕改正闕不給加以員外內則府庫爲殫外則黎庶蒙害非求賢助治之道也願愛禾班榮息匪服之議今文武六十以上而天造含容皆矜恤之老病者已解還授員外者旣遣復留恐非所以消僘救時也請敕有司料其可用進不可用退又遠方夷人不堪治事國家向務撫納而官之非立功酋長類糜俸祿願商度非要者一切放還又易稱何以守位曰仁

何以聚人曰財今百姓乏窶不安居處不可以守位倉儲蕩耗財力傾殫不足
以聚人山東病水潦江左困輸轉國匱於上人窮於下如令邊埸少䠞恐逋亡
遂多盜賊羣行何財召募何衆閑遏乎又崇作寺觀功費浩廣今山東歲饑糟
糠不厭而投艱阨之會收庸調之半用吁嗟之物以榮土木恐怨結三靈謗蒙
四海又比緣征戍巧詐百情破役隱身規脫租賦今道人私度者幾數十萬其
中高戸多丁黠商大賈詭作臺符羼名偽度且國計軍防並仰丁口今丁皆出
家兵悉入道征行租賦何以備之又重賂貴近補府若史移沒籍產以州縣甲
等更爲下戸當道城鎮至無捉驛者役逮小弱卽破其家願許十道使訪察括
舉使姦猾不得而隱又太常樂戸已多復求訪散樂獨持鼗鼓者已二萬員願
量留之餘勒還籍以杜妄費中宗以其身宰相乃自陳失政匄罷官無所嫁非
手詔詰讓嶠惶恐復視事三年加修文館大學士封趙國公以特進同中書門
下三品睿宗立罷政事下除懷州刺史致仕初中宗崩嶠嘗密請相王諸子不
宜留京師及玄宗嗣位獲其表宮中或請誅之張說曰嶠誠懵逆順然爲當時

謀吠非其主不可追罪天子亦顧數更赦遂免貶滁州別駕聽隨子虔州刺史暢之官改廬州別駕卒年七十嶠富才思有所屬綴人多傳諷武后時汜水獲瑞石嶠爲御史上皇符一篇爲世譏薄然其仕前與王勃楊盈川接中與崔融蘇味道齊名晚諸人沒而爲文章宿老一時學者取法焉

蕭至忠沂州丞人祖德言爲祕書少監至忠少與友期諸路會雨雪人引避至忠曰寧有與人期可以失信卒友至乃去衆歎服仕爲伊闕洛陽尉遷監察御史劾奏鳳閣侍郎蘇味道贓貪超拜吏部員外郎至忠長擊斷譽聞當時中宗神龍初爲御史中丞始至忠爲御史而李承嘉爲大夫嘗讓諸御史曰彈事有不咨大夫可乎衆不敢對至忠獨曰故事臺無長官御史天子耳目也其所請奏當專達若大夫許而後論即劾大夫者又誰白哉承嘉慚至是承嘉爲戶部尚書至忠劾祝欽明竇希玠與承嘉等罪百寮震悚遷吏部侍郎猶兼中丞節愍太子以兵誅武三思而敗宗楚客等諷侍御史冉祖雍上變言相王與太子謀帝欲按之至忠泣曰往者天后欲以相王爲太子而王不食累日獨請迎陛

下其讓德天下莫不聞陛下貴爲天子不能容一弟受人羅織耶竊爲陛下不取帝納其言止尋授中書侍郎同中書門下平章事上疏陳時政曰求治之道首于用賢苟非其才則官曠官曠則事廢事廢則人殘歷代所以陵遲者此也今授職用人多因貴要爲粉飾上下相蒙苟得爲是夫官爵公器也恩倖私惠也王者正可金帛富之粱肉食之以存私澤也若公器而私用之則公義不行而勞人解體私謁開而正言塞日朘月削卒見凋弊今列位已廣冗員復倍陛下降不貲之澤近戚有無涯之請臺閣之內朱紫充滿官秩益輕恩賞彌數才者不用用者不才故人不效力官匪其人欲求治固難矣又宰相要官子弟多居美爵並罕才藝而更相誇詫詩云私人之子百寮是試或以其酒不以其漿鞙鞙佩璲不以其長此言王政不平而衆官廢職私家子列試榮班徒長其佩爾臣願陛下愛惜爵賞官無虛授進大雅以樞近退小人於閑左使政令惟一私不害公則天下幸甚且貞觀故事宰相子弟多居外職非直抑彊宗亦以擇賢才爾請自宰相及諸司長官子弟並授外官共寧百姓表裏相統帝不納俄

爲侍中中書令時楚客懷姦植黨而韋巨源楊再思李嶠務自安無所弼正至忠介其間獨不詭隨時望翕然歸重帝亦曰宰相中至忠最憐我韋后嘗爲其弟洵與至忠殤女冥婚至忠又以女妻后舅崔從禮子無詖兩家合禮帝主蕭后主崔時謂天子嫁女皇后娶婦唐隆元年以后黨應坐而太平公主爲言出爲晉州刺史治有名默啜遣大臣來朝見至忠風采逡巡畏俯謂人曰是宜相天子何乃居外乎太平寖用事至忠乃自附納且丐還主以至忠子任千牛死韋氏難意怨望易動能助己請于帝拜刑部尚書復爲中書令封酇國公乃參主逆謀先天二年主敗至忠遁入南山數日捕誅之籍其家至忠始在朝有風望容止閑敏見推爲名臣外方直糾擿不法而內無守覘時輕重而去就之始爲御史桓彥範等頗引重五王失政更因武三思得中丞附安樂公主爲宰相及韋氏敗遽發韋洵壟持其女柩歸後依太平復當國嘗出主第遇宋璟璟戲曰非所望於蕭傅至忠曰善乎宋生之言然不能自返也娣嫁蔣欽緒欽緒每戒之至忠不聽歎曰九世卿族一舉而滅之可哀也已不喜接賓客以簡儉自

高故生平奉賜無所遺施及籍沒珍寶不可計然玄宗賢其爲人後得源乾曜亟用之謂高力士曰若知吾進乾曜遽乎吾以其貌言似蕭至忠力士曰彼不嘗負陛下乎帝曰至忠誠國器但晚謬爾其始不謂之賢哉弟元嘉工部侍郎

廣徵工部員外郎

贊曰異哉玄宗之器蕭至忠也不亦惑乎至忠本非賢而寄賢以奸利失之則邀利以喪賢姻醜后挾寵主取宰相謀間王室身誅家破遺臭無窮而帝以乾曜似之遽使當國是帝舉不知至忠之不可用又不知乾曜之所可用也或稱帝不以罪掩才益可怪嘆嗚呼力士誠腐夫庸人不能發擿天子之迷若曰至忠賢於初固不繆於末既繆於末果不賢於初惟陛下圖之如是帝且悟往失而精來鑒已其後相李林甫將安祿山皆基于不明身播岷陬信自取之歟

盧藏用字子潛幽州范陽人父璥魏州長史號才吏藏用能屬文舉進士不得調與兄徵明偕隱終南少室二山學練氣爲辟穀登衡廬彷徉岷峨與陳子昂趙貞固友善長安中召授左拾遺武后作興泰宮於萬安山上疏諫曰陛下離

宮別觀固多矣又窮人力以事土木臣恐議者以陛下爲不愛人而奉己也且頃歲穀雖頗登而百姓未有儲陛下巡幸訖靡休息斤斧之役歲月不空不因此時施德布化而又廣宮苑臣恐下未易堪今左右近臣以諛意爲忠犯忤爲患至令陛下不知百姓失業百姓亦不知左右傷陛下之仁也忠臣不避誅震以納君於仁明主不惡切詆以趨名于後陛下誠能發明制以勞人爲辭則天下必以爲愛力而苦己也不然下臣此章得與執事者共議不從姚元崇持節靈武道奏爲管記還應縣令舉甲科爲濟陽令神龍中累擢中書舍人數糾駁僞官歷吏部黃門侍郎修文館學士坐親累降工部侍郎進尚書右丞附太平公主主誅玄宗欲捕斬藏用顧未執政意解乃流新州或告謀反推無狀流驩州會交趾叛藏用有捍禦勞改昭州司戶參軍遷黔州長史判都督事卒于始興藏用善蓍龜九宮術工草隸大小篆八分善琴奕思精遠士貴其多能嘗以俗徇陰陽拘畏乖至理泥變通有國者所不宜專謂天道從人者也古爲政者刑獄不濫則人壽賦斂省則人富法令有常則邦寧賞罰中則兵彊禮者士所

歸賞者士所死禮賞不倦則士爭先否者雖揆時行罰涓日出號無成功矣故任賢使能不時日而利明法審令不卜筮而吉養勞貴功不禱祠而福乃爲折滯論以暢其方世謂知言子昂貞固前死藏用撫其孤有恩人稱能終始交始隱山中時有意當世人目爲隨駕隱士晚乃徇權利務爲驕縱素節盡矣司馬承禎嘗召至闕下將還山藏用指終南曰此中大有嘉處承禎徐曰以僕視之仕宦之捷徑耳藏用慚無子弟若虛多才博物隴西辛怡諫爲職方有獲異鼠者豹首虎臆大如拳怡諫謂之鼮鼠而賦之若虛曰非也此許慎所謂鼨鼠豹文而形小一坐驚服終起居郎集賢院學士

韋巨源與安石同系後周京兆尹總曾孫祖貞伯襲鄖國公入隋改舒國巨源有吏幹武后時累遷夏官侍郎同鳳閣鸞臺平章事其治委碎無大體句校省中遺隱下符斂克不少蠲雖收其利然下所怨苦坐李昭德累貶麟州刺史累拜地官尚書神龍初以吏部尚書同中書門下二品時要官缺執政以次用其親巨源秉筆當除十人楊再思得其一試問餘授皆諸宰相近屬再思喟然曰

吾等誠負天下巨源曰時當爾耳是時雖賢有德終莫得進士大夫莫不解體會安石爲中書令避親罷政事尋還侍中舒國公韋后與敘昆弟附屬籍三思封戶在貝州屬大水刺史宋璟議免其租巨源以爲蠶桑可輸緜是河朔人多流徙者景龍二年韋后自言衣笥有五色雲巨源倡其僞勸中宗宣布天下帝從其言因是大赦巨源見帝昏惑乃與宗楚客鄭愔趙延禧等推處祥妖陰導韋氏行武后故事俄還尚書左僕射仍知政事帝方南郊巨源請后爲亞獻而自爲終獻及臨淄王平諸韋家人請避之巨源曰吾大臣無容見難不赴出都街亂兵殺之年八十睿宗立贈特進荊州大都督博士李處直請諡爲昭戶部員外郎李邕以巨源附武三思爲相託韋后親屬諡昭爲非處直執不改邕列陳其惡不見用然世皆直邕韋氏自安石及武后時宰相待價巨源皆近親其族至大官者又數十人

趙彥昭字奐然甘州張掖人父武孟少游獵以所獲饋其母母泣曰汝不好書而敖蕩吾安望哉不爲食武孟感激遂力學淹該書記自長安丞爲右臺侍御

史著河西人物志十篇彥昭少豪邁風骨秀爽及進士第調爲南部尉與郭元振薛稷蕭至忠善自新豐丞爲左臺監察御史景龍中累遷中書侍郎同中書門下平章事金城公主嫁吐蕃始以紀處訥爲使處訥辭乃授彥昭彥昭顧己處外恐權寵奪移不悅司農卿趙履温曰公天宰而爲一介使不亦鄙乎彥昭問計安出履温乃爲請安樂公主留之遂以將軍楊矩代睿宗立出爲宋州刺史坐累貶歸州俄授涼州都督爲政嚴下皆股慄入爲吏部侍郎持節按邊還御史大夫蕭至忠等誅郭元振張說言彥昭與祕謀改刑部尚書封耿國公實封百戶彥昭本以權幸進中宗時有巫趙挾鬼道出入禁掖彥昭以姑事之嘗衣婦服乘車與妻偕謁其得宰相巫力也於是殿中侍御史郭震劾暴舊惡會姚崇執政惡其人貶江州別駕卒

和逢堯岐州岐山人武后時負鼎詣闕下上書自言願助天子和飪百度有司讓曰昔桀不道伊尹負鼎干湯今天子聖明百司以和尚何所調逢堯不能答流莊州十餘年乃舉進士高第累擢監察御史突厥默啜請尚公主逢堯以御

史中丞攝鴻臚卿報可默啜遣貴近頡利來曰詔送金鏤具鞍乃塗金非天子意使者不可信雖得公主猶非實請罷和親欲馳去左右色動逢堯呼曰我大國使不受我辭可輒去乃牽持其人謂曰漢法重女壻而送鞍具欲安且久不以金爲貴可汗乃貪金而不貴信邪默啜聞曰漢使至吾國衆矣斯食鐵石人不可易因備禮以見逢堯說之曰天子昔爲單于都護思與可汗通舊好可汗尙嚮風慕義襲冠冕取重諸蕃默啜信之爲斂髮紫衣南面再拜稱臣遣子入朝逢堯以使有指擢戶部侍郎坐善太平公主斥朗州司馬終栝州刺史逢堯詼詭當大事敢徼福故卒以附麗廢然唐興奉使者稱逢堯

唐書卷一百二十三

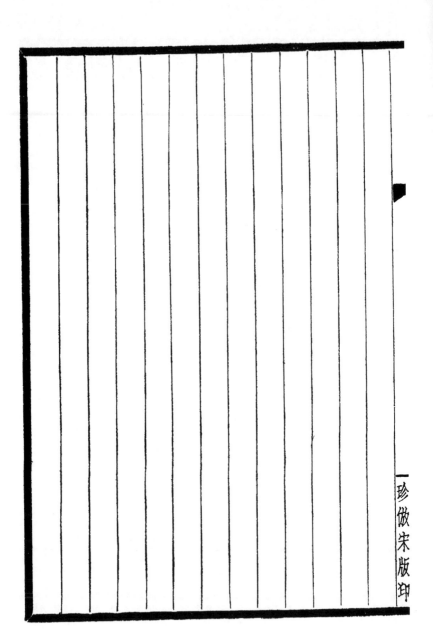

唐書卷一百二十三考證

蕭至忠傳祖德言○舊書作德言曾孫

尋授中書侍郎○舊書作轉黃門侍郎

盧藏用傳父璥魏州長史○舊書官至魏州司馬

韋巨源傳祖貞伯○舊書祖名匡伯

趙彥昭傳睿宗立出爲宋州刺史坐累貶歸州俄授涼州都督○舊書先爲涼州都督後爲宋州刺史

唐書卷一百二十三考證

宋　端　明　殿　學　士　宋　祁　撰

列傳第四十九

姚宋

姚崇字元之陝州硤石人父懿字善懿貞觀中爲巂州都督贈幽州大都督諡文獻崇少倜儻尚氣節長乃好學仕爲孝敬挽郎舉下筆成章授濮州司倉參軍五遷夏官郎中契丹擾河北兵檄叢進崇奏決若流武后賢之即拜侍郎后嘗語左右往周興來俊臣等數治詔獄朝臣相逮引一切承反朕意其枉更畀近臣臨問皆得其手牒不冤朕無所疑即可其奏自俊臣等誅遂無反者然則向論死得無冤邪崇曰自垂拱後被告者類自誣當是時以告言爲功故天下號曰羅織甚於漢之鉤黨雖陛下使近臣覆訊彼尙不自保敢一搖手以悖酷吏意哉且被問不承則重罹其慘如張虔勗李安靜等皆是也今賴天之靈發寤陛下凶豎殲夷朝廷乂安臣以一門百口保內外官無復反者陛下以告牒

置弗推後若反有端臣請坐知而不告后悅曰前宰相務順可陷我爲淫刑主聞公之言乃得朕心賜銀千兩聖曆三年進同鳳閣鸞臺平章事遷鳳閣侍郎俄兼相王府長史以母老納政歸侍乃詔以相王府長史侍疾月餘復兼夏官尙書同鳳閣鸞臺三品崇建言臣事相王而夏官本兵臣非惜死恐不益王乃詔改春官張易之私有請於崇崇不納易之譖於后降司僕卿猶同鳳閣鸞臺三品出爲靈武道大總管張柬之等謀誅二張崇適自屯所還遂參計議以功封梁縣侯實封二百戶后還上陽宮中宗率百官起居王公更相慶崇獨流涕柬之等曰今豈涕泣時邪恐公禍由此始崇曰比與討逆不足以語功然事天后久違舊主而泣人臣終節也由此獲罪甘心焉俄爲亳州刺史後五王被害而崇獨免歷宋常越許四州睿宗立拜兵部尙書同中書門下三品進中書令玄宗在東宮太平公主干政宋王成器等分典閑廄禁兵崇與宋璟建請主就東都出諸王爲刺史以壹人心帝以謂主主怒太子懼上疏以崇等惎間王室請加罪貶爲申州刺史移徐潞二州遷揚州長史政條簡肅人爲紀德于碑徙

珍倣宋版印

同州刺史先天二年玄宗講武新豐故事天子行幸牧守在三百里者得詣行
在時帝亦密召崇崇至帝方獵渭濱卽召見帝曰公知獵乎對曰少所習也臣
年二十居廣成澤以呼鷹逐獸爲樂張憬藏謂臣當位王佐無自棄故折節讀
書遂待罪將相然少爲獵師老而猶能帝悅與俱馳逐緩速如旨帝歡甚旣罷
乃咨天下事袞袞不知倦帝曰卿宜遂相朕崇知帝大度銳于治乃先設事以
堅帝意卽陽不謝帝怪之崇因跪奏臣願以十事聞陛下度不可行臣敢辭帝
曰試爲朕言之崇曰垂拱以來以峻法繩下臣願政先仁恕可乎朝廷覆師青
海未有牽復之悔臣願不倖邊功可乎比來壬佞冒觸憲網皆得以寵自解臣
願法行自近可乎后氏臨朝喉舌之任出閹人之口臣願宦豎不與政可乎戚
里貢獻以自媚于上公卿方鎭寖亦爲之臣願租賦外一絕之可乎外戚貴主
更相用事班序荒雜臣請戚屬不任臺省可乎先朝褻狎大臣虧君臣之嚴臣
願陛下接之以禮可乎燕欽融韋月將以忠被罪自是諍臣沮折臣願羣臣皆
得批逆鱗犯忌諱可乎武后造福先寺上皇造金仙玉眞二觀費鉅百萬臣請

絶道佛營造可乎漢以祿莽閻梁亂天下國家爲甚臣願推此鑒戒爲萬代法可乎帝曰朕能行之崇乃頓首謝翌日拜兵部尚書同中書門下三品封梁國公遷紫微令固辭實封乃停舊食賜新封百戸中宗時近戚奏度僧尼温戸彊丁因避賦役至是崇建言佛不在外悟之于心行事利益使蒼生安穩是謂佛理烏用姦人以汨真教帝善之詔天下汰僧僞濫髮而農者餘萬二千人崇嘗於帝前序次郎吏帝左右顧不主其語崇懼再三言之卒不答崇趨出內侍高力士曰陛下新卽位宜與大臣裁可否今崇亟言陛下不應非虛懷納誨者帝曰我任崇以政大事吾當與決至用郎吏崇顧不能而重煩我邪崇聞乃安由是進賢退不肖而天下治開元四年山東大蝗民祭且拜坐視食苗不敢捕崇奏詩云秉彼蟊賊付畀炎火漢光武詔曰勉順時政勸督農桑去彼螟蜮以及蟊賊此除蝗誼也且蝗畏人易驅又田皆有主使自救其地必不憚勤請夜設火坎其旁且焚且瘞乃可盡古有討除不勝者特人不用命耳乃出御史爲捕蝗使分道殺蝗汴州刺史倪若水上言除天災者當以德昔劉聰除蝗不克而

害愈甚拒御史不應命崇移書謂之曰聰僞主德不勝祅今祅不勝德古者良守蝗避其境謂修德可免彼將無德致然乎今坐視食苗忍而不救因以無年刺史其謂何若水懼乃縱捕得蝗十四萬石時議者喧譁帝疑復以問崇對曰庸儒泥文不知變事固有違經而合道反道而適權者昔魏世山東蝗小忍不除至人相食後秦有蝗草木皆盡牛馬至相噉毛今飛蝗所在充滿加復蕃息且河南河北家無宿藏一不穫則流離安危繫之且討蝗縱不能盡不愈於養以遺患乎帝然之黃門監盧懷愼曰凡天災安可以人力制也且殺蟲多必戾和氣願公思之崇曰昔楚王吞蛭而厥疾瘳叔敖斷蛇福乃降今蝗幸可驅若縱之穀且盡如百姓何殺蟲救人禍歸於崇不以諉公也蝗害訖息於是帝方躬萬幾朝夕詢逮它宰相畏帝威決皆謙憚唯獨崇佐裁決故得專任崇第賒僻因近舍客廬會懷愼卒崇病痁移告凡大政事帝必令源乾曜就咨焉乾曜所奏善帝則曰是必崇畫之有不合則曰胡不問崇乾曜謝其未也乃已帝欲崇自近詔徙寓四方館日遣問食飲起居高醫尚食踵道崇以館局華大不敢

居帝使語崇曰恨不處禁中此何避久之紫微史趙誨受夷人賕當死崇素親
倚署奏營減帝不悅時曲赦京師惟誨不原崇惶懼上還宰政引宋璟自代乃
以開府儀同三司罷政事帝將幸東都而太廟屋自壞帝問宰相宋璟蘇頲同
對曰三年之喪未終不可以行幸壞壓之變天所以示教戒陛下宜停東巡修
德以荅至譴帝以問崇對曰臣聞隋取苻堅故殿以營廟而唐因之且山有朽
壞乃崩況木積年而木自當蠹乎但壞與行會不緣行而壞且陛下以關中無
年輸餉告勞因以幸東都所以爲人不爲己也百司已戒供擬既具請車駕如
行期舊廟難復完盍奉神主舍太極殿更作新廟申誠奉大孝之德也帝曰卿
言正契朕意賜絹二百匹詔所司如崇言天子遂東因詔五日一參入閤供奉
八年授太子少保以疾不拜明年卒年七十二贈揚州大都督諡曰文獻十七
年追贈太子太保崇析貲產令諸子各有定分治令曰比見達官之裔多貧困
至銖尺是競無論曲直均受嗤詆田宅水磑既共有之至相推倚以頓廢陸賈
石苞古達者也亦先有定分以絕後爭昔楊震趙明盧植張奐咸以薄葬知真

識去身貴速朽耳夫厚葬之家流于俗以奢靡爲孝令死者戮尸暴骸可不痛哉死者無知自同糞土豈煩奢葬使其有知神不在柩何用破貲徇侈乎吾亡斂以常服四時衣各一稱性不喜冠衣毋以入墓紫衣玉帶足便於體今之佛經羅什所譯姚興與之對翻而興命不延國亦隨滅梁武帝身爲寺奴齊胡太后以六宮入道皆亡國殄家近孝和皇帝發使贖生太平公主武三思等度人造寺身嬰夷戮爲天下笑五帝之時父不喪子兄不哭弟致仁壽無凶短也下逮三王國祚延久其臣則彭祖老聃皆得長齡此時無佛豈抄經鑄像力邪緣死喪造經像以爲追福夫死者生之常古所不免彼經與像何所施然兒曹愼不得爲此崇尤長吏道處決無淹思三爲宰相常兼兵部故屯戍斥候士馬儲械無不諳記玄宗初立賓禮大臣故老雅尊遇崇每見便殿必爲之與去輒臨軒以送宅相莫如也時承權戚干政之後綱紀大壞先天末宰相至十七人臺省要職不可數崇常先有司罷冗職修制度擇百官各當其材請無廣釋道無數移吏繇是天子責成于下而權歸于上矣然資權譎始爲同州張說以素憾

諷趙彦昭劾崇及當國說懼潛詣岐王申款崇它日朝衆趨出崇曳踵爲有疾狀帝召問之對曰臣損足曰無甚痛乎曰臣心有憂痛不在足問以故曰岐王陛下愛弟張說輔臣而密乘車出入王家恐爲所誤故憂之於是出說相州魏知古崇所引及同列稍輕之出攝吏部尚書知東都選知古憾焉時崇二子在洛通賓客饋遺憑舊請託知古歸悉以聞他日帝召崇曰卿子才乎皆安在崇揣知帝意曰臣二子分司東都其爲人多欲而寡慎是必嘗以事干魏知古帝始以崇私其子或爲隱微以言動之及聞乃大喜問安從得之對曰知古臣所薦也臣子必謂其見德而請之帝於是愛崇不私而薄知古欲斥之崇曰臣子無狀撓陛下法而逐知古外必謂陛下私臣乃止然卒罷爲工部尚書崇始名元崇以與突厥叱刺同名武后時以字行至開元世避帝號更以今名三子彝异弈皆至卿刺史

弈少修謹始崇欲使不越官次而習知吏道故自右千牛進至太子舍人皆平遷開元中有事五陵有司以鷹犬從弈曰非禮也奏罷之請治劇爲睢陽太守

召授太僕卿後爲尚書右丞子閎居右相牛仙客幕府仙客病甚閎彊使薦弈
及盧奐爲宰相仙客妻以聞閎坐死弈貶永陽太守卒曾孫合勛
合元和中進士及第調武功尉善詩世號姚武功者遷監察御史累轉給事中
奉先馮翊二縣民訴牛羊使奪其田詔美原主簿朱儔覆按猥以田歸使合劾
發其私以地還民歷陝虢觀察使終祕書監
勛字斯勤長慶初擢進士第數爲使府表辟進監察御史佐鹽鐵使務累遷諫
議大夫更湖常二州刺史爲宰相李德裕厚善及德裕爲令狐綯等譖逐擿索
支黨無敢通勞問既居海上家無資病無湯劑勛數饋餉候問不傳時爲厚薄
終夔王傅自作壽藏於萬安山南原崇塋之旁署兆曰寂居穴墳曰復真堂中
剟土爲牀曰化臺而刻石告後世
宋璟邢州南和人七世祖弁爲元魏吏部尚書璟耿介有大節好學工文辭舉
進士中第調上黨尉爲監察御史遷鳳閣舍人居官鯁正武后高其才張易之
誣御史大夫魏元忠有不臣語引張說爲驗將廷辯說惶遽璟謂說曰名義至

重不可陷正人以求苟免緣此受謫芬香多矣若不測者吾且叩閤救將與子偕死說感其言以實對元忠免死璟後遷左臺御史中丞會飛書告張昌宗引相工觀吉凶者璟請窮治后曰易之等已自言於朕璟曰謀反無容以首原請下吏明國法易之等貴寵臣言之且有禍然激於義雖死不悔后不懌姚璹遽傳詔令出璟曰今親奉德音不煩宰相擅宣王命后意解許收易之等就獄俄詔原之勑二張詣璟謝璟不見曰公事公言之若私見法無私也顧左右歎曰吾悔不先碎豎子首而令亂國經嘗宴朝堂二張列卿三品璟階六品居下坐易之詔事璟虛位揖曰公第一人何下坐璟曰才劣品卑卿謂第一何邪是時朝廷以易之等內寵不名其官呼易之五郎昌宗六郎鄭善果謂璟曰公奈何謂五郎爲卿璟曰以官正當爲卿君非其家奴何郎之云會有喪告滿入朝公卿以次謁通禮意易之等後至促步前璟舉笏却揖唯唯故積怨常欲中傷后知之得免然以數忤旨詔按獄揚州璟奏按州縣纔監察御史職耳又詔按幽州都督屈突仲翔辭曰御史中丞非大事不由使仲翔罪止贓今使臣往此必

有危臣者既而詔副李嶠使隴蜀璟復言隴右無變臣以中丞副李嶠非朝廷故事終辭易之初冀璟出則劾奏誅之計不行乃伺璟家婚禮將遣客刺殺之有告璟者璟乘庫車舍他所刺不得發俄二張死乃免神龍初爲吏部侍郎中宗嘉其直令兼諫議大夫內供奉仗下與言得失遷黃門侍郎武三思怙烝寵數有請于璟璟厲答曰今復子明辟王宜以侯就第安得尚干朝政獨不見產祿事乎後韋月將告三思亂宮掖三思諷有司論大逆不道帝詔殊死璟請付獄按罪帝怒岸巾出側門謂璟曰朕謂已誅矣尚何請璟曰人言后私三思陛下不問卽斬之臣恐有竊議者請按而後刑帝愈怒璟曰請先誅臣不然終不奉詔帝乃流月將嶺南會還京師詔璟權檢校幷州長史未行又檢校貝州刺史時河北水歲大饑三思使斂封租璟拒不與故爲所擠歷杭相二州政淸毅吏下無敢犯者遷洛州長史睿宗立以吏部尚書同中書門下三品玄宗在東宮兼右庶子先是崔湜鄭愔典選爲戚近干奪至迎用二歲闕猶不能給更置比冬選流品淆幷璟與侍郎李乂盧從愿澄革之銓總平允太平公主不利東

宮嘗馹輦光範門伺執政以諷璟曰太子有大功宗廟社稷主也安得異議乃
與姚崇白奏出公主諸王於外帝不能用貶楚州刺史歷兗冀魏三州河北按
察使進幽州都督以國子祭酒留守東都遷雍州長史玄宗開元初以雍州爲
京兆府復爲尹進御史大夫坐小累爲睦州刺史徙廣州都督廣人以竹茅茨
屋多火璟教之陶瓦築堵列邸肆越俗始知棟梁利而無患災召拜刑部尚書
四年遷吏部兼侍中帝幸東都次崤谷馳道隘稽擁車騎帝命黜河南尹李朝
隱知頓使王怡等官璟曰陛下富春秋今始巡守以道不治而罪二臣縣此相
飭後有受其獘者帝遽命捨之璟謝曰陛下向以怒責之以臣言免之是過歸
於上而恩在下姑聽待罪於朝然後詔還其職進退得矣帝善之累封廣平郡
公廣人爲璟立遺愛頌璟上言頌所以傳德載功也臣之治不足紀廣人以臣
當國故爲溢辭徒成諂諛者欲釐正之請自臣始有詔許停帝嘗命璟與蘇頲
制皇子名與公主號遂差次所封且詔別擇一美稱及佳邑封上璟奏言七子
均養詩人所稱今若同等別封或毋寵子愛恐傷鳲鳩之平昔袁盎引却慎夫

人席文帝納之夫人亦不爲嫌以其得長久計也臣不敢別封帝歎重其賢皇后父王仁晈卒將葬用昭成皇后家竇孝諶故事墳高五丈一尺璟等請如著令帝已然可明日復詔如孝諶者璟還詔曰儉德之恭侈惡之大也僭禮厚葬前世所誡故古墓而不墳人子於哀迷則未違以禮自制故聖人制齊斬緦免衣衾棺槨各有度數雖有賢者斷其私懷衆皆務奢獨能以儉所謂至德要道者中宮若謂孝諶踰制初無非者一切之令固不足以法貞觀時嫁長樂公主魏徵謂不可加長公主太宗欣納而文德皇后降使厚謝韋庶人追王其父擅作酆陵而禍不旋踵國家知人情無窮故爲制度不因人以搖動不變法以愛憎比來人間競務靡葬今以后父重戚不憂乏用高冢大寢不畏無人百事官給一朝可就而區區屢聞者欲成朝廷之政中宮之美爾儻中宮情不可奪請準令一品陪陵墳四丈差合所宜帝曰朕常欲正身紀綱天下於后容有私邪然人所難言公等乃能之即可其奏又遣使賚綵絹四百匹會日食帝素服俟變錄囚多所貸遣賑卹災患罷不急之務璟曰陛下降德音卹人隱未有輕繫

惟流死不免此古所以慎赦也恐議者直以月蝕修刑日蝕修德或言分野之
變冀有揣合臣以謂君子道長小人道銷止女謁放讒夫此所謂修德也囹圄
不擾兵甲不瀆官不苛治軍不輕進此所謂修刑也陛下常以爲念雖有虧食
將轉而爲福又何患乎且君子恥言浮於行願動天以誠無事空文帝嘉納後
以開府儀同三司罷政事京兆人權梁山謀逆勑河南尹王怡馳傳往按牢械
充滿久未決乃命璟爲京留守復其獄初梁山詭稱婚集多假貸吏欲并坐貸
人璟曰婚禮借索大同而狂謀率然非所防億使知而不假是與爲反貸者弗
知何罪之云乎縱數百人十二年東巡泰山璟復爲留守帝將發謂曰卿國元
老別方歷時宜有嘉謀以遺朕璟因一二極言手制答曰所進當書之坐右出
入觀省以誡終身賜賚優渥進兼吏部尚書十七年爲尚書右丞相而張說爲
左丞相源乾曜爲太子少傅同日拜有詔太官設饌太常奏樂會百官尚書省
東堂帝賦三傑詩自寫以賜二十年請致仕許之仍賜全祿退居洛乘輿東幸
璟謁道左詔榮王勞問別遣使賜藥餌二十五年卒年七十五贈太尉諡文貞

璟風度凝遠人莫涯其量始自廣州入朝帝遣內侍楊思勖驛迓之未嘗交一言思勖自以將軍貴幸訴之帝帝益嗟重璟爲宰相務清政刑使官人皆任職聖歷後突厥默啜負其彊數窺邊侵九姓拔曳固負勝輕出爲其狙擊斬之入蕃使郝靈佺傳其首京師靈佺自謂還必厚見賞璟顧天子方少恐後干寵蹈利者夸威武爲國生事故抑之踰年纔授右武衛郎將靈佺恚憤不食死張嘉貞後爲相閱堂按見其危言切議未嘗不失聲歎息六子昇尚渾恕華衡昇太僕少卿尚漢東太守

渾與李林甫善歷諫議大夫平原太守御史中丞東京採訪使在平原暴斂求進至重取民一年庸租使東畿薛稷甥女鄭寡而美渾使河南尉楊朝宗聘而己納之薦朝宗爲赤尉恕以都官郎中爲劍南採訪判官數貪縱不法陰養刺客天寶中渾恕尚並以贓敗渾流高要恕流海康尚貶臨海長史華衡亦皆坐貪得罪廣德中渾起爲太子諭德物議穢薄之流死江嶺昆弟皆荒飲俳嬉而衡最險悖廣平之風衰焉

贊曰姚崇以十事要說天子而後輔政顧不偉哉而舊史不傳觀開元初皆已施行信不誣已宋璟剛正又過於崇玄宗素所尊憚常屈意聽納故唐史臣稱崇善應變以成天下之務璟善守文以持天下之正二人道不同同歸于治此天所以佐唐使中興也嗚呼崇勸天子不求邊功璟不肯賞邊臣而天寶之亂卒蹈其害可謂先見矣然唐三百年輔弼者不爲少獨前稱房杜後稱姚宋何哉君臣之遇合蓋難矣夫

唐書卷一百二十四

唐書卷一百二十五

宋　端　明　殿　學　士　宋　祁　撰

列傳五十

蘇張

蘇瓌字昌容雍州武功人隋尚書僕射威之曾孫擢進士第補恆州參軍居母喪哀毀加人左庶子張大安表舉孝悌擢豫王府錄事參軍歷朗歙二州刺史時來俊臣貶州參軍人懼復用多致書請瓌瓌叱其使曰吾忝州牧高下自有體能過待小人乎遂不發書俊臣未至追還恨之由是連外徙不得入久之轉揚州大都督府長史州據都會多名珍怪產前長史張潛于辯機貲取鉅萬瓌單身襆被自將徙同州刺史歲旱兵當番上者不能赴瓌奏宿衛不可闕宜月賜增半糧俾相給足則不闕番又宜却進獻罷營造不急者不見省時十道使括天下亡戶初不立籍人畏搜括即流入比縣旁州更相廋蔽瓌請罷十道使專責州縣豫立簿注天下同日閱正盡一月止使柅姦匿歲一括實檢制租調

以免勞弊武后鑄浮屠立廟塔役無虛歲瓌以爲糜損浩廣雖不出國用要自民產曰殫百姓不足君孰與足天下僧尼濫僞相半請併寺著僧常員數缺則補后善其言神龍初入爲尚書右丞封懷縣男瓌明曉法令多識臺省舊章一朝格式皆所刪正再遷戶部尚書拜侍中留守京師中宗復政鄭普思以妖幻位祕書員外監支黨徧岐隴間相煽訹爲亂瓌捕繫普思窮訊普思妻以左道得幸韋后出入禁中有詔勿治瓌廷爭不可帝猶依違司直范獻忠瓌使按普思者進曰瓌爲大臣不能前誅逆豎而報天子罪大矣臣請先斬瓌於是僕射魏元忠頓首曰瓌長者用刑不枉普思法當死帝不得已流普思於儋州餘黨論死累拜尚書右僕射同中書門下三品進封許國公帝南郊國子祭酒祝欽明建白皇后爲亞獻安樂公主爲終獻瓌以爲非禮帝前折愧之帝昏懦不能從時大臣初拜官獻食天子名曰燒尾瓌獨不進及侍宴宗晉卿嘲之帝默然瓌自解於帝曰宰相燮和陰陽代天治物今粒食踴貴百姓不足衛兵至三日不食臣誠不稱職不敢燒尾帝崩遺詔皇太后臨朝相王以大尉輔政后詔宰

相韋安石韋巨源蕭至忠宗楚客紀處之韋温李嶠韋嗣立唐休璟趙彥昭洎瓌議禁中楚客猥曰太后臨朝相王有不通問之嫌不宜輔政瓌正色曰遺制乃先帝意安得輒改楚客等怒卒削相王輔政事瓌稱疾不朝是月韋氏敗睿宗即位進左僕射景雲元年老病罷爲太子少傅卒年七十二贈司空荆州大都督諡曰文貞皇太子別次發哀遺令薄葬布車一乘瓌治州考課常最爲宰相陳當世病利甚多韋温始爲汴州司倉參軍以賕被杖及用事憚瓌正卒不敢傷開元三年賜其家實封百戶長子頲固辭乃擢中子乂左補闕六年詔與劉幽求配享睿宗廟廷文宗太和中錄舊德官其四代孫翔瓌諸子頲訖顯

頲字廷碩弱敏悟一覽至千言輒覆誦第進士調烏程尉武后封嵩高舉賢良方正異等除左司禦率府胄曹參軍吏部侍郎馬載曰古稱一日千里蘇生是已再遷監察御史長安中詔覆來俊臣等冤獄頲驗發其誣多從洗宥遷給事中修文館學士拜中書舍人時瓌同中書門下三品父子同在禁筦朝廷榮之玄宗平內難書詔塡委獨頲在太極後閤口所占授功狀百緒輕重無所差書

史白曰丐公徐之不然手腕脫矣中書令李嶠曰舍人思若涌泉吾所不及遷
太常少卿仍知制誥遭父喪起爲工部侍郎辭不拜終制乃就職帝問宰相有
自工部侍郎得中書侍郎乎對曰陛下任賢惟所命何資之計乃詔以頲爲中
書侍郎帝勞曰方美官缺每欲用卿然宰相議遂無及者朕爲卿恨陸象先歿
紫微侍郎未嘗補朕思其人無易卿者頲頓首謝明日加知制誥給政事食給
食自頲始時李乂對掌書命帝曰前世李嶠蘇味道文擅當時號蘇李今朕得
頲及乂何愧前人哉俄襲封許國公吐蕃盜邊諸將數敗虜益張秣騎內侵帝
怒欲自將兵討之頲諫曰古稱荒服取荒忽之義非常奉職貢也故來則拒去
則勿逐以禽獸畜之羈縻御之譬若獵然羽毛不入服用體肉不登郊廟則王
者不射也況萬乘之重與犬羊蚤蠆語負勝哉遠夷左袵不足以辱天子亦可
見矣雖然兵法先聲後實陛下如班親征之詔而勑虓將謀夫投會濟師則吐
蕃不日崩破亦無待躬致天討也臣謂岐隴凋弊積年若千乘萬騎供億不涯
誠恐繇役內興寇掠外虞斯人不堪一也戎虜之性驟往倏來敗不恥奔勝不

讓成若大軍一臨邊怖震鳥散彼出多方我受其誤二也太上皇聞陛下身對寇埸不能無憂烝烝之思何以自安三也漢蒯成侯諫高帝曰上嘗自勞豈謂無人使哉高帝以爲愛我今將相大臣豈無爲陛下宣力者何親行之遽邪不省復上言王者之師有征無戰藩貢或闕王命征之於是乎治兵其郊獲辭而止非謂按甲自臨敵人畏之莫敢戰也古天子無親將惟黃帝五十二戰當未平之時自阪泉功成則修身閑居無爲無事陛下撥定禍亂方當深視高居制禮作樂禪梁父登空同何至厭天居衽金革爲一日之敵今吐蕃遣渠領干犯國令軍吏一不勝而陛下屈至尊爲之敵雖朝鼎夕砧猶未可以夸四夷安足勞聖躬哉虜之入唯盜牛馬發窖褫衣未嘗殺略邊人其罪易原也臣恐虜情狼顧牽連北狄聞六師之行入幽幷犯靈夏南動京師太上皇一致憂勞是陛下以天下之安不能寧其親也臣固曰居中制勝策之上者若夫擇良將募重而約嚴違律必誅殺敵必賞多出金以購酋長虜亡無日矣願稍還延以須西音亦會薛訥大破吐蕃俘獲不貲由是帝止不行時詔立靖陵碑命頲爲之詞

辭曰前世帝后不志碑事弗稽古謂之不法審當可者祖宗諸陵一須營立後嗣謂何帝不納其言開元四年進同紫微黃門平章事修國史與宋璟同當國璟剛正多所裁決頲能推其長在帝前敷奏璟有未及或少屈頲輒助成之有不會意頲更申璟所執故帝未嘗不從二人相得歡甚璟嘗曰吾與蘇氏父子同為宰相僕射長厚自是國器若獻可替否事至即斷盡公不顧私則今丞相為過之八年罷為禮部尚書俄檢校益州大都督長史按察節度劍南諸州時蜀彫㓕人流亡詔頲收劍南山澤鹽鐵自贍頲尚簡靜重興力役即募戍人輸廥直開井置鑪量入計出分所贏市穀以廣見糧時前司馬皇甫恂使蜀檄取庫錢市錦半臂琵琶捍撥玲瓏鞭頲不肯予因上言遣使銜命先取不急非陛下以山澤贍軍費意或謂明公在遠叵得忤上意頲曰不然明主不以私愛奪至公我可以遠近廢忠臣節邪巂州蠻酋院與吐蕃連謀入寇獲諜者吏請討之頲不聽移書還其諜曰毋得爾酋院羞悔不敢侵邊從封泰山詔頌朝覲壇世咨其文還分主十銓事卒年五十八帝猶視朝起居舍人韋述上疏曰貞觀

丞徽時大臣甍輒置朝舉哀成終始恩上有旌賢錄舊之德下有生榮死哀之美昔晉知悼子卒平公宴樂杜蕢一言而悟春秋載之故禮部尚書頲累葉輔弼奉事軒陛二十餘年今奄忽不還邦人痛嗟惟帷蓋之舊股肱之戚宜節廢朝明君臣之誼帝曰固朕意也即日帳次哭洛城南門不朝詔贈右丞相諡曰文憲葬日帝游咸宜宮將獵聞之曰頲且葬我忍自娛哉半道而還頲性廉儉奉稟悉推散諸弟親族儲無長貲自景龍後與張說以文章顯稱望略等故時號燕許大手筆帝愛其文曰卿所爲詔令別錄副本署臣某撰朕當留中後遂爲故事其後李德裕著論曰近世詔誥惟頲敘事外自爲文章云

詵字廷言舉賢良方正高第補汾陰尉遷祕書詳正學士累轉給事中時頲爲紫微侍郎固辭帝曰古有內舉不避親者乎對曰晉祁奚是也帝曰若然朕自用詵卿言非公也頃之出徐州刺史治有迹卒贈吏部侍郎詵子震以蔭補千牛十餘歲彊學有成人風頲曰吾家有子累遷殿中侍御史長安令安祿山陷京師震與尹崔光遠殺開遠門吏棄家出奔會肅宗與師靈武震晝夜馳及行

在帝嘉之拜御史中丞遷文部侍郎廣平王爲元帥崇擇賓佐以震爲糧料使二京平封岐陽縣公改河南尹九節度兵敗相州震與留守崔圓奔襄鄧貶濟王府長史起爲絳州刺史進戶部侍郎判度支爲泰陵建陵鹵簿使以勞封岐國公拜太常卿代宗將幸東都復以震爲河南尹未行卒贈禮部尚書

幹瓌從父兄也父勖字慎行武德中爲秦王諮議典籤文學館學士尚南康公主拜駙馬都尉遷魏王泰府司馬博學有美名泰重之勸開館引文學士著書名家歷吏部侍郎太子左庶子卒幹擢明經授徐王府記室參軍王好畋每諫止之垂拱中遷魏州刺史河朔饑前刺史苛暴百姓流徙幹檢吏督姦勸課農桑由是流冗盡復以治稱拜右羽林軍將軍遷冬官尚書來俊臣素忌之誣幹與瑯邪王沖通書繫獄發憤卒

張說字道濟或字說之其先自范陽徙河南更爲洛陽人永昌中武后策賢良方正詔吏部尚書李景諶糊名較覆說所對第一后署乙等授太子校書郎遷左補闕后嘗問諸儒言氏族皆本炎黃之裔則上古乃無百姓乎若爲朕言之

說曰古未有姓若夷狄然自炎帝之姜黃帝之姬始因所生地而爲之姓其後天子建德因生以賜姓黃帝二十五子而得姓者十四德同者姓同德異者姓殊其後或以官或以國或以王父之字始爲賜族久乃爲姓降唐虞抵戰國姓族漸廣周衰列國既滅其民各以舊國爲之氏下及兩漢人皆有姓故姓之以國者韓陳許鄭魯衞趙魏爲多后曰善久視中后逭暑三陽宮汔秋未還說上疏曰宮距洛城百六十里有伊水之隔嵺坂之峻過夏涉秋水潦方積道壞山險不通轉運河廣無梁咫尺千里扈從兵馬日費資鑲太倉武庫並在都邑紅粟利器蘊若山丘奈何去宗廟之上都安山谷之僻處是猶倒持劍戟示人鐏柄臣竊爲陛下不取夫禍變之生在人所忽故曰安樂必戒無行所悔不可一也宮城褊小萬方輻湊填郛溢郭併鋪無所排斥居人蓬宿草次風雨暴至不知庇託孤惸老病流轉衢巷陛下作人父母將若之何不可二也池亭奇巧蕩誘上心削巒起觀竭流漲海俯貫地脈仰出雲路易山川之氣奪農桑之土延木石運斧斤山谷連聲春夏不輟勸陛下作此者豈正人邪詩云人亦勞止迄

可小康不可三也御苑東西二十里外無牆垣扃禁內有榛叢谿谷猛毅所伏暴慝所憑陛下往往輕行警蹕不肅歷蒙密乘險巇卒有逸獸狂夫驚犯左右豈不殆哉易曰思患豫防願爲萬姓持重不可四也今北有胡寇覰邊南有夷獠騷徼關西小旱耕稼是憂安東近平輸漕方始臣願及時旋軫深居上京息人以展農修德以來遠罷不急之役省無用之費澄心澹懷惟億萬年蒼蒼羣生莫不幸甚臣度芻議十不從一何者沮盤游之娛間林沚之玩規遠圖替近適要後利棄前歡未沃明主之心已捩貴臣之意然不愛死者懼言責不職耳后不省擢鳳閣舍人張易之誣陷魏元忠也援說爲助說廷對元忠無不順言忤后旨流欽州中宗立召爲兵部員外郎累遷工部兵部二侍郎以母喪免既朞詔起爲黃門侍郎固請終制祈陳哀到時禮俗衰薄士以奪服爲榮而說獨以禮終天下高之除喪復爲兵部兼修文館學士睿宗即位擢中書侍郎兼雍州長史譙王重福死東都支黨數百人獄久不決詔說往按一昔而罪人得乃誅張靈均鄭愔餘詿誤悉原帝嘉其不枉直不漏惡慰勞之玄宗爲太子說與

褚元量侍讀尤見親禮踰年進同中書門下平章事監修國史景雲二年帝謂侍臣曰術家言五日內有急兵入宮爲我備之左右莫對說進曰此讒人謀動東宮耳陛下若以太子監國則名分定姦膽破蜚禍塞矣帝悟下制如說言明年皇太子卽皇帝位太平公主引蕭至忠崔湜等爲宰相以說不附己授尙書左丞罷政事爲東都留守說知太平等懷逆乃因使以佩刀獻玄宗請先決策帝納之至忠等已誅召爲中書令封燕國公實封二百戶始武后末年爲潑寒胡戲中宗嘗乘樓從觀至是因四夷來朝復爲之說上疏曰韓宣適魯見周禮而歎孔子會齊數倡優之罪列國如此況天朝乎今四夷請和使者入謁當接以禮樂示以兵威雖曰戎夷不可輕也焉知無駒支之辯由余之賢哉且乞寒潑胡未聞典故裸體跳足汨泥揮水盛德何觀焉恐非干羽柔遠樽俎折衝之道納之自是遂絕素與姚元崇不平罷爲相州刺史河北道按察使坐累徙岳州停實封說既失執政意內自懼雅與蘇瓌善時瓌子頲爲相因作五君詠獻頲其一紀瓌也候瓌忌日致之頲覽詩嗚咽未幾見帝陳說忠謇有勳不宜棄

外遂遷荆州長史俄以右羽林將軍檢校幽州都督入朝以戎服見帝大喜授檢校幷州長史兼天兵軍大使修國史勑齎稿卽軍中論譔朔方軍大使王晙誅河曲降虜阿布思也九姓同羅拔野固等皆疑懼說持節從輕騎二十直詣其部宿帳下召見酋豪慰安之副使李憲以虜難信不宜涉不測說報曰吾肉非黄羊不畏其食血非野馬不畏其刺士當見危致命亦吾效死秋也由是九姓遂安晙後討蘭池叛胡康待賓詔說相聞經略時党項羌亦連兵攻銀城說將步騎萬人出合河關掩擊破之追北駱駝堰羌胡自相猜夜鬬待賓遁入鐵建山餘衆奔潰說招納党項使復故處副使史獻請盡誅之說不從奏置麟州以安羌衆召拜兵部尚書同中書門下三品讓宋璟陸象先不許明年詔爲朔方節度大使親行五城督士馬時慶州方渠降胡康願子反自爲可汗掠牧馬西涉河出塞說進討至木槃山禽之俘獲三千乃議徙河曲六州殘胡五萬於唐鄧仙豫閒空河南朔方地以功賜實封三百戸故時邊鎮兵贏六十萬說以時平無所事請罷二十萬還農天子以爲疑說曰邊兵雖廣諸將自衛營私爾

所以制敵不在衆也以陛下之明四夷畏威不慮減兵而招寇臣請以闔門百
口爲保帝乃可時衞兵貧弱番休者亡命略盡說建請一切募勇彊士優其科
條簡色役不旬日得勝兵十三萬分補諸衞以彊京師後所謂彍騎者也帝自
東都將還京因幸幷州說見帝曰太原王業所基陛下巡幸振耀威武以申永
思繇河東入京師有漢武脽上祠此禮廢闕歷代莫舉願爲三農祈穀誠四海
之福帝納其言過祠后土乃還進中書令說又倡封禪議受詔與諸儒草儀多
所裁正帝召說與禮官學士置酒集仙殿曰朕今與賢者樂于此當遂爲集賢
殿乃下制改麗正書院爲集賢殿書院而授說院學士知院事東封還爲尚書
右丞相兼中書令詔說撰封禪壇頌刻之泰山以夸成功初源乾曜不欲封禪
說固請乃不相平及升山執事官當從者說皆引所厚超階入五品從兵唯加
勳而不賜衆怨其專宇文融先獻策括天下游戶及籍外田署十道勸農使分
行郡縣說畏其擾數沮格之至是融請吏部置十銓與蘇頲等分治選事有所
論請說頗抑之於是銓綜失敘融恨之乃與崔隱甫李林甫共劾奏說引術士

王慶則夜祠禱解而奏表其闕引僧道岸窺詗時事冒署右職所親吏張觀范
堯臣依據說勢市權招賂擅給太原九姓羊錢千萬其言醜慘帝怒詔乾曜隱
甫刑部尚書韋抗即尚書省鞫之發金吾兵圍其第說兄左庶子光詣朝堂刑
耳列寃帝遣高力士往視見說蓬首垢面席稿家人以瓦器饋脫粟鹽疏爲自
罰憂懼者力士還奏且言說往納忠於國有功帝憮然乃停說中書令誅慶則
等坐者猶十餘人說既罷政事在集賢院專修國史又乞停右丞相不許然每
軍國大務帝輒訪焉隱甫等恐說復用巧文詆毀素忿說者又著疾邪篇帝聞
因令致仕始爲相時帝欲事吐蕃說密請講和以休息鄣塞帝曰朕待王君㚟
計之說出告源乾曜曰君㚟好兵以求利彼入吾言不用矣後君㚟破吐蕃於
青海西說策其且敗因上巂州鬭羊於帝以申諷諭曰使羊能言必將曰鬭而
不解立有死者所賴至仁無殘量力取勸焉帝識其意納之賜綵千匹後瓜州
失守君㚟死十七年復爲右丞相遷左丞相上日勑所司供帳設樂內出醪饌
帝爲賦詩俄授開府儀同三司十八年卒年六十四爲停正會贈太師謚曰文

貞羣臣駮異未決帝爲製碑諡如太常繇是定說敦氣節立然諾喜推藉後進於君臣朋友大義甚篤帝在東宮所與祕謀密計甚衆後卒爲宗臣朝廷大述作多出其手帝好文辭有所爲必使視草善用人之長多引天下知名士以佐佑王化粉澤典章成一王法天子尊尚經術開館置學士修大宗之政皆說倡之爲文屬思精壯長於碑誌世所不逮既謫岳州而詩益悽婉人謂得江山助云常典集賢圖書之任間雖致仕一歲亦修史於家始帝欲授說大學士辭曰學士本無大稱中宗崇寵大臣乃有之臣不敢以爲稱固辭乃免後宴集賢院故事官重者先飲說曰吾聞儒以道相高不以官閥爲先後太宗時修史十九人長孫无忌以元舅每宴不肯先舉爵長安中與修珠英當時學士亦不以品秩爲限於是引觴同飲時伏其有體中書舍人陸堅以學士或非其人而供儗太厚無益國家者議白罷之說聞曰古帝王功成則有奢滿之失或興池觀或尚聲色今陛下崇儒向道躬自講論詳延豪俊則麗正乃天子禮樂之司所費細而所益者大陸生之言蓋未達邪帝知遂薄堅說嘗自爲其父碑帝爲書其

額曰嗚呼積善之墓說歿後帝使就家錄其文行於世開元後宰相不以姓著
者曰燕公云大曆中詔配享玄宗廟廷子均垍埱
均亦能文自太子通事舍人累遷主爵郎中中書舍人開元十七年說授左丞
相校京官考注均考曰父教子忠古之善訓王言帝載尤難以任庸以嫌疑而
撓紀綱考上下當時亦不以爲私後襲燕國公累遷兵部侍郎以累貶饒蘇二
州刺史久之復爲兵部侍郎自以己才當輔相爲李林甫所抑林甫卒倚陳希
烈冀得其處旣而楊國忠用事希烈罷而均爲刑部尚書坐垍貶建安太守還
授大理卿居常觖望不平祿山盜國爲僞中書令肅宗反正兄弟皆論死房琯
聞之驚曰張氏滅矣乃見苗晉卿營解之帝亦顧說有舊詔免死流合浦建中
初贈太子少傅子濛事德宗爲中書舍人
垍尚寧親公主時說居中秉政均爲舍人諸父光爲銀青光祿大夫榮盛冠時
玄宗眷垍厚卽禁中置內宅侍爲文章珍賜不可數均供奉翰林而垍以所賜
夸均均曰此婦翁遺壻非天子賜學士也垍嘗爲帝贊禮舉止都雅帝悅之因

幸內宅顧垍曰希烈辭宰相孰可代者垍錯愕未得對帝曰無易吾壻垍頓首謝會貴妃聞以語國忠國忠惡之及希烈罷薦韋見素代之垍始怨上天寶十三載祿山入朝以破奚契丹功求平章事國忠曰祿山有軍功然不識字與之恐四夷輕漢乃止及還范陽詔高力士餞滻坡力士歸曰祿山內鬱鬱若知欲相而不行者帝以語國忠國忠曰所告者必張垍帝怒盡逐其兄弟以均守建安而垍爲盧溪郡司馬埱自給事中爲宜春郡司馬歲中還垍爲太常卿帝西狩至咸陽唯韋見素楊國忠魏方進從帝謂力士曰若計朝臣當孰至者力士曰張垍兄弟世以恩戚貴其當即來房琯有宰相望而陛下久不用又爲祿山所器此不來矣帝曰未可知也後琯至召見流涕帝撫勞且問均垍安在琯曰臣之西亦嘗過其家將與偕來均曰馬不善馳後當繼行然臣觀之恐不能從陛下矣帝嗟悵顧力士曰吾豈欲誣人哉均等自謂才器亡雙恨不大用吾向欲始終全之今非若所料也垍遂與希烈皆相祿山垍死賊中

贊曰說於玄宗最有德及太平用事納忠惓惓又圖封禪發明典章開元文物

彬彬說力居多中爲姦人排擯幾不免自古功名始終亦幾希何獨說哉至子以利遽敗其家若瓌頲再世稱賢宰相盛矣

唐書卷一百二十五

唐書卷一百二十五考證

蘇瓌子頲帝不納其言○臣德潛按不納其言謂玄宗不納頲諫立靖陵碑之言也舊書玄宗從其言而止較合

張說傳封燕國公實封二百戸○舊書三百戸

中書舍人陸堅以學士或非其人而供擬太厚云云○舊書作徐堅語

說子均久之復爲兵部侍郎○舊書作戸部侍郎

唐書卷一百二十五考證

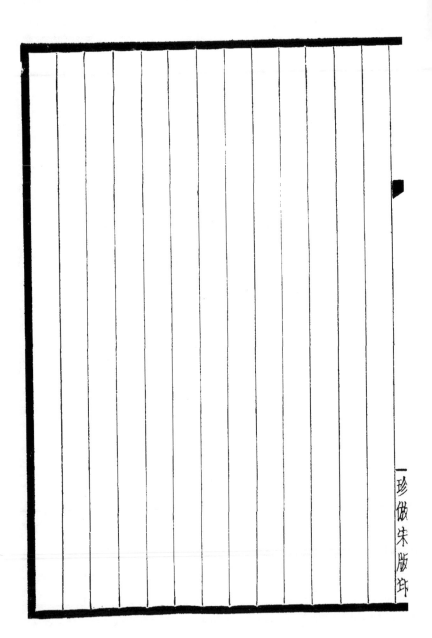

唐書卷一百二十六

宋　端　明　殿　學　士　宋　祁　撰

列傳第五十一

魏盧李杜張韓

魏知古深州陸澤人方直有雅才擢進士第以著作郎修國史累遷衛尉少卿檢校相王府司馬神龍初爲吏部侍郎以母喪解服除爲晉州刺史睿宗立以故屬拜黃門侍郎兼修國史會造金仙玉真觀雖盛夏工程嚴促知古諫曰臣聞古之君人必時視人之所勤人勤於力則功築罕人勤於財則貢賦少人勤於食則百事廢故曰不作無益害有益又曰罔咈百姓以從己之欲禮季夏之月樹木方盛無有斬伐不可以興土功此皆與化立治爲政養人之本也今爲公主造觀將以樹功祈福而地皆百姓所宅卒然迫逼令其轉徙扶老攜幼剔椽發瓦呼嗟道路乖人事違天時起無用之作崇不急之務羣心震搖衆口藉藉陛下爲人父母欲何以安之且國有簡冊君舉必記言動之微可不慎歟願

下明詔順人欲除功役收之桑榆其失不遠不納復諫曰自陛下散翦凶逆保定大器蒼生顒顒以謂朝有新政今風教頽替日益甚府藏空屈人力勞敝營作無涯吏員寖增諸司試補員外檢校官已贏二千太府之帛爲殫太倉之米不支臣前請停金仙玉真訖亦未止今前水後旱五穀不立繇茲向春必甚饑饉陛下欲何方以賑之又突厥於中國爲患日久其人非可以禮義誠信約也雖遣使請婚恐豺狼之心弱則順伏彊則驕逆月滿騎肥乘中國饑虛講親際會窺犯亭鄣復何以防之帝嘉其直以左散騎常侍同中書門下三品玄宗在春宮又兼左庶子先天元年爲侍中從獵渭川獻詩以諷手制褒答幷賜物五十段明年封梁國公竇懷貞等詭謀亂國知古密發其姦懷貞誅賜封二百戶物五百段玄宗恨前賞薄手勑更加百戶旌其著節是冬詔知東都吏部選事以稱職聞優詔賜衣一副自是恩意尤渥由黃門監改紫微令與姚元崇不協除工部尚書罷政事開元三年卒年六十九宋璟聞而嘆曰叔向古遺直子產古遺愛兼之者其魏公乎贈幽州都督謚曰忠所薦洹水令呂太一蒲州司功

參軍齊澣右內率騎曹參軍柳澤密尉宋遙左補闕袁暉右補闕封希顏伊闕尉陳希烈後皆有聞於時文宗太和二年求其曾孫處訥授湘陽尉與魏徵裴冕後擢任之

盧懷慎滑州人蓋范陽著姓祖悊仕爲靈昌令遂爲縣人懷慎在童丱已不凡父友監察御史韓思彥歎曰此兒器不可量及長第進士歷監察御史神龍中遷侍御史中宗謁武后上陽宮后詔帝十日一朝懷慎諫曰昔漢高帝受命五日一朝太公於櫟陽宮以起布衣登皇極子有天下尊歸於父故行此耳今陛下守文繼統何所取法況應天去提象纔二里所騎不得成列車不得方軌於此屢出愚人萬有一犯屬車之塵雖罪之何及臣愚謂宜遵內朝以奉溫凊無煩出入不省還右御史臺中丞上疏陳時政曰臣聞善人爲邦百年可以勝殘去殺孔子稱苟用我者期月而已三年有成故書三載考績三考黜陟幽明昔子產相鄭更法令布刑書一年人怨思殺之三年人德而歌之子產賢者也其爲政尚累年而後成況常材乎比州牧上佐兩畿令或一二歲或三五月卽遷

曾不論以課最使未遷者傾耳以聽企踵以望冒進士廉亦何暇爲陛下宣風恤人哉禮義不能與戶口益以流倉庫愈匱百姓日敝職爲此耳人知吏之不久不率其教吏知遷之不遙不究其力媮處爵位以養資望雖明主有勤勞天下之志然僥幸路啓上下相蒙寧盡至公乎此國病也賈誼所謂蹠盭乃小小者耳此而不革雖和緩將不能爲漢宣帝綜覈名實與治致化黃霸良二千石也加秩賜金就旌其能終不肯遷故古之爲吏至長子孫臣請都督刺史上佐畿令任未四考不得遷若治有尤異或加賜車裘祿秩降使臨問璽書慰勉須公卿闕則擢之以勵能者其不職或貪暴免歸田里以明賞罰之信昔唐虞稽古建官惟百夏商官倍亦克用乂此省官也故曰官不必備惟其才無曠庶官天工人其代之此擇人也今京諸司員外官數十倍近古未有謂不必備則爲有餘求其代工乃多不釐務而奉稟之費歲巨億萬徒竭府藏豈致治意哉今民力敝極河渭廣漕不給京師公私耗損邊隅未靜儻炎暵成沴租稅減入疆埸有警賑救無年何以濟之毋輕人事惟艱毋安厥位惟危此慎微也原員外

之官皆一時良幹擢以才不申其用尊以名不任其力自昔用人豈其然歟臣請才堪牧宰上佐並以遷授使宣力四方責以治狀有老病若不任職者一廢省之使賢不肖確然殊貫此切務也夫冒于寵賂侮于鰥寡爲政之蠹也竊見內外官有贓餉狠籍劓剝蒸人雖坐流黜俄而還復還爲牧宰任以江淮嶺磧粗示懲貶內懷自棄徇貨掊貲訖無悛心明主之於萬物平分而無偏施以罪吏牧遐方是謂惠姦而遺遠遠州陬邑何負聖化而獨受其惡政乎邊徼之地夷夏雜處憑險恃遠易擾而難安官非其才則黎庶流亡起爲盜賊由此言之不可用凡才況猾吏乎臣請以贓論廢者削迹不數十年不賜收齒書曰旌別淑慝卽其誼也疏奏不報還黃門侍郎漁陽縣伯與魏知古分領東都選開元元年進同紫微黃門平章事三年改黃門監薛王舅王仙童暴百姓憲司按得其罪業爲申列有詔紫微黃門覆實懷愼與姚崇執奏仙童罪狀明甚若御史可疑則它人何可信由是獄決懷愼自以才不及崇故事皆推而不專時譏爲伴食宰相又兼吏部尚書以疾乞骸骨許之卒贈荊州大都督諡曰文成遺言

薦宋璟李傑李朝隱盧從愿帝悼歎之懷愼清儉不營產服器無金玉文綺之飾雖貴而妻子猶寒飢所得祿賜於故人親戚無所計惜隨散輒盡赴東都掌選奉身之具止一布囊既屬疾宋璟盧從愿候之見敝簀單藉門不施箔會風雨至舉席自障日晏設食蒸豆兩器菜數桮而已臨別執二人手曰上求治切然享國久稍倦於勤將有憸人乘間而進矣公第志之及治喪家無留儲帝時將幸東都四門博士張晏上言懷愼忠清以直道始終不加優錫無以勸善乃下制賜其家物百段米粟二百斛帝後還京因校獵鄠杜間望懷愼家環堵庳陋家人若有所營者馳使問焉還白懷愼大祥帝即以縑帛賜之爲罷獵經其墓碑表未立停蹕臨視泫然流涕詔官爲立碑令中書侍郎蘇頲爲之文帝自書子奐奕

奐早修整爲吏有清白稱歷御史中丞出爲陝州刺史開元二十四年帝西還次陝嘉其美政題贊於聽事曰專城之重分陝之雄亦既利物內存匪躬斯爲國寶不隳家風尋召爲兵部侍郎天寶初爲南海太守南海兼水陸都會物產

瓌怪前守劉巨鱗彭杲皆以贓敗故以奐代之汙吏斂手中人之市舶者亦不敢干其法遠俗爲安時謂自開元後四十年治廣有淸節者宋璟李朝隱奐三人而已終尙書右丞奕見忠義傳

李元紘字大綱其先滑州人後世占京兆萬年本姓丙氏曾祖粲仕隋爲屯衛大將軍煬帝使督京師之西二十四郡盜賊善撫循能得士心高祖與之厚及兵入關以衆歸授宗正卿應國公賜姓李後爲左監門大將軍以其老聽乘馬按視宮禁年八十餘卒諡曰明祖寬高宗時爲太常卿隴西公父道廣武后時爲汴州刺史有善政突厥契丹寇河北議發河南兵擊之百姓震擾道廣悉心撫定人無離散還殿中監同鳳閣鸞臺平章事封金城侯卒贈泰州都督諡曰成元紘早修謹仕爲雍州司戶參軍時太平公主勢震天下百司順望風指嘗與民競碾磑元紘還之民長史竇懷貞大驚趣改之元紘大署判後曰南山可移判不可搖也改好時令遷潤州司馬以辦治得名開元初爲萬年令賦役稱平擢京兆少尹詔決三輔渠時王主權家皆旁渠立磑瀦堨爭利元紘敕吏盡

毀之分漑渠下田民賴其恩三遷吏部侍郎會戶部楊瑒白知慎坐支調失宜貶刺史帝求可代者公卿多薦元紘帝欲擢爲尚書宰相以資薄乃爲戶部侍郎條陳利害及政得失帝才之詔可丞輔賜衣一稱絹二百疋明年遂拜中書侍郎同中書門下平章事封清水縣男元紘當國務峻涯檢抑奔競夸進者憚之五月五日宴武成殿賜羣臣襲衣特以紫服金魚錫元紘及蕭嵩羣臣無與比是時廢京司職田議者欲置屯田元紘曰軍國不同中外異制若人閑無役地棄不墾以閑手耕棄地省饋運實軍糧於是有屯田其爲益尚矣今百官所廢職田不一縣弗可聚也百姓私田皆力自耕不可取也若置屯卽當公私相易調發丁夫調役則業廢於家免庸則賦闕於國內地爲屯古未有也恐得不補失徒爲煩費遂止初左庶子吳兢爲史官譔唐書及春秋未成以喪解後上書請畢其功詔許就集賢院成書張說致仕詔在家修史元紘因言國史記人君善惡王政損益襃貶所繫前聖尤重今國大典分散不一且太宗別置史館禁中所以祕嚴之也請勒說以書就館參會譔錄詔可後與杜暹不協數辯爭

帝前帝不懌皆罷之以元紘爲曹州刺史徙蒲州引疾去後以戶部尚書致仕復起爲太子詹事卒贈太子少傅謚曰文忠元紘再世宰相有清節其當國累年未嘗改治第宅僮馬敝弱得封物賙給親族宋璟嘗歎曰李公引宋遙之美黜劉晃之貪爲國相家無留儲雖季文子之德何以加之

杜暹濮州濮陽人父承志武后時爲監察御史懷州刺史李文暕爲人所告詔承志推驗無實文暕宗室近屬也卒得罪承志貶爲方義令遷天官員外郎見羅織獄興移疾去卒于家自高祖至暹五世同居暹尤恭謹事繼母孝擢明經第補婺州參軍秩滿歸吏以紙萬番贐之暹爲受百番衆歎曰昔清吏受一大錢何異哉爲鄭尉復以清節顯華州司馬楊孚公挺人也每咨重暹會孚遷大理正暹適以累當坐孚曰使若人得罪衆安勸乎以狀言執政繇是擢爲大理評事開元四年以監察御史覆屯磧西會安西副都護郭虔瓘與西突厥可汗阿史那獻鎮守使劉遐慶更相訟詔暹即按入突騎施帳究索左驗虜以金遺暹暹固辭左右曰公使絕域不可失戎心乃受焉陰埋幕下已出境乃移文畀

取之突厥大驚度磧追不及去遷給事中以母喪解會安西都護張孝嵩遷太
原尹或言暹往使安西虜伏其清今猶慕思乃奪服拜黃門侍郎兼安西副大
都護明年于闐王尉遲眺約突厥諸國叛暹覺其謀發兵討斬之支黨悉誅更
立君長于闐遂安以功加光祿大夫守邊四年撫戎練士能自勤勵爲夷夏所
樂十四年召同中書門下平章事遣中使往迎謁見賜絹二百馬一匹第一區
與李元紘輕重不得罷爲荊州都督長史歷魏州刺史太原尹帝幸北都進戶
部尚書許扈蹕還復東幸以暹爲京留守暹率當番衛士繕三宮城浚池督役
不少懈帝聞嘉之數賜書褒勞進禮部尚書封魏縣侯二十八年卒贈尚書右
丞相遣使護喪禁中出絹三百匹賜之太常諡曰貞肅右司員外郎劉同昇等
以暹行忠孝諡有未盡博士裴總謂暹往以墨衰受命安西雖勤勞于國不得
盡孝其子列訴帝更敕有司考定卒諡貞孝暹友愛撫異母弟昱甚厚其爲人
少學術故當朝議論時時失淺薄然能以公清勤約自將亹亹爲之自弱冠誓
不通親友獻遺以終身既卒尚書省及故吏致賻其子孝友一不受以行暹素

志云暹族子鴻漸

鴻漸字之選父鵬舉與盧藏用隱白鹿山以母疾與崔沔同授醫蘭陵蕭亮遂窮其術歷右拾遺玄宗東行河因游畋上賦以風終安州刺史鴻漸第進士解褐延王府參軍安思順表爲朔方判官祿山亂皇太子按軍平涼未知所適議出蕭關趣豐安鴻漸與六城水運使魏少游節度判官崔漪支度判官盧簡金關內鹽池判官李涵謀曰胡羯亂常二京覆沒太子治兵平涼然散地難恃也今朔方制勝之會若奉迎太子西詔河隴北結回紇回紇固與國收其勁騎與大兵合鼓而南雪社稷之恥不亦易乎卽具上兵馬招輯之勢且錄軍資器械儲廥凡最使涵詣平涼見太子太子大悅會裴冕至自河西亦勸之朔方而鴻漸與漪至白草頓迎謁說曰朔方天下勁兵靈州用武地今回紇請和吐蕃結附天下列城堅守以待王命縱爲賊據日夜望官軍以圖收復殿下治兵長驅逆胡不足滅也太子喜曰靈武我之關中卿乃吾蕭何也旣至靈武鴻漸卽與冕等勸卽皇帝位以係中外望六請見聽鴻漸明習朝章採舊儀設壇壝城南

先一日草其儀上之太子曰聖皇在遠寇逆方結宜罷壇場宅如奏太子卽位是爲肅宗授鴻漸兵部郎中知中書舍人事俄爲武部侍郎遷河西節度使兩京平又節度荆南乾元二年襄州大將康楚元等反刺史王政脫身走楚元僞稱南楚霸王因襲荆州鴻漸棄城遁人皆南奔爭舟溺死者甚衆澧朗復郢等州聞鴻漸出皆竄伏山谷俄而商州刺史韋倫平其亂久之乃召鴻漸爲尚書右丞太常卿充禮儀使泰建二陵制度皆鴻漸綜正以優封衞國公又建言周官凶荒殺禮今承大亂民人夷殘其婚葬鹵簿非於國有大功及二等以上親皆不許給詔可代宗廣德二年以兵部侍郎同中書門下平章事尋進中書侍郎崔旰殺郭英乂據成都邛州牙將柏貞節瀘州牙將楊子琳劍州牙將李昌夔以兵討旰蜀劍大亂命鴻漸以宰相兼成都尹山南西道劍南東川副元帥劍南西川節度副大使往鎮撫之鴻漸性畏怯無宅遠略而晚節溺浮圖道畏殺戮及逾劍門懲艾張獻誠敗且憚旰雄武先許以不死既見禮遇之不敢加譙責反委以政日與從事杜亞楊炎縱酒高會因薦旰爲成都尹而授貞節邛

州刺史子琳瀘州刺史各罷兵乃請入朝許之及見帝盛言旰威略可任宜爲留後獻寶器五牀羅錦十五牀麝臍五石復輔政議者疾其長亂進門下侍郎大曆三年兼東都留守河南淮西山南東道副元帥辭疾不行又讓山南劍南副元帥聽之四年疾甚辭宰相罷三日卒年六十一贈太尉謚曰文憲鴻漸自蜀還食千僧以爲有報搢紳效之病甚令僧剔頂髮遺命依浮圖葬不爲封樹

張九齡字子壽韶州曲江人七歲知屬文十三以書干廣州刺史王方慶方慶歎曰是必致遠會張說謫嶺南一見厚遇之居父喪哀毀廷中木連理擢進士始調校書郎以道侔伊呂科策高第爲左拾遺時玄宗卽位未郊見九齡建言天百神之君王者所由受命也自古繼統之主必有郊配蓋敬天命報所受也不以德澤未洽年穀未登而闕其禮昔者周公郊祀后稷以配天謂成王幼沖周公居攝猶用其禮明不可廢也漢丞相匡衡曰帝王之事莫重乎郊祀董仲舒亦言不郊而祭山川失祭之序逆於禮故春秋非之臣謂衡仲舒古之知禮皆以郊之祭所宜先也陛下紹休聖緒于今五載而未行大報考之于經義或

未通今百穀嘉生鳥獸咸若夷狄內附兵革用弭乃怠於事天恐不可以訓願以迎日之至升紫壇陳釆席定天位則聖典無遺矣又言乖政之氣發爲水旱天道雖遠其應甚邇昔東海枉殺孝婦天旱久之一吏不明匹婦非命則天昭其寃況六合元元之衆縣命於縣令宅生於刺史陛下所與共治尤親於人者乎若非其任水旱之繇豈唯一婦而已今刺史京輔雄望之郡猶少擇之江淮隴蜀三河大府之外稍非其人繇京官出者或身有累或政無狀用牧守之任爲斥逐之地或因附會以忝高位及勢衰謂之不稱京職出以爲州武夫流外積資而得不計於才刺史乃爾縣令尚可言哉甿庶國家之本務本之職乃爲好進者所輕承弊之民遭不肖所擾聖化從此銷鬱繇不選親人以成其敝也古者刺史入爲三公郎官出宰百里今朝廷士入而不出其於計私甚自得也京師衣冠所聚身名所出從容附會不勤而成是大利在於內而不在於外也智能之士欲利之心安肯復出爲刺史縣令哉國家賴智能以治而常無親人者陛下不革以法故也臣愚謂欲治之本莫若重守令守令既重則能者可行

宜遂科定其資凡不歷都督刺史雖有高第不得任侍郎列卿不歷縣令雖有善政不得任臺郎給舍都督守令雖遠者使無十年任外如不爲此而救其失恐天下猶未治也又古之選士惟取稱職是以士修素行而不爲僥幸姦僞自止流品不雜今天下不必治於上古而事務日倍於前誠以不正其本而設巧於末也所謂末者吏部條章舉贏千百刀筆之人溺於文墨巧史猾徒緣姦而奮臣以謂始造簿書備遺忘耳今反求精於案牘而忽於人才是所謂遺劍中流鍥舟以記者也凡稱吏部能者則曰自尉與主簿繇主簿與丞此執文而知官次者也乃不論其賢不肖豈不謬哉夫吏部尚書侍郎以賢而授者也豈不能知人如知之難拔十得五斯可矣今膠以格條據資配職爲官擇人初無此意故時人有平配之誚官曹無得賢之實臣謂選部之法敝於不變今若刺史縣令精覈其人則管內歲當選者使考才行可入流品然後送臺又加擇焉以所用衆寡爲州縣殿最則州縣慎所舉可官之才多吏部因其成無庸人之繁矣今歲選乃萬計京師米物爲耗豈多士哉蓋冒濫抵此爾方以一詩一判定

其是非適使賢人遺逸此明代之闕政也天下雖廣朝廷雖衆必使毀譽相亂聽受不明事則已矣如知其賢能各有品第每一官缺不以次用之豈不可乎如諸司要官以下等叨進是議無高卑唯得與不爾故清議不立而名節不修善士守志而後時中人進求而易操也朝廷能以令名進人士亦以修名獲利利之出衆之趨也不如此則小者得於苟求一變而至阿私大者許以分義再變而成朋黨矣故用人不可不第其高下高下有次則不可以妄干天下之士必刻意修飾而刑政自清此興衰之大端也俄還左補闕九齡有才鑒吏部試拔萃與舉者常與右拾遺趙冬曦考次號稱詳平改司勳員外郎時張說爲宰相親重之與通譜系常曰後出詞人之冠也遷中書舍人內供奉封曲江男進中書舍人會帝封泰山說多引兩省錄事主書及所親攝官升山超階至五品九齡當草詔謂說曰官爵者天下公器先德望後勞舊今登封告成千載之絕典而清流隔於殊恩胥史乃濫章韍恐制出四方失望方進草尙可以改公宜審計說曰事已決矣悠悠之言不足慮旣而果得謗御史中丞宇文融方事田

法有所關奏說輒建議違之融積不平九齡爲言說不聽俄爲融等痛詆幾不免九齡亦改太常少卿出爲冀州刺史以母不肯去鄉里故表換洪州都督徙桂州兼嶺南按察選補使始說知集賢院嘗薦九齡可備顧問說卒天子思其言召爲祕書少監集賢院學士知院事會賜渤海詔而書命無足爲者乃召九齡爲之被詔輒成遷工部侍郎知制誥數乞歸養詔不許以其弟九皐九章爲嶺南刺史歲時聽給驛省家遷中書侍郎以母喪解毀不勝哀有紫芝産坐側白鳩白雀巢家樹是歲奪哀拜中書侍郎同中書門下平章事固辭不許明年遷中書令始議河南開水屯兼河南稻田使上言廢循資格復置十道採訪使李林甫無學術見九齡文雅爲帝知內忌之會范陽節度使張守珪以斬可突干功帝欲以爲侍中九齡曰宰相代天治物有其人然後授不可以賞功國家之敗由官邪也帝曰假其名若何對曰名器不可假也有如平東北二虜陛下何以加之遂止又將以涼州都督牛仙客爲尚書九齡執曰不可尚書古納言唐家多用舊相不然歷內外貴任妙有德望者爲之仙客河湟一使典耳使班

常伯天下其謂何又欲賜實封九齡曰漢法非有功不封唐遵漢法太宗之制
也邊將積穀帛繕器械適所職耳陛下必賞之金帛可也獨不宜裂地以封帝
怒曰豈以仙客寒士嫌之邪卿固素有門閥哉九齡頓首曰臣荒陬孤生陛下
過聽以文學用臣仙客擢胥史目不知書韓信淮陰一壯夫羞絳灌等列陛下
必用仙客臣實恥之帝不悅翌日林甫進曰仙客宰相材也乃不堪尚書邪九
齡文吏拘古義失大體帝由是決用仙客不疑九齡既戾帝旨固內懼恐遂爲
林甫所危因帝賜白羽扇乃獻賦自況其末曰苟効用之得所雖殺身而何忌
又曰縱秋氣之移奪終感恩於篋中帝雖優答然卒以尚書右丞相罷政事而
用仙客自是朝廷士大夫持祿養恩矣嘗薦長安尉周子諒爲監察御史子諒
劾奏仙客其語援讖書帝怒杖子諒于朝堂流瀼州死於道九齡坐舉非其人
貶荊州長史雖以直道黜不戚戚嬰望惟文史自娛朝廷許其勝流久之封始
興縣伯請還展墓病卒年六十八贈荊州大都督謚曰文獻九齡體弱有醞藉
故事公卿皆搢笏于帶而後乘馬九齡獨常使人持之因設笏囊自九齡始後

帝每用人必曰風度能若九齡乎初千秋節王公並獻寶鑑九齡上事鑒十章號千秋金鑑錄以伸諷諭與嚴挺之袁仁敬梁昇卿盧怡善世稱其交能終始者及爲相諤諤有大臣節當是時帝在位久稍怠於政故九齡議論必極言得失所推引皆正人武惠妃謀陷太子瑛九齡執不可妃密遣宦奴牛貴兒告之曰廢必有興公爲援宰相可長處九齡叱曰房幄安有外言哉遽奏之帝爲動色故卒九齡相而太子無患安祿山初以范陽偏校入奏氣驕蹇九齡謂裴光庭曰亂幽州者此胡雛也及討奚契丹敗張守珪執如京師九齡署其狀曰穰苴出師而誅莊賈孫武習戰猶戮宮嬪守珪法行于軍祿山不容免死帝不許赦之九齡曰祿山狼子野心有逆相宜卽事誅之以絕後患帝曰卿無以王衍知石勒而害忠良卒不用帝後在蜀思其忠爲泣下且遣使祭於韶州厚幣卹其家開元後天下稱曰曲江公而不名云建中元年德宗賢其風烈復贈司徒子拯居父喪有節行後爲伊闕令會祿山盜河洛陷焉而終不受僞官賊平擢太子贊善大夫九齡弟九皐亦有名終嶺南節度使其曾孫仲方

仲方生岐秀父友高郢見異之曰是兒必爲國器使吾得位將振起之貞元中擢進士宏辭爲集賢校理以母喪免會郢拜御史大夫表爲御史進累倉部員外郎會呂温等以劾奏宰相李吉甫不實坐斥去仲方以温黨補金州刺史宦人奪民田仲方三疏申理卒與民直入爲度支郎中吉甫卒太常謚恭懿博士尉遲汾請謚敬憲仲方挾前怨未已因上議曰古之謚考大節略細行善善惡惡一言而足按吉甫雖多才多藝而側媚取容疊致台衮寡信易謀事無成功且兵凶器不可從我始至以伐罪則邀必成功今內有賊輔臣之盜外有懷毒蠆之臣師徒暴野農不得在畮婦不得在桑耗賦殫畜尸僵血流骸骼成岳毒痡之痛訴天無辜階禍之發實始吉甫又言吉甫平易柔寬名不配行請俟蔡平然後議之憲宗方用兵疾其言醜訐貶爲遂州司馬稍進河南少尹鄭州刺史敬宗立李程輔政引爲諫議大夫帝時詔王播造競渡舟三十艘度用半歲運費仲方見延英論諍堅苦帝爲減三之二又詔幸華清宮仲方曰萬乘之行必具葆衞易則失威重不從猶見慰勞鄠令崔發以辱黃門繫獄逢赦不見宥

仲方曰恩被天下流昆蟲而不行御前乎發繇是不死大和初出爲福建觀察使召還進至左散騎常侍李德裕秉政以太子賓客分司東都德裕罷復拜常侍李訓之變大臣或誅或繫翌日羣臣謁宣政牙闔不啓羣臣錯立朝堂無史卒贊候久乃半扉啓使者傳召仲方曰有詔可京兆尹然後門闢喚仗于時族夷將相顱足旁午仲方皆密使識其尸俄許收葬故胔骸不相亂已而禁軍橫多撓政仲方勢笮不能有所繩劾宰相鄭覃更以薛元賞代之出爲華州刺史召入授祕書監人頗言覃助德裕擯仲方不用覃乃擬丞郎以聞文宗曰侍郎朝廷華選彼牧守無狀不可得但封曲江縣伯卒七十二贈禮部尚書謚曰成仲方確正有風節既駮吉甫謚世不直其言卒不至顯既殁人多傷之始高祖仕隋時太宗方幼而病爲刻玉像於滎陽佛祠以祈年久而刓晦仲方在鄭敕吏治護鏤石以聞傳于時

韓休京兆長安人父大智洛州司功參軍其兄大敏仕武后爲鳳閣舍人梁州都督李行褒爲部人告變詔大敏鞫治或曰行褒諸李近屬后意欲去之無列

其寃恐累公大敏曰豈顧身枉人以死乎至則驗出之后怒遣御史覆按卒殺
行褒而大敏賜死于家休工文辭舉賢良玄宗在東宫令條對國政與校書郎
趙冬曦並中乙科擢左補闕判主爵員外郎進至禮部侍郎知制誥出爲虢州
刺史虢於東西京爲近州乘輿所至常稅廏芻休請均賦宅郡中書令張説曰
免虢而與宅州此守臣爲私惠耳休復執論吏白恐忤宰相意休曰刺史幸知
民之敝而不救豈爲政哉雖得罪所甘心焉訖如休請以母喪解服除爲工部
侍郎知制誥遷尚書右丞侍中裴光庭卒帝敕蕭嵩舉所以代者嵩稱休志行
遂拜黄門侍郎同中書門下平章事休直方不務進趨既爲相天下翕然宜之
萬年尉李美玉有罪帝將放嶺南休曰尉小官犯非大惡今朝廷有大姦請得
先治金吾大將軍程伯獻恃恩而貪室宅輿馬僭法度臣請先伯獻後美玉帝
不許休固爭曰罪細且不容巨猾乃置不問陛下不出伯獻臣不敢奉詔帝不
能奪大率堅正類此初嵩以休柔易故薦之休臨事或折正嵩嵩不能平宋璟
聞之曰不意休能爾仁者之勇也嵩寛博多可休峭鯁時政所得失言之未嘗

不盡帝嘗獵苑中或大張樂稍過差必視左右曰韓休知否已而疏輒至嘗引鑑默不樂左右曰自韓休入朝陛下無一日歡何自戚戚不逐去之帝曰吾雖瘠天下肥矣且蕭嵩每啓事必順旨我退而思天下不安寢韓休敷陳治道多訐直我退而思天下寢必安吾用休社稷計耳後以工部尚書罷還太子少師封宜陽縣子卒年六十八贈揚州大都督謚曰文忠寶應元年贈太子太師子浩洽洪汯滉渾洄皆有學尚浩萬年主簿坐籍王鉷家貲有隱入爲尹鮮于仲通所劾流循州洪爲司庫員外郎與汯皆以累貶洪後爲華州長史渾大理司直安祿山盜京師皆陷賊賊逼以官浩與洪汯滉渾出奔將走行在浩洪渾及洪四子復爲賊禽殺之洪善與人交有節義藉甚於時見者爲流涕肅宗以大臣子能死難詔贈浩吏部郎中洪太常卿渾太常少卿汯上元中終諫議大夫洽終殿中侍御史

滉字太冲以蔭補左威衛騎曹參軍至德初避地山南採訪使李承昭表爲通川郡長史改彭王府諮議參軍初汯知制誥當草王璵詔無借言銜之及當國

滉兄弟皆斥冗官璵罷乃擢殿中侍御史三遷吏部員外郎性彊直明吏事莅南曹五年簿最詳緻再遷給事中知兵部選時盜殺富平令韋當賊隸北軍魚朝恩私其凶奏原死滉執處卒伏辜還右丞知吏部選以戶部侍郎判度支自至德軍興所在賦稅無藝筦司給輸乾隱滉檢制吏下及四方輸將犯者痛報以法會歲數稔兵革少息故儲積穀帛稍豐實然覆治案牘深文鉤剝人亦咨怨大曆十二年秋大雨害稼什八京兆尹黎幹言狀滉恐有所蠲貸固表不實代宗命御史行視實損田三萬餘頃始渭南令劉藻附滉言部田無害御史趙計按驗如藻言帝又遣御史朱敖覆實害田三千頃帝怒曰縣令所以養民而田損不問豈卹隱意邪貶南浦員外尉計亦斥爲豐州司戶員外參軍方是時潦敗河中鹽池滉奏池產瑞鹽帝疑遣諫議大夫蔣鎮廉狀鎮畏滉還乃賀帝且請置祠詔號寶應靈慶池德宗立惡滉掊刻徙太常卿議者不厭乃出爲晉州刺史未幾還浙江東西觀察使尋檢校禮部尚書爲鎮海軍節度使綏輯百姓均租調不踰年境內稱治帝在奉天淮汴震騷滉訓士卒分兵戍河南既狩

梁州又獻縑十萬匹請以鎭兵三萬助討賊有詔嘉勞進檢校尚書右僕射封
南陽郡公李希烈陷汴州滉遣裨將王棲耀李長榮柏良器以勁卒萬人進討
次睢陽而賊已攻寧陵棲耀等破走之漕路無梗完靖東南滉功多時里胥有
罪輒殺無貸人怪之滉曰袁晁本一鞭背史禽賊有負聚其類以反此輩皆鄉
縣豪黠不如殺之用年少者惜身保家不爲惡又以賊非牛酒不嘯結乃禁屠
牛以絶其謀婺州屬縣有犯令者誅及鄰伍坐死數十百人又遣官分察境內
罪涉疑似必誅一判輒數十人下皆愁怖聞京都未平乃閉關梁禁牛馬出境
築石頭五城自京口至玉山毀上元道佛祠四十區修塢壁起建業抵京峴樓
雉相望以爲朝廷有永嘉南走事置館第數十於石頭城穿井皆百尺命偏將
丘涔督役日數千人涔虐用其衆朝令夕辦先世丘壟皆發夷造樓艦三千柁
以舟師由海門大閱至申浦乃還追李長榮等歸以親吏盧復爲宣州刺史增
營壘教習長兵毀鍾鑄軍器陳少游在揚州以甲士三千臨江大閱滉亦總兵
臨金山與少游會以金繒相餉酬然滉握彊兵遷延不赴難而調發糧帛以濟

朝廷者繈屬當時實賴之李晟方屯渭北滉運米饋之船置十弩以相警捍賊
不能剽始漕船臨江滉顧僚吏曰天子蒙塵臣下之恥也乃自舉一囊將佐爭
負之貞元元年加檢校左僕射同中書門下平章事江淮轉運使封鄭國公以
繕治石頭城人頗言有窺望意雖帝亦惑之會李泌問關辨數帝意乃解二年
更封晉是歲入朝滉既宿齒先達頗簡倨接新進用事不能滿其意衆怨之獻
羨錢五百餘萬緡詔加度支諸道轉運鹽鐵等使右丞元琇判度支也以關輔
旱請運江南租米西給京師帝委滉專督之而琇畏其剛愎難共事請自江至
揚子滉主之揚子以北自主之滉由是銜琇會琇以京師錢重貨輕發江東鹽
監院錢四十萬緡入關滉紿奏運錢至京師率費萬致千不可從帝責謂琇琇
曰千錢其重與斗米均費三百可致帝以諭滉滉執不可至是誣劾琇饋米與
淄青李納河中李懷光帝怒不復究驗貶琇雷州司戶參軍左丞董晉白宰相
劉滋齊映曰昨關輔用兵方蝗旱琇不增一賦而軍興皆濟可謂勞臣今被譎
無名刑濫人懼假令權臣逞志公胡不請三司鞫之滋映不能用給事中袁高

抗疏申執滉指爲黨與寢不報劉玄佐不朝帝密詔滉諷之及過汴玄佐素憚
滉修屬吏禮滉辭不敢當因結爲兄弟入拜其母置酒設女樂酒行滉曰宜早
見天子不可使夫人白首與新婦子孫填宮掖也玄佐泣悟滉以錢二十萬緡
爲玄佐辦裝又以綾二十萬犒軍玄佐入朝滉薦可任邊事時兩河罷兵滉上
言吐蕃盜河湟久近歲寖弱而西迫大食北抗回鶻東抗南詔分軍外戰兵在
河隴者不過五六萬若朝廷命將以十萬衆城涼鄯洮渭各置兵二萬爲守禦
臣請以本道財賦饋軍給三年費然後營田積粟且耕且戰則河隴之地可翹
足而復帝善其言因訪玄佐玄佐請行會滉病甚張延賞奏減州縣冗官收祿
俸募戰士西討玄佐慮延賞斬削資儲辭犬戎未釁不可輕進因稱疾帝遣中
人勞問臥受命延賞知不可用乃止滉尋卒年六十五贈太傅謚曰忠肅滉雖
宰相子性節儉衣裘茵衽十年一易甚暑不執扇居處陋薄取庇風雨門當列
戟以父時第門不忍壞乃不請堂先無挾廡弟洄稍增補之滉見即撤去曰先
君容焉吾等奉之常恐失墜若摧圮繕之則已安敢改作以傷儉德居重位清

潔疾惡不爲家人資産自始仕至將相乘五馬無不終櫪下好鼓琴書得張旭筆法畫與宗人幹相埒嘗自言不能定筆不可論書畫以非急務故自晦不傳於人善治易春秋著通例及天文事序議各一篇初判度支李晟以裨將白軍事滉待之加禮使其子拜之厚遺器幣鞍馬後晟終立大功滉幼時已有美名所與游皆天下豪俊晚節益苛慘故論者疑其飾情希進既得志則彊肆蓋自其性云子羣臯羣終國子司業

臯字仲聞資質重厚有大臣器由雲陽尉策賢良方正異等拜右拾遺累遷考功員外郎父喪德宗遣使弔問俾論譔滉行事號泣承命立草數千言以進帝嘉之服除宰相擬考功郎中帝爲加知制誥還中書舍人御史中丞兵部侍郎號稱職俄拜京兆尹奏署鄭鋒爲倉曹參軍鋒苛斂吏乃說臯悉索府中雜錢折糴粟麥三十萬石獻於帝臯悅之奏爲與平令貞元十四年大旱民請蠲租賦臯府帑已空內憂恐奏不敢實會中人出入百姓遮道訴之事聞貶撫州員外司馬未幾改杭州刺史入拜尚書右丞王叔文用事臯嫉之謂人曰吾不能

事新貴從弟曄以告叔文叔文怒出爲鄂岳蘄沔觀察使叔文敗即拜節度徙
鎮海入爲戸部尚書歷東都留守忠武軍節度使大抵以簡儉治所至有績召
拜吏部尚書兼太子少傅莊憲太后崩充大明宮留守穆宗以舊傅恩加檢校
尚書右僕射俄爲真又進左僕射長慶四年復爲東都留守卒於道年七十九
贈太子太保謚曰貞皋貌類父旣孤不復視鑑生知音律常曰長年後不願聽
樂以門内事多逆知之聞鼓琴至止息歎曰美哉嵇康之爲是曲其當晉魏之
際乎其音主商商爲秋秋者天將搖落肅殺其歲之晏乎晉乘金運商又金聲
此所以知魏方季而晉將代也緩其商絃與宮同音臣奪君之義知司馬氏之
將篡也王陵毋丘儉文欽諸葛誕繼爲揚州都督咸有興復之謀皆爲司馬懿
父子所殺康以揚州故廣陵地陵等皆魏大臣故名其曲曰廣陵散言魏散亡
自廣陵始止息者晉雖暴興終止息於此其哀憤躁蹙憯痛迫脅之音盡於是
矣永嘉之亂其兆乎康避晉魏之禍託以鬼神以俟後世知音云
泂字幼深蔭補弘文生滿歲參調吏部侍郎達奚珣以地望抑之除章懷太子

陵令無愠容安祿山亂家七人遇害洄避難江南蔬食不聽樂乾元中授睦州別駕劉晏表爲屯田員外郎知揚子留後召拜諫議大夫與補闕李翰數上章言得失擢知制誥坐與元載善貶邵州司戶參軍德宗即位起爲淮南黜陟使復爲諫議大夫晏被罪天下錢穀歸尚書省而省司廢久無綱紀莫總其任乃擢洄戶部侍郎判度支洄上言江淮七監歲鑄錢四萬五千緡輸京師工用運轉每緡度二千是本倍於子今商州紅崖冶產銅而洛源監久廢請鑿山取銅即冶舊監置十鑪鑄之歲得錢七萬二千緡度費每緡九百則得可浮本矣江淮七監請皆罷又言天下銅鐵冶乃山澤利當歸王者請悉隸鹽鐵使從之復罷省胥史冗食二千人積米長安萬年二縣各數十萬石視年豐耗而發斂焉故人不艱食洄與楊炎善炎得罪不自安無何皐上疏理炎罪帝意洄教之貶蜀州刺史興元元年入爲兵部侍郎轉京兆尹貞元十年終國子祭酒贈戶部尚書

贊曰人之立事無不銳始而工於初至其半則稍怠卒而漫澶不振也觀玄宗

開元時厲精求治元老魁舊動所尊憚故姚元崇宋璟言聽計行力不難而功已成及太平久左右大臣皆帝自識擢狎而易之志滿意驕而張九齡爭愈切言益不聽夫志滿則忽其所謀意驕則樂軟熟憎鯁切較力雖多課所効不及姚宋遠矣終之胡雛亂華身播邊陬非曰天運亦人事有致而然若知古等皆宰相選使當天寶時庸能有救哉

唐書卷一百二十六

唐書卷一百二十六考證

盧懷慎子奐前守劉巨麟彭杲皆以贓敗○舊書作劉巨鱗彭果

杜暹子鴻漸鴻漸卽與冕等勸卽皇帝位以係中外望六請見聽○舊書五上表乃從綱目亦作牋五上太子乃許之

張九齡傳以道侔伊呂科策高第爲左拾遺○舊書作右拾遺

子拯居父喪有節行○舊書子名極

韓休傳遷太子少師○本紀作太子少保

休子滉造樓艦三千舩○舊書造樓船戰艦三十餘艘

休孫皐長慶四年復爲東都留守卒于道○舊書作二年卒

唐書卷一百二十六考證

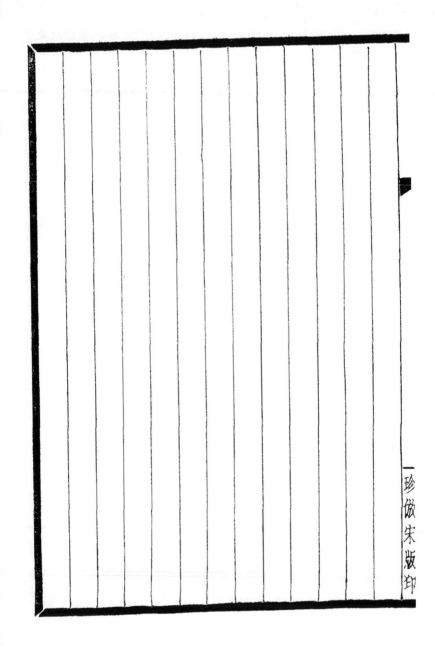

唐書卷一百二十七

宋　端　明　殿　學　士　宋　祁　撰

列傳第五十二

張源裴

張嘉貞字嘉貞本范陽舊姓高祖子吒仕隋終河東郡丞遂家蒲州爲猗氏人以五經舉補平鄉尉坐事免長安中御史張循憲使河東事有未決病之問吏曰若頗知有佳客乎吏以嘉貞對循憲召見咨以事嘉貞條析理分莫不洗然循憲大驚試命草奏皆意所未及它日武后以爲能循憲對皆嘉貞所爲因請以官讓后曰朕寧無一官自進賢邪召嘉貞見內殿以簾自鄣嘉貞儀止秀偉奏對偘偘后異之因請曰臣草茅之人未覩朝廷儀陛下過聽引對禁近今天威咫尺若隔雲霧恐君臣之道有未盡也后曰善詔上簾引拜監察御史擢循憲司勳郎中醻其得人累遷兵部員外郎時功狀盈几郎吏不能決嘉貞爲詳處不閱旬廷無稽牒進中書舍人歷梁秦二州都督幷州長史政以嚴辦吏下

畏之奏事京師玄宗善其政數慰勞嘉貞自陳少孤與弟嘉祐相恃以長今為鄯州別駕願內徙使少相近冀盡力報死無恨帝為徙嘉祐忻州刺史突厥九姓新內屬雜處太原北嘉貞請置天兵軍綏護其衆即以為天兵使明年入朝或告其反按無狀帝令坐告者嘉貞辭曰國之重兵利器皆在邊今告者一不當即罪之臣恐塞言路且為未來之患昔天子聽政於上瞍賦矇誦百工諫庶人謗今將坐之則後無繇聞天下事遂得減死天子以為忠且許以相嘉貞因曰昔馬周起徒步謁人主血氣方壯太宗用之能盡其才甫五十而沒向使用少晚則無及已陛下不以臣不肖必用之要及其時後衰無能為也且百年壽孰為至者臣常恐先朝露死溝壑誠得効萬一無負陛下足矣帝曰第往行召卿及宋璟等罷帝欲果用嘉貞而忘其名夜詔中書侍郎韋抗曰朕嘗記其風操而今為北方大將張姓而複名卿為我思之抗曰非張齊丘乎今為朔方節度使帝即使作詔以為相夜且半因閱大臣表疏舉一則嘉貞所獻遂得其名即以為中書侍郎同中書門下平章事遷中書令居位二年善傅奏敏於裁遣

然彊躁論者恨其不裕帝數幸東都洛陽主簿王鈞者爲嘉貞繕第會以贓聞有詔杖之朝堂嘉貞畏鑯染促有司速斃以滅言祕書監姜皎得罪嘉貞希權幸意請加詔杖已而皎死會廣州都督裴伷先抵罪帝問法如何嘉貞復援皎比張說曰不然刑不上大夫以近君也士可殺不可辱向皎得罪官三品且有功若罪應死即殺獨不宜廷辱以卒伍待也況勳貴在八議乎事往不可咎伷先豈容復濫哉帝然之嘉貞退不悅曰言太切說曰宰相時來則爲非可長保若貴臣盡杖正恐吾輩及之渠不爲天下士君子地乎初嘉貞在兵部而說已爲侍郎及皆相說位其下議論無所讓故說不平未幾嘉祐拜金吾將軍兄弟要近人頗憚媢帝幸太原嘉祐以贓聞說詠嘉貞素服待罪不謁遂出爲豳州刺史說代其處嘉貞銜悔謂人曰中書令幸二員何相迫邪踰年爲戶部尚書益州長史判都督事詔宴中書省與宰相會嘉貞銜說不已於坐慢罵說源乾曜王晙共平解乃得去明年王守一死坐與厚善貶台州刺史俄拜工部尚書爲定州刺史知北平軍事封河東侯及行帝賦詩詔百官祖道上東門久之以

疾丏還東都詔醫馳驛護視卒年六十四贈益州大都督謚曰恭肅嘉貞性簡疏與人不疑內曠如也或時以此失有嗜進者汲引之能以恩終始所薦中書舍人苗延嗣呂太一考功員外郎員嘉靜殿中侍御史崔訓皆位淸要日與議政事故當時語曰令君四俊苗呂崔員其始爲中書舍人崔湜輕之後與議事正出其上湜驚曰此終其坐後十年而爲中書令嘉貞雖貴不立田園有勸之者答曰吾嘗相國矣未死豈有飢寒憂若以譴去雖富田產猶不能有也近世士大夫務廣田宅爲不肖子酒色費我無是也引萬年主簿韓朝宗爲御史卒後十餘歲朝宗以京兆尹見帝曰陛下待宰相進退皆以禮身雖沒子孫咸在廷張嘉貞晚一息寶符獨未官帝憫然召拜左司禦率府兵曹參軍賜名曰延賞

延賞雖蚤孤而博涉經史通吏治苗晉卿尤器許以女妻之肅宗在鳳翔擢監察御史辟署關內節度使王思禮府思禮守北都表爲副入還刑部郎中始元載被用以晉卿力故厚遇延賞薦爲給事中御史中丞大曆初除河南尹諸道

營田副使河洛當兵衝邑里墟榛延賞政簡約輕徭賦疏河渠築宮廟數年流庸歸附都闕完雄有詔褒美時罷河南山南等副元帥兵屯東都詔延賞知留守以兵屬居五年治行第一召還會李少良劾元載陰罪載斥其狂下御史臺治訊而延賞適拜大夫不滿所私出爲淮南節度使歲旱民宅遷吏禁之延賞曰食者人恃以活拘此而斃不如適彼而生苟存吾人何限爲乃具舟遣之敕吏爲脩室廬已逋債而歸者更增於舊瓜步舟艫津湊而遙繫江南延賞請度屬揚州自是行無稽壅會母喪免服除累拜荊南劍南西川節度使建中中西山兵馬使張朏襲成都爲亂延賞奔鹿頭戍朏酣亂不設備延賞諜知之遣將叱干遂捕斬朏復成都自楊國忠討南蠻三蜀疲罄及乘輿臨狩縻用百出後更郭英乂崔寧楊子琳亂益矜僭公私蕭然延賞事爲之制簿入謹出府庫遂實德宗在奉天貢獻踵道及次梁倚劍蜀爲根本即拜中書侍郎同中書門下平章事帝還詔入秉政初吐蕃寇劍南李晟總神策軍戍之及還以成都倡自隨延賞遣吏奪取故晟銜之至是鎮鳳翔帝所倚重表陳宿憾帝不得已罷延

賞爲尚書左僕射然雅意決用之以晟嘗爲韓滉識擢命滉移書道意及俱入
朝滉從容邀晟平憾且使薦延賞於帝於是復拜平章事既而宴禁中帝出瑞
錦一端分繫之以示和解晟因爲子請婚延賞不許晟曰吾武夫雖有舊惡盃
酒間可解儒者難犯外睦而內含怒今不許婚釁未忘也先時吐蕃尚結贊請
和晟奏戎狄無信不可許滉亦請調軍食峙邊無聽和帝疑將帥邀功生事議
未決會滉卒延賞揣帝意遂罷晟兵奏以給事中鄭雲逵代之帝曰晟有社稷
功俾自擇代者乃用邢君牙而拜晟太尉兼中書令奉朝請是夏吐蕃背約劫
渾瑊將校多沒如晟等策故事臨軒冊拜三公中書令讀冊侍中贊禮或闕則
宰相攝事晟當拜而延賞薄其禮用尚書崔漢衡劉滋代攝時議遣劉玄佐復
河湟延賞因建言今官繁費廣州縣殘困宜弃省其員悉收稟料糧課輸京師
賞戰士帝許之郎詔上州留上佐錄事參軍司戶司兵司士各一員餘參軍留
半中州減司士上縣令尉具中縣省尉京兆河南府司錄判官赤縣丞簿尉各
省半餘府準上州詔下內外始怨玄佐辭西討延賞更用李抱真抱真怨延賞

奪晟兵不肯行由是功臣解體是年除吏千五百員當省者千餘道路訾謗浸淫聞於上延賞懼請詔州縣或考先滿或攝掌遇停限而官見乏者聽在所擇省員有幹譽者權補以才不以資而大臣馬燧白志貞韋倫袁言省官太甚不可行會延賞疾困不能事宰相李泌一切奏復卒年六十一贈太保謚曰成肅延賞更四鎮所至民頌其愛及當國飾情復怨不稱所望亦早不幸未及有所建明然帝待遇厚稱其奏議有宰相體專屬以吏事而以軍食委李泌刑法委柳渾時以爲任職子弘靖

弘靖字元理雅厚信直以蔭爲河南參軍杜亞辟佐其府亞疑牙將令狐運劫餉絹弘靖直其枉亞怒斥出府裴延齡爲德陽公主治第欲徙弘靖先廟上疏自言德宗異之擢監察御史累遷戶部侍郎陝州觀察使徙河中節度使元和中拜刑部尚書同中書門下平章事吳少陽死其子元濟擅總留務憲宗欲誅之弘靖請先遣使者弔贈待不恭乃加兵詔可進中書侍郎封高平縣侯武元衡遇害賊未得王承宗邸厮卒張宴被告詔付御史臺劾驗有狀弘靖疑御史

傳致宴罪言之帝不聽遂誅宴弃討承宗弘靖曰戎事並興鮮有濟不如悉力淮西已平乃治河朔議再迕乃歸政以檢校吏部尚書同平章事爲河東節度使未及鎭詔伐承宗弘靖自以諫不聽思自劾乃大閱兵請身討賊詔許出軍無親往旣王師無功帝憶曩言下詔褒美弘靖亦遣使閒道喻承宗承宗款附召拜吏部尚書徙節宣武宣武承韓弘虐政代以寬簡民便安之長慶初劉總舉所部內屬請弘靖爲代進檢校司空仍同中書門下平章事充盧龍節度使始入幽州老幼夾道觀河朔舊將與士卒均寒暑無障蓋安輿弘靖素貴肩輿而行人駭異俗謂祿山思明爲二聖弘靖懲始亂欲變其俗乃發墓毀棺衆滋不悅旬一決事賓客將吏罕聞其言委成於參佐韋雍張宗厚又不通大體朘刻軍賜專以法根治之官屬輕侻酣肆夜歸燭火滿街前後呵止其詬責士皆曰反虜嘗曰天下無事而輩挽兩石弓不如識一丁字軍中以氣自任銜之總之朝詔以錢百萬緡賚將士弘靖取二十萬市府雜費有怨言會雍欲鞭小將薊人未嘗更笞辱不伏弘靖繫之是夕軍亂囚弘靖薊門館掠其家貲婢妾執

雍等殺之判官張澈始就職得不殺與弘靖同被囚會詔使至澈謂弘靖曰公無負此土人今天子使至可因見衆辨幸得脫歸卽推門求出衆畏其謀欲還別館澈大罵曰汝何敢反前日吳元濟斬東市李師道斬軍中同惡者父母妻子肉飽狗鼠鴟鵶衆怒擊殺之數日吏卒稍自悔詣館謝弘靖願革心事之三請不對衆曰公不赦我矣軍中可一日無帥乎遂取朱克融主留後詔貶弘靖太子賓客分司東都再貶吉州刺史明年出幽州改撫州刺史稍還太子少師卒年六十五贈太子太保弘靖少有令問杜鴻漸杜佑皆器許歷臺閣顯級人以爲有輔相才及居位簡默自處無所規拂幽薊初效順不能因俗制變故范陽復亂家聚書畫侔祕府先第在東都思順里盛麗甲當時歷五世無所增葺時號三相張家云子文規次宗裴度秉政引文規爲右補闕度出襄陽貶溫令度奏置幕府累轉吏部員外郎右丞韋溫劾文規父昔被囚逗留不赴難不宜任省署出爲安州刺史終桂管觀察使子彥遠博學有文辭乾符中至大理卿次宗開成初爲起居舍人文宗始詔左右史立螭頭下記宰相奏對旣退帝召

見審正是非故開成時事爲最詳以稱職兼集賢院直學士文規左遷改國子
博士史館脩撰李德裕再當國引爲考功員外郎知制誥出澧明二州刺史卒
孫茂樞字休府及進士第天祐中累遷祠部郎中知制誥坐柳璨事貶博昌尉
嘉祐嘉貞弟有幹略方嘉貞爲相時任右金吾衞將軍昆弟每上朝軒蓋騶導
盈閭巷時號所居坊曰鳴珂里後貶浦陽府折衝開元末爲相州刺史舊刺史
多死官衆疑畏嘉祐以周總管尉遲迥死國難忠臣也立祠房解祓衆心三歲
入爲左金吾將軍後吳兢爲刺史又加神冕服遂無患
源乾曜相州臨漳人祖師民隋刑部侍郎父直心高宗時太常伯流死嶺南乾
曜第進士神龍中以殿中侍御史黜陟江東奏課最頻遷諫議大夫景雲後公
卿百官上巳九日廢射禮乾曜以爲聖王教天下必制禮以正人情君子三年
不爲禮禮必壞三年不爲樂樂必崩古之擇士先觀射禮非取一時樂也夫射
者別邪正觀德行中祭祀辟寇戎古先哲王莫不遞襲比年以來射禮不講所
司悋費而舊典爲虧臣愚謂所討者財所虧者禮故孔子不愛羊而存禮也大

射謂春秋不可廢開元初邠王府吏犯法玄宗敕左右爲王求才長史太常卿姜晈薦乾曜自梁州都督召見神氣爽澈占對有序帝悅之擢少府少監兼邠王府長史累進尚書左丞四年拜黃門侍郎同紫微黃門平章事踰月與姚崇俱罷會帝東幸以京兆尹留守京師治尚寬簡人安之居三年政如始至仗內白鷹因縱失之詔京兆督捕獲於野絓榛死吏懼得罪乾曜曰上仁明不以畜玩寘罪苟其獲戾尹專之遂入自劾失旨帝一不問衆伏其知體而善引咎八年復爲黃門侍郎同中書門下三品進位侍中建言大臣子併求京職俊乂率任外官非平施之道臣三息俱任京師請出二息備外以示自近始詔可乃以子河南參軍弼爲絳州司功太祝潔爲鄭尉詔曰乾曜身率庶寮以讓旣請外其子又復下還傳不云乎范宣子讓其下皆讓晉國之人於是太和道之或行仁豈遠哉其令文武官父子昆弟三人在京師者分任于外繇是公卿子弟皆出補帝嘗自較其考與張說偕賜時議者言國執政所以同休戚不崇異無以責功帝乃詔中書門下共食實戶三百堂封自此始東封還爲尚書左丞相兼

侍中久之罷侍中還太子少師避祖名更授少傅安陽郡公帝幸東都以老疾
不任陪扈卒贈幽州大都督乾曜性謹重其始仕已四十餘歷官皆以清慎恪
敏得名爲相十年與張嘉貞張說李元紘杜暹同秉政居中未嘗廷議可否事
晚節唯唯聯署務爲寬平惇大故鮮咎悔姜皎爲嘉貞所排雖得罪訖不申救
君子譏焉族孫光裕亦有名居官號清愿撫諸弟友義爲中書舍人與楊滔劉
令植同刪著開元新格歷尚書左丞會選諸司長官爲刺史光裕任鄭州爲世
良吏卒官子涓以雍睦保家士友推之天寶中爲給事中襄州刺史安祿山犯
河洛爲江陵大都督長史以禦賊卒贈禮部尚書謚曰懿
裴耀卿字煥之寧州刺史守真次子也數歲能屬文擢童子舉稍遷祕書省正
字相王府典籤與掾丘悅文學韋利器更直備顧問府中號學直王即帝位授
國子主簿累遷長安令舊有配戶和市法人厭苦耀卿一切責豪門坐賈預給
以直絕僦欺之弊及去人思之爲濟州刺史濟當走集地廣而戶寡會天子東
巡耀卿置三梁十驛科斂均省爲東州知頓最封禪還次宋州宴從官帝歡甚

謂張說曰前日出使巡天下觀風俗察吏善惡不得實今朕有事岱宗而懷州刺史王丘餼牽外無它獻我知其不市恩也魏州刺史崔沔遣使供帳不施錦繡示我以儉此可以觀政也濟州刺史裴耀卿上書數百言至曰人或重擾則不足以告成朕置書座右以自戒此其愛人也俄徙宣州前此大水河防壞諸州不敢擅興役耀卿曰非至公也乃躬護作役未訖有詔徙官耀卿懼功不成弗即宣而撫巡飭厲愈急隄成發詔而去濟人爲立碑頌德歷冀州入拜戶部侍郎開元二十年副信安王禕討契丹又持帛二十萬賜立功奚官耀卿曰幣涉寇境不可以不備乃令先與期而分道賜之一日畢突厥室韋果邀險來襲耀卿已還還京兆尹明年秋雨害稼京師飢帝將幸東都召問所以救人者耀卿曰陛下既東巡百司畢從則太倉三輔可遣重臣分道賑給自東都益廣漕運以實關輔關輔既實則乘輿西還事蔑不濟且國家大本在京師但秦地狹水旱易匱往貞觀永徽時祿稟者少歲漕粟二十萬略足今用度寖廣運數倍且不支故數東幸以就敖粟爲國大計臣願廣陝運道使京師常有三年食雖

水旱不足憂今天下輸丁約四百萬使丁出百錢爲陝洛運費又益半爲營窖
用分納司農河南陝州又令粗米悉輸東都從都至陝河益湍沮若廣漕路變
陸爲水所支尙贏萬計且河南租船候水始進吳工不便河漕處處停留易生
隱盜請置倉河口以納東租然後官自顧載分入河洛度三門東西各築敖倉
自東至者東倉受之三門迫險則旁河鑿山以開車道運數十里西倉受之度
宜徐運抵太原倉趨河入渭更無留阻可減費鉅萬天子然其計拜黃門侍郎
同中書門下平章事充轉運使於是置河陰集津三門倉引天下租繇盟津泝
河而西三年積七百萬石省運費三十萬緡或曰以此緡納於上足以明功答
曰是謂以國財求寵其可乎敕吏爲和市費還侍中二十四年以尙書左丞相
罷封趙城侯夷州刺史楊濬以贓抵死有詔杖六十流古州耀卿上言刺史縣
令異諸吏爲人父母風化所瞻今使裸躬受笞事大逼辱法至死則天下共之
然一朝下吏屈挫牽頓民且哀憐是忘免死之恩而有傷心之痛恐非崇守長
勸風俗意又雜犯抵死無杖刑必三覆後決今非時不覆或夭其命非所以寬

宥之也凡大暑決囚多死秋冬乃有全者請令貸死決杖會盛夏生長時並停
則有再生之實是時特進蓋嘉運破突騎施還詔爲河西隴右節度使因令經
略吐蕃嘉運以新立功日酣遨未赴屯耀卿言於帝曰嘉運精勁勇烈誠有餘
然臣見其夸言驕色竊憂之恐不足與立事今盛秋防邊日月已薄當與軍中
士卒相見若不素講雖決在一時恐非制勝萬全之義且兵未及訓不能知法
士未懷惠不可共心使幸而有功非師出以律之善又萬人之命倚於將亦不
得已故鑿凶門而出今酣歌朝夕胖肆自安非愛人憂國者不可不察茍不易
帥宜嚴詔申約以督其行帝乃促嘉運詣部卒無功還天寶初進尙書左僕射
俄改右僕射而李林甫代之上日林甫至本省具朝服劍佩博士導郎官唱按
禮畢就耀卿聽事乃常服以贊者主事導唱林甫驚曰班爵與公同而禮數異
何也耀卿曰比苦眩不堪重衣又郎博士紛泊非病士所宜林甫默然慙居一
歲卒年六十三贈太子太傅諡曰文獻子綜吏部郎中綜子佶
佶字弘正幼能文第進士補校書郎判等高授藍田尉德宗詔發畿縣民城奉

天嚴郢爲京兆政刻急本曹尉韋重規妻乳且疾不敢免佶請代役要如程當時稱其義帝幸梁佶奔見行在授補闕李懷光以河中叛佶建議請討帝深器之詔用盧杞爲饒州刺史與諫官執不可歷遷諫議大夫黔中觀察使韋士文爲夷獠所逐詔佶代之部夷安服歷同州刺史中書舍人遷尚書右丞時李巽以兵部尚書領鹽鐵將還使局就本曹經構已半會佶至以爲不可巽雖怙恩而彊猶撤之時重其有守改吏部侍郎以疾爲國子祭酒工部尚書卒贈吏部尚書謚曰貞佶清勁明銳所與友皆第一流鄭餘慶尤厚善旣歿餘慶爲行服士林美之

贊曰開元之盛所置輔佐皆得賢才不者若張源等猶惓惓事職其建明有足稱道朝多君子信太平基歟張氏三世宰相然器有所窮嘉貞窮於俗延賞窮於忮弘靖窮於權惜哉

唐書卷一百二十七考證

張嘉貞傳遂出爲豳州刺史○舊書因出爲幽州刺史

唐書卷一百二十七考證

宋　端　明　殿　學　士　宋　祁　撰

列傳第五十三

蘇尹畢李鄭王許潘倪席齊

蘇珦雍州藍田人中明經第調鄠尉時李義琰爲雍州長史鄠多訟日至長史府珦裁決明辨自是無訴者義琰異之顧聽事曰此公坐也恨吾齒晚不及見垂拱初爲監察御史武后殺韓魯諸王付珦密牒按訊珦推之無狀或言珦助韓魯者后詰之珦挺議無所撓后不悅曰卿大雅士此獄不足諉卿即詔監軍河西五遷右司郎中御史王弘義附來俊臣爲酷世畏疾莫敢觸其鋒會督伐材於虢管督過程人多死珦按奏弘義坐免遷給事中進左肅政臺御史大夫后營大像白司馬坂縻用億計珦上疏切諫見納中宗將斬韋月將珦執據時令不可以大戮忤三思意改右臺俄出爲岐州刺史復爲右臺大夫會節愍太子敗詔株索支黨時睿宗居藩爲獄辭牽逮珦密啓保辯亦會宰相開陳帝感悟

多所舍貸擢戶部尚書封河內郡公以檢校太子詹事致仕卒年八十一贈兗
州都督謚曰文
子晉數歲知爲文作八卦論吏部侍郎房穎叔祕書少監王紹宗歎曰後來之
王粲也舉進士及大禮科皆上第先天中爲中書舍人玄宗監國所下制命多
晉及賈曾稾屢獻讜言天子嘉允出爲泗州刺史以珣老請解職奉養珣卒歷
戶部侍郎襲爵還吏部時宋璟兼尚書事晉與齊澣更典二都選既糊名校判
而晉獨事賞拔當時譽之及裴光廷知尚書有過官被劾者就籍以朱點頭而
已晉因榜選院曰門下點頭者更擬光廷以爲侮己出晉汝州刺史還魏州終
太子左庶子始晉與洛人張循之仲之兄弟善而二人以學顯循之上書忤武
后見殺仲之神龍中謀去武三思爲宋之遜等所發死晉厚撫其子漸爲營婚
宦晉卒漸喪之若諸父云
尹思貞京兆長安人弱冠以明經第調隆州參軍事屬邑豪蒲氏驁肆不法州
檄思貞按之擿其姦贓萬計卒論死部人稱慶刻石歎頌還明堂令以善政聞

擢殿中少監檢校洛州刺史會契丹孫萬榮亂朔方震驚思貞循撫境內獨無擾武后璽書褒慰長安中遷秋官侍郎忤張昌宗意出爲定州刺史召授司府少卿時卿侯知一亦厲威嚴吏爲語曰不畏侯卿仗秖畏尹卿筆加銀青光祿大夫其家坎地獲古戟十二俄而門樹戟時人異焉神龍初擢大理卿雍人韋月將告武三思大逆中宗命斬之思貞以方發生月固奏不可乃決杖流嶺南三思諷所司加法殺之復固爭御史大夫李承嘉助三思而以他事劾思貞不得謁思貞謂承嘉曰公爲天子執法乃擅威福慢憲度諛附姦臣圖不軌今將除忠良以自恣邪承嘉慚怒劾思貞爲青州刺史或問曰公敏行何與承嘉辯答曰石非能言者而或有言承嘉恃權而侮吾義不辱亦不知言何從而至治州有績蠶至歲四熟黜陟使路敬潛至部歎曰是非善政致祥乎表言之睿宗立召授將作大匠封天水郡公僕射竇懷貞護作金仙玉貞觀廣調夫匠思貞數有損節懷貞讓之答曰公輔臣也不能宣贊王化而土木是與以媚上害下又聽小人譖以廷辱士今不可事公矣乃拂衣去闔門待罪帝知之特詔令視

事懷貞誅拜御史大夫累遷工部尚書請致仕許之開元四年卒年七十七贈
黃門監謚曰簡思貞前後爲刺史十三郡其政皆以清最聞
畢構字隆擇河南偃師人六歲能爲文及冠擢進士第補金水尉遷九隴主簿
居親喪毀棘甚已除猶屏處丘園武后召爲左拾遺神龍初遷中書舍人敬暉
等表諸武不宜爲王構當讀表抗聲析句左右皆曉知三思疾之出爲潤州刺
史政有惠愛徙衞同陝三州遷益州府長史景龍末召爲左御史大夫會平諸
韋治其黨衣冠多坐構詳比重輕皆得其情時李傑爲河南尹與構皆一時選
世謂畢李封魏縣男復爲益州長史按察劍南振弊梶私號爲清嚴睿宗嘉構
修絜獨行有古人風其治術又爲諸使最乃賜璽書袍帶再遷吏部尚書並遙
領益州長史徙廣州都督玄宗立授河南尹進戶部尚書久之移疾帝手疏醫
方賜之當時以戶部爲凶官遽改太子詹事冀其愈會卒贈黃門監謚曰景始
構喪繼母而二妹襁褓身鞠養至成人妹爲構服三年弟栩以太府主簿留司
東都聞疾馳歸哀毀如大喪雖變服未嘗笑天下稱其友悌終荊州司馬構子

炕天寶末爲廣平太守拒安祿山城陷覆其家贈戶部尚書炕生坰始四歲與
弟增以細弱得不殺爲賞口河北平宗人宏以財贖出之後舉明經爲臨渙尉
徐州節度使張建封高炕節聞坰篤行表署幕府攝符離令後調王屋尉以謹
廉聞喜賓客家未嘗以有無計及歿無貲以治喪云
李傑本名務光相州滏陽人後魏幷州刺史寶之裔孫少以孝友著擢明經第
解褐齊州參軍事遷累天官員外郎爲吏詳敏有治譽以採訪使行山南時戶
口逋蕩細弱下戶爲豪力所兼傑爲設科條區處檢防亡匿復業者十七八神
龍中爲河東巡察黜陟使課最諸道先天中進陝州刺史水陸發運使置使自
傑始改河南尹傑旣精聽斷雖行坐食飲省治不少廢緜是府無淹事人吏愛
之寡婦有告其子不孝者傑物色非是謂婦曰子法當死無悔乎答曰子無狀
寧其悔乃命市棺還斂之使人迹婦出與一道士語頃持棺至傑命捕道士按
問乃與婦私不得逞傑殺道士內于棺河汴之交舊有梁公堰廢不治南方漕
弗通傑調汴鄭丁男復作之不費而利入代宋璟爲御史大夫尚衣奉御長孫

昕素惡傑遇于道內侍玄宗婭壻與所親楊仙玉共毆辱之傑訴曰敗髮膚痛在身辱衣冠恥在國帝怒詔斬昕等朝堂左散騎常侍馬懷素建言陽和月不可以殊死乃敕杖殺之謝百官降書慰傑以護作橋陵封武威縣子初傑引侍御史王旭爲護陵判官旭貪贓傑將繩之未及發反爲所構出衢州刺史遷揚州大都督府長史復爲御史劾免開元六年卒帝悼之特贈戶部尚書

鄭惟忠宋州宋城人第進士補井陘尉天授中以制舉召見廷中武后問舉者何所事爲忠對皆不合旨惟忠曰外揚君之美內正君之惡后曰善擢左司禦胄曹參軍事遷水部員外郎后還長安復以待制召后曰非嘗於東都對忠臣者乎朕今不忘遷鳳閣舍人中宗立擢黃門侍郎時議禁嶺南酋戶不得畜兵惟忠曰善爲政者因其俗且吳人所謂家鶴膝戶犀渠此民風也禁之得無擾乎遂止進大理卿節愍太子敗守衛詿誤皆流已決諸韋黨請悉誅之帝欲改推惟忠奏大獄始判復改訊恐反側者不自安且失信天下有詔百司參議卒論如前所全貸爲多俄授御史大夫持節賑給河北道且許黜陟守宰還奏稱

旨封滎陽縣男遷太子賓客卒贈太子少保

王志愔博州聊城人擢進士第中宗神龍中爲左臺侍御史以剛鷙爲治所居人吏畏讋呼爲皁鵰遷大理正嘗奏言法令者人之隄防不立則無所制今大理多不奉法以縱罪爲仁持文爲苛臣執刑典恐且得謗遂上所著應正論以見志因規帝失大抵以易萃之六二曰引吉无咎謂處萃之時己獨居正異操而聚獨正者危未能以遠害惟九五應之乃履正迎吉由己居下位而中正是託期於上應之不括囊以守祿也又言刑賞二柄惟人主操之故曰以力役法者百姓也以死守法者有司也以道變法者君上也魏游肇爲廷尉帝私敕肇有所降恕肇執不從曰陛下自能恕之豈可令臣曲筆也又言爲國當以嚴致平非以寬致平嚴者非凝網重罰在人不易犯而防難越也故捨銜策以奔踶則王良不能御駻停藥石於膏肓則俞跗不能攻疾又言漢武帝甥昭平君殺人以公主子廷尉上請帝垂涕曰法令者先帝之所造也用親故誣先帝法吾何面目入高廟乎卒可其奏隋文帝子秦王俊爲并州總管以奢縱免官楊素

曰王陛下愛子請赦之帝曰法不可違若如公意我乃五兒之父非兆人之父何不別制天子子律乎故天子操法有不變之義凡數千言帝嘉之景雲初以左御史中丞遷大理少卿時詔用漢故事設刺史監郡於天下劇州置都督選素威重者授之遂拜志愔齊州都督事中格復授齊州刺史河南道按察使徙汴州封北海縣男太極元年兼御史中丞內供奉實封百戶出爲魏州刺史改揚州長史所至破碎姦猾令行禁信境內肅然開元九年帝幸東都詔留守京師京兆人權梁山妄稱襄王子與左右屯營官謀反自稱先帝夜犯長樂門入宮城將殺志愔志愔踰垣走而屯營兵悔更斬梁山等自歸志愔慚悸卒

許景先常州義興人曾祖緒武德時以佐命功歷左散騎常侍封真定公遂家洛陽景先由進士第釋褐夏陽尉神龍初東都造服慈閣景先獻賦李迥秀見其文畏歎曰是宜付太史擢左拾遺以論事切直外補滑州司士參軍舉手筆俊拔茂才異等連中進揚州兵曹參軍還爲左補闕宋璟蘇頲擇殿中侍御史久不補以授景先時議僉愜抨按不避近彊與齊澣王丘韓休張九齡更知制

誥以雅厚稱張說曰許舍人之文雖乏峻峯激流然詞旨豐美得中和之氣開
元十年伊汝溢壞廬舍甚衆景先見侍中源乾曜曰災眚所降王者宜修德應
之因遣大臣存問失職罪己引咎以答天譴公在元弼庸可默乎乾曜悟遽白
玄宗遣陸象先持節賑贍十三年帝自擇刺史景先由吏部侍郎爲刺史治虢
州大理卿源光裕鄭州兵部侍郎寇泚宋州禮部侍郎鄭温琦邠州大理少卿
袁仁敬杭州鴻臚少卿崔志廉襄州衞尉少卿李昇期邢州太僕少卿鄭放定
州國子司業蔣挺湖州左衞將軍裴觀滄州衞率崔誠遂州凡十一人治行詔
宰相諸王御史以上祖道洛濱盛具奏太常樂帛舫水嬉命高力士賜詩帝親
書且給紙筆令自賦賚絹三千遣之後徙岐州入爲吏部侍郎卒
潘好禮貝州宗城人第明經累遷上蔡令治在最擢監察御史坐小累下除芮
城令拜侍御史徙岐王府司馬居後母喪詔奪服固辭不出開元初爲邠州府
長史王爲滑州刺史好禮兼府司馬知州事王御下不能肅有詔好禮檢督王
家至過失皆上聞王每游觀好禮必諫諭禁切農月王出獵家奴羅迾好禮遮

道諫王初不許乃臥馬下諍曰今農在田王何得非時暴禾稼以損下人要先踐殺司馬然後聽所爲王慚爲還遷豫州刺史勤力于治清廉無所私然喜察細事下厭其苛子請舉明經好禮曰經不明不可妄進乃自試之不能通怒笞之械而徇於門復以公累徙温州別駕卒好禮博學能論議節行修整一意無所傾附未嘗自列階勳居室服用麤苟至終身世謂近名

倪若水字子泉恆州藁城人擢進士第累遷右臺監察御史黜陟劍南道繩舉嚴允課第一開元初爲中書舍人尚書右丞出爲汴州刺史政清淨增修孔子廟與州縣學廬勸生徒身爲教誨風化興行玄宗遣中人捕鵁鶄溪鶒南方若水上言農方田婦方蠶以此時捕奇禽怪羽爲園籞之玩自江嶺而南達京師水舟陸齎所飼魚蟲稻粱道路之言不以賤人貴鳥望陛下邪帝手詔褒答悉放所玩讁使人過取罪而賜若水帛四十段時天下久平朝廷尊榮人皆重內任雖自冗官擢方面皆自謂下遷班景倩自揚州採訪使入爲大理少卿過州若水餞于郊顧左右曰班公是行若登仙吾恨不得爲騶僕未幾入爲戶部侍

郎復拜右丞卒

席豫字建侯襄州襄陽人後周昌州刺史固七世孫後徙河南長安中舉學兼流略詞擅文場科擢上第時年十六以父喪罷復舉手筆俊拔科中之補襄邑尉奏事闕下會節愍太子難安樂公主請爲皇太女豫曰昔梅福上書譏后族彼何人哉乃上疏請立皇太子語深切人爲寒懼太平公主聞其名將表爲諫官豫恥汙誚謁遁去俄舉賢良方正異等爲陽翟尉開元初觀察使薦豫賢遷監察御史出爲樂壽令前令以親喪解而豫母病訴諸朝改懷州司倉參軍復舉超拔羣類科會母喪去服除授大理丞遷考功員外郎進絀清明爲中書舍人與韓休許景先徐安貞孫逖名相甲乙出鄭州刺史韓休輔政舉代己入拜吏部侍郎玄宗曰卿前日考功職詳事允故有今授豫典選六年拔寒遠士多至臺閣當時推知人號席公云天寶六載進禮部尚書累封襄陽縣子凡四以使者按行江南江東淮南河北南方俗死不葬暴骨中野豫教以埋斂明列科防俗爲之改豫清直亡欲當官不爲勢權所撼性謹畏與子弟屬吏書不作草

字或曰此細事耳何留慮答曰細不謹況大事邪及疾篤遺令三日斂斂已即葬勿久留以贖公私貲不足可賣居宅以終事卒年六十九贈江陵大都督謚曰文帝嘗登朝元閣賦詩羣臣屬和帝以豫詩最工詔曰詩人之冠冕也弟晉亦以文名當時

齊澣字洗心定州義豐人少開敏年十四見特進李嶠嶠稱有王佐才中宗在廬陵澣上言請抑諸武迎太子東宮不報及太子還武后召澣宴同明殿諭曰朕母子如初卿豫有力焉方不次待爾澣辭母老不忍遠離賞而罷聖曆初及進士第以拔萃調蒲州司法參軍有父子連坐論死者澣曰條落則本枯柰何俱死議貸其父太守不聽固爭卒原景雲初姚崇取爲監察御史凡劾奏常先風教號善職睿宗將祠太廟刑部尚書裴談攝太尉先告澣奏孝享攝事稽首而拜恭明神也而談慢媟不恭弃劾談神昏形滓挾邪以罔上神龍時事武三思陷敬暉沒其家以獲進妻外淫男女不得姓氏夫告神慢事主不忠家不治有是三罪不可不寘之法談由是下除汾州刺史開元初姚崇復相用爲給事

中中書舍人論駮及誥詔皆援準古誼朝廷大政必咨之時號解事舍人數諷崇年老宜避位時宋璟在廣州因勸崇擧自代崇用其謀璟爲相宅日問曰吾不敢冀房杜比爾日諸公云何澣曰不如璟請故答曰前時近郊戸三百以爲困今不百戸是以知之馬懷素等緒次四庫書表澣爲副改祕書少監出爲汴州刺史地當舟車湊集事浩繁前刺史數不稱職唯倪若水與澣以清毅聞吏民頌美玄宗封太山歷汴宋許車騎數萬王公妃主四夷君長馬橐駝亦數萬所頓彌數十里澣列長棚寮幕聯亘上食凡千轝納莞籥身進膳帝以爲知禮喜甚爲留三日賜帛二千匹澣以淮至徐城險急鑿渠十八里入青水人便其漕中書令張說擇丞轄以王丘爲左澣爲右李元紘杜暹當國表宋璟爲吏部尚書澣及蘇晉爲侍郎世謂臺選嘗奏事帝指政事堂曰非卿尚誰居者是時開府王毛仲寵甚與龍武將軍葛福順相婚嫁毛仲奏請無不從澣乘間曰福順典兵馬與毛仲爲婚家小人寵極則姦生不預圖且有後患高力士小心謹畏加宦人可備禁中驅使腹心所委何必毛仲哉又言君不密失臣臣不密失

中中書舍人論駁及誥詔皆援準古誼朝廷大政必咨之時號解事舍人數諷崇年老宜避位時宋璟在廣州因勸崇舉自代崇用其謀璟爲相宅日問曰吾不敢冀房杜比爾日諸公云何澣曰不如璟請故答曰前時近郊戶三百以爲困今不百戶是以知之馬懷素等緒次四庫書表澣爲副改祕書少監出爲汴州刺史地當舟車湊集事浩繁前刺史數不稱職唯倪若水與澣以清毅聞吏民頌美玄宗封太山歷汴宋許車騎數萬王公妃主四夷君長馬橐駝亦數萬所頓彌數十里澣列長棚帟幕聯亘上食凡千轝納筦籥身進膳帝以爲知禮喜甚爲留三日賜帛二千匹澣以淮至徐城險急鑿渠十八里入青水人便其漕中書令張說擇丞轄以王丘爲左澣爲右李元紘杜暹當國表宋璟爲吏部尚書澣及蘇晉爲侍郎世謂臺選嘗奏事帝指政事堂曰非卿尚誰居者是時開府王毛仲寵甚與龍武將軍葛福順相婚嫁毛仲奏請無不從澣乘閒曰福順典兵馬與毛仲爲婚家小人寵極則姦生不預圖且有後患高力士小心謹畏加宦人可備禁中驅使腹心所委何必毛仲哉又言君不密失臣臣不密失

身惟陛下密此言帝嘉納且勞曰卿第出我徐計其宜會大理丞麻察坐事出爲興州別駕澣往餞因道諫語察素姦佻遽言狀帝怒召澣入殿中曰卿尙疑朕不密而反告察謂何且察輕躁無行常游太平門者詎不知邪澣免冠頓首謝貶高州良德丞察再貶皇化尉其黨齊敷郭稟皆流放久之澣徙索盧丞郴州長史濠常二州刺史還潤州州北距瓜步沙尾紆匯六十里舟多敗溺澣徙漕路繇京口埭治伊婁渠以達揚子歲無覆舟減運錢數十萬又立伊婁埭官征其入招還流人五百戶置明州以安輯之復徙汴州澣中失勢益悵恨素操寖衰更倚力士助得爲兩道採訪使興利以中天子意裒貨財遺謝貴幸納劉戒女爲妾不答其妻李林甫惡其行欲擠而廢之會其幕府坐贓事連澣詔矜澣老放歸田里天寶初召爲太子少詹事留司東都嚴挺之亦爲林甫所廢與澣家居杖屨經過不缺日林甫畏之乃用澣爲平陽太守離其謀更以黃老清靜爲治卒年七十二肅宗時錄林甫所陷者皆褒洗故澣贈禮部尙書澣嘗稱陳希烈宋遙苗晉卿韋述之才後皆大顯麻察者河東人由明經第五遷殿中

侍御史魏元忠子昇死節愍太子難而元忠繫大理昇妻鄭父遠嘗納錢五百萬以女易官武后重元忠舊臣欲榮其姻對授遠河內令子洛州參軍元忠下獄遣人絕婚許之明日嫁其女察劾遠敗風教請錮終身遠遂廢當時謂察爲公而終以憸險斥云澣孫抗

抗字遐舉少值天寶亂奉母夫人隱會稽壽州刺史張鎰辟署幕府抗吏事閑敏有文雅從鎰鎮江西及以宰相領鳳翔奏署監察御史李楚琳亂奔奉天授侍御史遷戶部員外郎蕭復引爲江淮宣尉判官德宗自梁洋還財用大屈鹽鐵使元琇薦抗材改倉部郎中幹鹽利俄爲水陸運副使護漕江淮給京師歷諫議大夫坐小累爲處州刺史歷蘇州徙潭州觀察使召爲給事中還河南尹進太常卿以中書侍郎同中書門下平章事抗無遠謀大略雖用心至精末乃滋彰苛刻以病乞身罷爲太子賓客卒年六十五贈戶部尚書謚曰成初吏部歲考書言以宅官第上下中書門下遣官覆實以爲常抗以尚書侍郎皆大臣選今更覆覈非任人勿疑之道禮部侍郎試貢士其姻舊悉試考功謂之別頭

皆奏罷之又省州別駕田曹司田官判司雙曹者滅中書吏員此其稍近治者云

唐書卷一百二十八

唐書卷一百二十九

宋 端 明 殿 學 士 宋 祁 撰

列傳第五十四

裴崔盧李王嚴

裴守真絳州稷山人後魏冀州刺史叔業六世孫父眘隋大業中爲淮安司戶參軍郡人楊琳田瓚等亂劫吏多死唯眘以仁愛故賊約其屬無敢害護送還鄉守真早孤母喪哀毀癯盡舉進士六科連中累調乾封尉養寡姊謹甚士推其禮法永淳初關中旱悉稟祿奉姊及諸甥與妻息惡食不贍也授太常博士守真善容典時謂才稱其官高宗將封嵩山詔諸儒議射牲事守真奏古者郊祀天地天子自射牲漢武帝封太山令侍中儒者射之帝不親也今按禮前明十五刻宰人鸞刀割牲質明行事毛血已具天子至奠玉酌獻而已今若前祀一日射牲則早於事及日則晚不逮事漢又天子不親古今異宜恐不可行是時破陣慶善二樂舞入帝常立以視須樂闋乃坐守真幷言二舞誠祖宗盛德

然古無天子立觀者化育詒庇孰非厥功不應鼓舞別申嚴奉詔可未及行會
帝崩大行舊禮無在者守真與博士韋叔夏輔抱素等討按故事稱情爲文咸
適所宜時人服其得禮天授中爲司府丞推覈詔獄多裁恕全免數十姓不合
武后旨出爲汴州司馬累遷成州刺史政不務威嚴吏民兩懷之徙寧州送者
千數出境尚不止長安中卒贈戶部尚書子子餘耀卿巨卿曾孫行立耀卿巨
卿別有傳
子餘事繼母以孝聞中明經補鄠尉時同舍李朝隱程行諶以文法稱而子餘
以儒顯或問優劣於長史陳業業答曰蘭菊異芬胡有廢者景龍中爲左臺監
察御史涇岐有隋世番戶子孫數千家司農卿趙履溫奏籍爲奴婢充賜口子
餘曰官戶以恩原爲番戶且今又子孫可抑爲賤乎履溫倚宗楚客執辯于廷
子餘執對不撓遂詘其議開元初累遷冀州刺史爲政惠裕人稱有恩入爲岐
王府長史卒謚曰孝時程行諶謚貞中書令張說歎曰二謚可無媿矣子餘居
官清家闔友愛兄弟六人皆有志行云

行立重然諾學兵有法毋亡泣血幾毀以軍勞累授沁州刺史遷衛尉少卿口陳願治民試一縣自效除河東令寬猛時當繇蘄州刺史遷安南經略使環王國叛人李樂山謀廢其君來乞兵行立不受命部將杜英策討斬之歸其孥蠻人悅服英策及范廷芝者皆谿洞豪也隸于軍宅經略使多假借暴恣于治行立陰把其罪貸之許自效故能得英策死力廷芝嘗休沐久不還行立召之約曰軍法踰日者斬異時復然爾且死後廷芝踰期行立笞殺之以尸還范氏更爲擇良子弟以代於是威聲風行徙桂管觀察使黃家洞賊叛行立討平之俄代桂仲武爲安南都護銳於立功爲時所訾召還道卒年四十七贈右散騎常侍

崔沔字善冲京兆長安人後周隴州刺史士約四世孫自博陵徙焉純謹無二言事親篤孝有才章擢進士舉賢良方正高第不中者誦訾之武后敕有司覆試對益工遂爲第一再補陸渾主簿入調吏部郎岑羲歎曰君今郤詵也薦爲左補闕性舒遲進止雍如也當官則正言不可得而詘睿宗召授中書舍人以

母病東都不忍去固辭求侍更表陸渾尉郭隣太樂丞封希顏處士李喜以代己處詔改虞部郎中俄檢校御史中丞請發太倉粟及減苑囿鳥獸所給以賑貧乏人賴其利監察御史宋宣遠與盧懷慎姻家恃以弄法姚崇子彝留司東都通賓客招賄賂沔將按劾崇懷慎方執政共薦沔有史才轉著作郎去其權蓋憚之也久之爲太子左庶子母亡受弔廬前賓客未嘗至柩室語人曰平生非至親不升堂入謁豈以存亡變禮邪中書令張說數稱之服除還中書侍郎玄宗以仙州數喪刺史欲廢之沔請治舞陽舞陽故樊噲國也更爲樊州帝不納州卒廢沔旣喜論得失或曰今中書宰相承制雖侍郎貳之取充位而已沔曰百官分職上下相維以成至治豈可俛首懷祿邪凡詔敕曹事多所異同說不悅出爲魏州刺史雨潦敗稼沔弛禁便人召還分掌吏部十銓以左散騎常侍爲集賢修撰歷祕書監太子賓客是時太常議加宗廟籩豆又欲增喪服於是卿韋縚請坐增籩豆至十二外祖服大功舅小功堂姨若舅舅母袒免沔曰祭祀上矣古者飲食必先嚴獻未有火化故有毛血之薦未有麴糵故有玄酒

之奠後王作爲酒醴犧牲以致馨香故有三牲八簋五齊九獻神道主敬可備而不敢廢也雖曰備物而節制存焉鉶俎籩豆簠簋尊罍之實皆周時饌其用通宴饗賓客而周公與毛血玄酒同薦於先祖晉盧諶家祭禮所薦皆晉時常食不純用古此聖賢變文而通其情也然當時飲食不可闕於祭明矣國家清廟時享禮饌具設周制也古物存焉園寢上食時膳備列漢法也宅珍極焉職貢來祭致遠物也有新必薦順時令也苑囿躬稼所收蒐狩親中莫不薦而後食盡誠敬也若此至矣無以加矣諸珍羞鮮物第敕有司悉使著于令因宜而薦不必加籩豆以爲嫌也太羹古食也盛於古器和羹常饌也盛於時器毛血盛於盤玄酒盛於尊未有薦時饌而用古器者貌古質而今文便事也故加籩豆未足盡天下美物而措諸廟徒近侈耳魯丹桓宮之楹刻其桷春秋非之班固稱墨家出於清廟是以貴儉然清廟不奢舊矣太常所謂臣所未安又太常言爵小不及合執持至難沔曰禮有以小爲貴者獻以爵是也然今不及制則非禮自有司之陋也隨失制宜不待議而革云又言禮本於家正家正而天下

定家不可以貳故父以尊崇母以厭降是以內服齊斬外服緦尊名所加不過
一等今古不易之道也昔辛有適伊川見被髮而祭知其將戎禮先亡也比制
唐禮推廣舅恩故弘道以來國命再移於外姓本禮驗亡可不戒哉時職方郎
中韋述戶部郎中楊伯成禮部員外郎楊仲昌監門兵曹參軍劉秩等議與沔
合又詔中書門下參裁於是宗廟籩豆坐各六姨若舅小功舅母緦麻堂姨祖
免餘仍舊制每朝廷有疑議皆咨逮取衷卒年六十七贈禮部尚書諡曰孝沔
儉約自持祿稟隨散宗族不治居宅嘗作陋室銘以見志子祐甫至宰相別傳
盧從愿字子龔六世祖昶仕後魏爲度支尚書自范陽徙臨漳故從愿爲臨漳
人擢明經爲夏尉又舉制科高第拜右拾遺遷監察御史爲山南黜陟巡撫使
還奏稱旨累進中書舍人睿宗立拜吏部侍郎吏選自中宗後綱紀耗蕩從愿
精力于官僞牒詭功擿檢無所遺銓總六年以平允聞帝異之特官其一子從
愿請贈其父敬一爲鄭州刺史制可初高宗時吏部號稱職者裴行儉馬載及
是從愿與李朝隱爲有名故號前有裴馬後有盧李開元四年玄宗悉召縣令

策於廷考下第者罷之從愿坐擬選失實下遷豫州刺史政嚴簡奏課爲天下第一寶書勞問賜絹百匹召爲工部侍郎遷尙書左丞中書侍郎以工部尙書留守東都代韋抗爲刑部尙書數充校考使升退詳確御史中丞宇文融方用事將以括田戶功爲上下考從愿不許融恨之乃密白從愿盛殖產占良田數百頃帝自此薄之目爲多田翁後欲用爲相屢矣卒以是止十八年復爲東都留守坐子起居郎論輸糴于官取利多貶絳州刺史還太子賓客二十年河北飢詔爲宣撫處置使發倉廥賑飢民使還乞骸骨授吏部尙書致仕給全祿終身卒贈益州大都督謚曰文

李朝隱字光國京兆三原人明法中第調臨汾尉擢至大理丞武三思構五王而侍御史鄭愔請誅之朝隱獨以不經鞫實不宜輕用法忤旨貶嶺南醜地宰相韋巨源李嶠言於中宗曰朝隱素清正一日遠逐恐駭天下帝更以爲聞喜令還侍御史吏部員外郎時政出權幸不關兩省而內授官但斜封其狀付中書卽宣所司朝隱執罷千四百員怨誹讙騰朝隱胖然無避屈還長安令宦官

閭與貴有所干請曳去之睿宗嘉歎後御承天門對百官及朝集使褒諭其能使徧聞之進太中大夫一階賜中上考絹百匹以旌剛烈成安公主奪民園不酬直朝隱取主奴杖之由是權豪斂伏爲執政所擠出通州都督徙絳州刺史開元初遷吏部侍郎銓敘明審與盧從愿並授一子官久之以策縣令有下第降滑州刺史徙同州玄宗東幸召見慰勞賜以衣帛擢河南尹政嚴清姦人不容息太子舅趙常奴怙勢横閭里朝隱曰此不繩不可爲政執而搒辱之帝賜書慰勉入爲大理卿武彊令裴景仙丐贓五千匹亡命帝怒詔殺之朝隱曰景仙其先寂有國功載初時家爲酷吏所破誅夷略盡而景仙獨存且承嫡於法當請又丐乞贓無死比籍當死坐猶將宥之使私廟之祀無餒魂可也帝不許固請曰生殺之柄人主專之條别輕重有司當守且贓惟枉法抵死今丐贓即斬後有枉法抑又何加且近發德音杖者聽減流者給程豈一景仙獨過常法有詔決杖百流嶺南朝隱更授岐州刺史母喪解召爲揚州大都督府長史固辭見聽時年已衰而篤于孝自致毀瘠士人以爲難明年詔書敦遣揚州就職

還爲大理卿封金城伯代崔隱甫爲御史大夫天下以其有素望每大夫闕冀朝隱得之及居職不爭引大體惟先細務由是名少衰進太常卿出爲嶺南採訪處置使兼判廣州卒於官贈吏部尚書官給車轝北還謚曰貞

王丘字仲山同皎從子也父同晊終太子左庶子丘十一擢童子科它童皆專經而獨屬文繇是知名及冠舉制科中第授奉禮郎氣象清古行修潔於詞賦尤高族人方慶及魏元忠更薦之自偃師主簿擢監察御史開元初遷考功員外郎考功異時多請託進者濫冒歲數百人丘務覈實材登科纔滿百議者謂自武后至是數十年采錄精明無丘比其後席豫嚴挺之亦有稱然出丘下遷紫微舍人吏部侍郎典選復號平允其獎用如山陰尉孫逖桃林尉張鏡微湖城尉張晉明進士王泠然皆一時茂秀久之爲黃門侍郎會山東旱飢議以中朝臣爲刺史制詔皐陶稱在知人在安民皆念存邦本朝乾夕惕無忘一日今長吏或未稱蒼生謂何深思循良以革頹敝宜重刺史之選自朝廷始乃以丘與中書侍郎崔沔等並爲山東刺史而丘守懷州尤清嚴爲下畏慕入知吏部

選改尚書左丞以父喪解服除爲右散騎常侍仍知制誥裴光廷卒蕭嵩與丘
善將引與當國丘固辭盛推韓休行能及休秉政薦爲御史大夫丘訥於言所
白奏帝多不喜改太子賓客襲父封以疾徙禮部尚書致仕丘更履華劇而所
守清約未嘗通饋遺室宅童騎敝陋既老藥餌不自給帝歎之以謂有古人節
下制給全祿以旌潔吏天寶二載卒贈荆州大都督謚曰文
嚴挺之名浚以字行華州華陰人少好學姿質軒秀舉進士并擢制科調義興
尉號材吏姚崇爲州刺史異之崇執政引爲右拾遺睿宗好音律每聽忘勸先
天二年正月望夜胡人婆陁請然百千燈因弛門禁又追賜元年酺帝御延喜
安福門縱觀晝夜不息閱月未止挺之上疏諫以爲酺者因人所利合醵爲歡
也不使靡敝今暴衣冠羅伎樂雜鄭衛之音縱倡優之玩不深戒愼使有司跛
倚下人罷劇府縣里閭課賦苛嚴呼嗟道路貿壞家產營百戲擾方春之業欲
同其樂而反遺之患乃陳五不可誠意忠到帝納焉侍御史任正名恃風憲至
廷中責詈衣冠挺之讓其不敬反爲所劾貶萬州員外參軍事開元中爲考功

員外郎累進給事中典貢舉時號平允會杜暹李元紘爲相不相中暹善挺之而元紘善宋遙用爲中書舍人遙校吏部判取捨與挺之異言於元紘元紘屢詰譙挺之厲言曰公位相國而愛憎反任小人乎元紘曰小人爲誰曰宋遙也繇是出爲登州刺史改太原少尹初殿中監王毛仲持節抵太原朔方籍兵馬後累年仍移太原取兵仗挺之不肯應且以毛仲寵幸久恐有變密啓於帝俄改濮汴二州刺史所治皆嚴威吏至重足脅息會毛仲敗死帝以挺之言忠召爲刑部侍郎遷太府卿宰相張九齡雅知之用爲尚書左丞知吏部選李林甫與九齡同輔政以九齡方得君諂事之內實不善也戶部侍郎蕭炅林甫所引不知書嘗與挺之言稱蒸嘗伏臘乃爲伏獵挺之白九齡省中而有伏獵侍郎乎乃出炅岐州刺史林甫恨之九齡欲引以輔政使往謁林甫挺之負正陋其爲人凡三年非公事不造也林甫益怨會挺之有所諉於蔚州刺史王元琰林甫使人暴其語禁中下除洛州刺史徙絳州天寶初帝顧林甫曰嚴挺之安在此其材可用林甫退召其弟損之與道舊諄諄款曲且許美官因曰天子視絳

州厚要當以事自解歸得見上且大用因紿挺之使稱疾願就醫京師林甫已得奏即言挺之春秋高有疾幸閑官得自養帝恨吒久之乃以爲員外詹事詔歸東都挺之鬱鬱成疾乃自爲文誌墓遺令薄葬斂以時服挺之重交游許與生死不易嫁故人孤女數十人當時重之然溺志于佛與浮屠惠義善義卒衰服送其喪已乃自葬於其塔左君子以爲偏子武

武字季鷹幼豪爽母裴不爲挺之所答獨厚其妾英武始八歲怪問其母母語之故武奮然以鐵鎚就英寢碎其首左右驚白挺之曰郎戲殺英武辭曰安有大臣厚妾而薄妻者兒故殺之非戲也父奇之曰眞嚴挺之子然數禁敕武讀書不甚究其義以蔭調太原府參軍事累遷殿中侍御史從玄宗入蜀擢諫議大夫至德初赴肅宗行在房琯以其名臣子薦爲給事中已收長安拜京兆少尹坐琯事貶巴州刺史久之還東川節度使上皇合劍南爲一道擢武成都尹劍南節度使還拜京兆尹爲二聖山陵橋道使封鄭國公遷黃門侍郎與元載厚相結求宰相不遂復節度劍南破吐蕃七萬衆于當狗城遂收鹽川加檢校

吏部尙書武在蜀頗放肆用度無藝或一言之悅賞至百萬蜀雖號富饒而峻掊亟斂閭里爲空然虜亦不敢近境梓州刺史章彝始爲武判官因小忿殺之琯以故宰相爲巡內刺史武慢倨不爲禮最厚杜甫然欲殺甫數矣李白爲蜀道難者乃爲房與杜危之也永泰初卒母哭且曰而今而後吾知免爲官婢矣年四十贈尙書左僕射

挺之從孫綬綬父丹嘗爲劍南鹽鐵青苗租庸使以武在蜀辭不拜綬擢進士第以侍御史副劉贊爲宣歙團練使贊卒綬總留事悉庫物以獻召爲刑部員外郎賓佐進奉由綬始河東節度使李說病軍司馬鄭儋總其政說卒代爲節度時德宗務姑息方鎭若帥死不宅命卽用軍司馬代之以和厭衆情至是帝頗憾綬所獻故擢爲河東司馬明年儋卒卽檢校工部尙書代其使憲宗立楊惠琳反夏州劉闢反蜀綬建言天子始卽位不可失威請必誅選銳兵遣大將李光顏助討賊二賊平檢校尙書左僕射封扶風郡公進司空在鎭九年尙寬惠治稱流聞士馬孳息嘗大閱旗幟周七十里回鶻梅錄將軍在會聞金鼓震

伏入爲尚書右僕射綬旣名冑於吏事有方略然銳進趣素議薄之始就廊下
食在百官上帝使中人賜含桃綬見拜之爲御史劾奏綬慚懼待罪詔釋綬而
貶中人出爲荆南節度使封鄭國公溆州蠻張伯靖殺吏據辰錦州連九洞自
固詔綬進討綬勒兵出次遣將齎檄開曉羣蠻悉降吳元濟反僉以綬明恕可
大事乃徙山南東道節度使加淮西招撫使綬引師壓賊境多出金帛賞士以
厚賂謝中人招聲援旣未有以制賊閉屯彌年不戰宰相裴度謂綬非將才以
太子少保召還檢校司徒判光祿卿事進少傅卒年七十七贈太保綬才不踰
中人然歷三鎭所奏辟及綬時位將相者九人初綬未顯過于闐鄉尉李達達
不禮方飯宅客不召綬後達罷彭城令過并州晨入謁不知綬也綬方大宴賓
客召達至戒客勿起讓曰吾昔羈旅閿鄉君方召客食而不顧我今我召客亦
不敢留君達慚不得去左右引出悸而瘖臥館數月其佐令狐楚爲請乃免河
東李進賢者善畜牧家高貲得幸於綬署牙門將元和中進賢累爲振武節度
使辟綬子澈爲判官澈年少治苛刻軍中苦之回鶻入辟鵜泉進賢發兵討之

吏稟糧不實次嗚砂焚殺其將楊遵憲而還進賢大怒衆懼因燔城門攻進賢
左右拒戰不勝縋而去奔靖邊軍乃殺澈而屠進賢家詔以夏綏銀節度張煦
代之誅亂首數百人乃定

唐書卷一百二十九

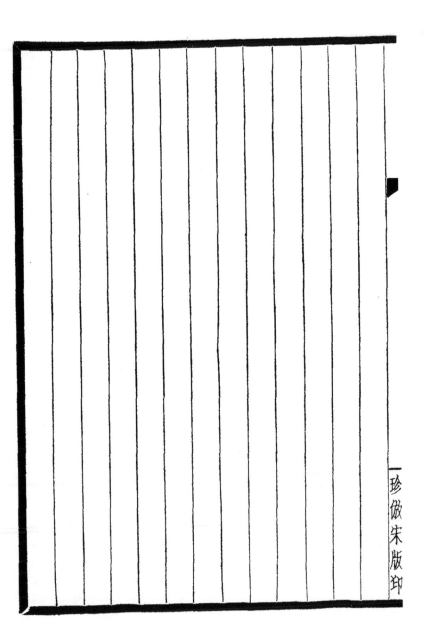

唐書卷一百二十九考證

裴守眞傳不合武后旨出爲汴州司馬○舊書作汴州司錄

崔沔傳戸部郎中楊伯成○舊書作陽伯城

李朝隱傳諡曰貞○舊書作諡曰哀

嚴挺之從孫綬檢校司徒判光祿卿事○舊書作尋檢校司空

唐書卷一百二十九考證

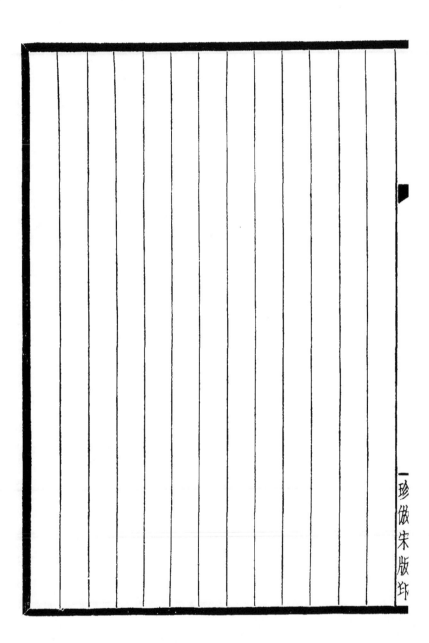

宋　端　明　殿　學　士　宋　祁　撰

列傳第五十五

裴陽宋楊崔李解

裴漼絳州聞喜著姓父琰之永徽中爲同州司戶參軍年甚少不主曹務刺史李崇義內輕之鐫諭曰同三輔吏事繁子盍求便官毋留此琰之唯唯吏白積案數百崇義讓使趣斷琰之曰何至逼人乃命吏連紙進筆爲省決一日畢既與奪當理而筆詞勁妙崇義驚曰子何自晦成吾過耶由是名動一州號霹靂手後爲永年令有惠政吏刻石頌美以倉部郎中病廢漼侍疾十餘年不肯仕琰之沒始擢明經調陳留主簿遷監察御史時崔湜鄭愔典吏部坐姦贓爲李尙隱所劾詔漼按訊而安樂公主上官昭容爲阿右漼執正其罪天下稱之累進中書舍人睿宗造金仙玉真二觀時旱甚役不止漼上言春夏毋聚大衆起大役不可與土功妨農事若役使乖度則有疾疫水旱之菑此天人常應也今

自冬徂春雨不時降人心憔然莫知所出而土木方興時暵之孽職爲此發且東作云　丁壯就功妨多益少飢寒有漸春秋莊公三十一年冬不雨是時歲三築臺僖公二十一年夏大旱是時作南門陛下以四方爲念宜下明制令二京營作和市木石一切停止有如農桑失時戶口流散雖寺觀營立能救飢寒敝哉不報還兵部侍郎以銓總勞特授一子官開元五年爲吏部侍郎甄拔士爲多拜御史大夫漼雅與張說善說方宰相數薦之漼長於敷奏天子亦自重焉擢吏部尚書世儉素而晚節稍畜伎妾爲奢侈事議者以爲闕改太子賓客卒贈禮部尚書謚曰懿從祖弟寬

寬性通敏工騎射彈棋投壺略通書記景雲中爲潤州參軍事刺史韋詵有女擇所宜歸會休日登樓見人於後圃有所瘞藏者訪諸吏曰參軍裴寬居也與偕來詵問狀答曰寬義不以包苴汙家適有人以鹿爲餉致而去不敢自欺故瘞之詵嗟異乃引爲按察判官許妻以女歸語妻曰常求佳壻今得矣明日幃其族使觀之寬時衣碧瘠而長既入族人皆笑呼爲碧鸛雀詵曰愛其女必以

爲賢公侯妻也何可以貌求人卒妻寬舉拔萃爲河南丞遷長安尉宇文融爲侍御史括天下田奏爲江東覆田判官改太常博士禮部建言忌日享廟應用樂寬自以情立議曰廟尊忌卑則作樂廟卑忌尊則備而不奏中書令張說是之請如寬議遷刑部員外郎萬騎將軍馬崇白日殺人而王毛仲方以貴倖將鬻其獄寬固執不肯從河西節度使蕭嵩表爲判官歷兵部侍郎宰相裴耀卿領江淮運列倉河陰奏寬爲戶部侍郎自副遷吏部出爲蒲州刺史州久旱寬入境輒雨徙河南尹不屈附權貴河南大治繇金吾大將軍授太原尹玄宗賦詩褒餞天寶初由陳留太守拜范陽節度使時北平軍使烏承恩廣酋也與中人通數冒賄寬以法繩治檀州刺史何僧獻生口數十寬悉歸之故夷夏感附三載用安祿山守范陽召寬爲戶部尚書兼御史大夫裴敦復平海賊還廣張功簿寬密白其妄會河北部將入朝盛譽寬政且言華虜猶思之帝嗟賞睠倚加厚李林甫恐其遂相又惡寬善李適之乃漏寬語以激敦復敦復任氣而疎以林甫爲誠先是寬以所善請於敦復即欲白發其言林甫趣之敦復未及聞

扈幸溫泉宮而其下裨將程藏曜曹鑒自以他事繫臺寬捕按之敦復謂寬求致其罪遽以金五百兩賂貴妃姊因得事聞於帝由是貶寬睢陽太守及韋堅獄起寬復坐親貶安陸別駕林甫任羅希奭殺李適之也亦使過安陸將怖殺寬寬叩頭祈哀希奭乃去寬懼終見殺丐爲浮屠不許稍遷東海太守徙馮翊入爲禮部尚書卒年七十五贈太子太傅寬兄弟八人皆擢明經任臺省州刺史雅性友愛於東都治第八院相對甥姪亦有名稱常擊鼓會飯其爲政務清簡所莅人愛之世皆冀其得宰相天寶閒稱舊德以寬爲首然惑于佛喜與桑門游習誦其書老彌篤云子諝

諝字士明擢明經調河南參軍事性通綽舉止不煩累遷京兆倉曹參軍虢王巨表署襄鄧營田判官母喪居東都會史思明亂逃山谷閒思明故爲寬將德寬舊恩且聞諝名遣捕騎跡獲之喜甚呼爲郎君僞授御史中丞賊殘殺宗室諝陰緩之全活者數百人又嘗疏賊虛實於朝事泄思明恨罵危死而免賊平除太子中允遷考功郎中數燕見奏事代宗幸陝諝徒步挾考功南曹印赴行

在帝曰疾風知勁草果可信將用爲御史中丞爲元載沮却故拜河東租庸鹽鐵使時關輔旱諤入計帝召至便殿問摧酤利歲出內幾何諤久不對帝復問曰臣有所思帝曰何邪諤曰臣自河東來涉三百里而農人愁嘆穀菽未種誠謂陛下軫念元元先訪疾苦而乃責臣以利孟子曰治國者仁義而已何以利爲故未敢即對帝曰微公言朕不聞此拜左司郎中數訪政事載忌之出爲虔州刺史歷饒廬亳三州除右金吾將軍德宗新卽位以刑名治天下百吏震服時大行將葳陵事禁屠殺尙父郭子儀家奴宰羊諤列奏帝謂不畏彊禦善之或曰尙父有社稷功豈不爲庇之諤笑曰非君所知尙父方貴盛上新卽位必謂黨附者衆今發其細過以明不恃權耳吾上以盡事君之道下以安大臣不亦可乎時朝堂別置三司決庶獄辯爭者輒擊登聞鼓諤上疏曰諫鼓謗木之設所以達幽枉延直言今詭猾之人輕動天聽爭纖微若然者安用吏治乎帝然之於是悉歸有司諤惡法吏舞文或挾宿怨爲重輕因獻獄官箴以諷坐所善誅貶閬州司馬俄召爲太子右庶子進兵部侍郎至河南尹東都副留守凡

五世爲河南詡視事未嘗敢當正處以寬厚和易爲治不鞫人以贓卒年七十
五贈禮部尙書
寬弟子冑字胤叔擢明經佐李抱玉鳳翔幕府不得意謝歸更從宣歙觀察使
陳少遊抱玉怒劾貶桐廬尉時李栖筠觀察浙西幕府皆一時高選判官許鳴
謙名知人見崔造及冑器之白栖筠取冑爲支使代宗惡宰相元載怙權召栖
筠爲御史大夫欲以相栖筠引冑殿中侍御史尤爲載所惡會栖筠卒冑護喪
歸洛陽人爲危之冑屹然不沮惴少遊復表爲淮南觀察判官載誅始拜刑部
員外郎遷宣州刺史楊炎當國爲載復讎窮摭所惡會冑部人積冑雜奉爲贓
炎遣員寓蔓劾峭詆貶汀州司馬稍遷京兆少尹以父名不拜換國子司業遷
江西觀察使初李兼嘗罷南昌卒千餘人收貲稟爲月進冑白罷之樊澤徙襄
州宰相議所代德宗雅記冑才遂拜荆南節度使是時方鎭爭剝下希恩製重
錦異綾名貢奉有中使者即悉公帑市歡冑待之有節獻餉直不數金宴勞止
三爵是時武臣多粗暴庸人待賓介不以禮少失意則以罪中傷之冑亦劾斥

其管記世恨胄之流于俗卒年七十五贈尚書右僕射諡曰成

陽嶠其先北平人世徙洛陽北齊尚書右僕射休之四世孫舉八科皆中調將陵尉累遷詹事司直長安中左右御史中丞桓彥範袁恕己爭取爲御史楊再思素與嶠善知其意不樂彈抨事爲語彥範彥範曰爲官擇人豈待情樂乎唯不樂者固與之以伸難進抑躁求也遂爲右臺侍御史久乃遷國子司業嶠資謹飭好學喜誘勸後生修講舍人以爲善職睿宗立進尚書右丞時議建都督府擇最吏故嶠爲涇州都督議罷歷魏州刺史荆州長史本道按察使率以清白聞魏州人詣闕下請嶠爲刺史故再治魏入爲國子祭酒封北平縣伯引尹知章范行恭趙玄默爲學官皆名儒冠云生徒游惰者至督以鞭楚人怨之乘夜毆嶠道中事聞詔捕毆者殺之嶠撫孤姪與子均常語人曰吾備位方伯而心亦昔時一尉耳以老致仕卒諡曰敬

宋慶禮洺州永平人擢明經補衞尉武后詔侍御史桓彥範行河北鄣斷居庸五回等路以支突厥召慶禮與議見其方略器之俄遷大理評事爲嶺南採訪

使時崖振五州首領更相掠民苦于兵使者至輒苦瘴癘莫敢往慶禮身到其境諭首領大誼皆釋仇相親州土以安罷戍卒五千歷監察殿中侍御史以習識邊事拜河東河北營田使善騎日能馳數百里性甘於勞苦然好興作濱塞掘穽植兵以邀虜徑議者嗤其不切事稍遷貝州刺史復爲河北支度營田使初營州都督府治柳城扼制奚契丹武后時趙文翽失兩蕃情攻殘其府更治東漁陽城玄宗時奚契丹款附帝欲復治故城宋璟固爭不可獨慶禮執處其利乃詔與太子詹事姜師度左驍衛將軍邵宏等爲使築裁三旬畢俄兼營州都督開屯田八十餘所追拔漁陽淄青沒戶還舊田宅又集商胡立邸肆不數年倉廥充居人蕃輯卒贈工部尚書慶禮爲政嚴少私吏畏威不敢犯太常博士張星以好巧自是諡曰專禮部員外郎張九齡申駁曰慶禮國勞臣在邊垂三十年往城營州士纔數千無甲兵彊衛指期而往不失所慮遂罷海運收歲儲邊亭晏然其功可推不當醜諡慶禮兄子辭玉亦自詣闕訴改諡曰敬

楊瑒字瑤光華州華陰人五世祖縉爲陳中書舍人名屬文終交愛九州都督

武康郡公子林甫代領都督隋滅陳踰三年乃降徙長安林甫字衞卿爲柳城
太守高祖軍興遣其子琮招之挈郡以來授檢校總管足疾不能造朝帝以絳
州寒涼拜刺史累封宜春郡公琮字孝璋爲上津令會天下亂去官與秦王同
里居武德初爲王府參軍兼庫直隱太子事平詔親王宰相一人入宴而琮獨
預太宗賜懷昔賦申以恩意歷沔綏二州刺史姆饋孺子以餅妻僞受而棄之
垣外人咨其廉瑒始爲麟游令時竇懷貞大營金仙玉真二觀檄取畿內嘗負
逆人貲者暴斂之以佐費瑒拒不應懷貞怒曰縣令而拒大夫命乎瑒曰所論
者民冤抑也位高下乎何取懷貞壯其對爲止初韋后表民二十二爲丁限及
敗有司追趣其課瑒執不可曰韋氏當國擅擢士大夫赦罪人皆不改奚獨取
已寬之人重斂其租非所以保下之宜遂止不課由是名顯當世累擢侍御史
京兆尹崔日知貪沓不法瑒與大夫李傑謀劾舉之反爲日知先構瑒廷奏曰
肅繩之司一爲恐脅所屈開姦人謀則御史府可廢玄宗直之令傑還視事而
逐日知瑒進歷御史中丞戶部侍郎帝常召宰相大臣議天下戶版延英殿瑒

言利病尤詳帝資賞於是宇文融建檢脫戶餘口瑒執不便融方貴公卿噤默
唯唯獨瑒抗議故出爲華州刺史帝封太山集樂工山下居喪者亦在行瑒謂
起苴絰使和鍾律非人情所堪帝許乃免入爲國子祭酒表大儒王迥質尹子
路白履忠等三人教授國子有詔迥質諫議大夫皇太子侍讀履忠老不任職
拜朝散大夫罷歸子路直弘文館皆有名瑒奏有司帖試明經不質大義乃取
年頭月尾孤經絕句且今習春秋三家儀禮者纔十二恐諸家廢無日請帖平
文以存學家其能通者稍加優宦獎孤學從之因詔以三家傳儀禮出身者不
任散官遂著令生徒爲瑒立頌太學門又言古者卿大夫子弟及諸侯歲貢小
學之異者入太學漸漬禮樂知朝廷君臣之序班以品類分以師長三德四教
學成然後爵之唐與二監舉者千百數當選者十之二考功覆校以第謂經明
行修故無多少之限今考功限天下明經進士歲百人二監之得無幾然則學
徒費官稟而博士濫天祿者也且以流外及諸色仕者歲二千過明經進士十
倍胥史浮虛之徒眊先王禮義非得與服勤道業者挈長短絕輕重也國家啓

庠序廣化導將有以用而勸進之有司爲限約以黜退之欲望俊乂在朝難矣
帝然其言再遷大理卿以疾辭改左散騎常侍卒年六十八贈戸部尚書謚曰
貞瑒常歎士大夫不能用古禮因其家冠婚喪祭乃据舊典爲之節文揖讓威
儀哭踊衰殺無有違者在官清白吏請立石紀德瑒曰事益於人書名史氏足
矣若碑頌者徒遺後人作矴石耳瑒伯父志操頗剛簡未遇時著閑居賦自託
常曰得田十頃僮婢十人下有兄弟布粟之資上可供先公伏臘足矣位終司
屬卿安平縣男瑒從父兄晏精孝經學常手寫數十篇可教者輒遺之
崔隱甫貝州武城人隋散騎侍郎儦曾孫解褐左玉鈐衛兵曹參軍遷殿中侍
御史內供奉浮屠惠範倚太平公主脅人子女隱甫劾狀反爲所擠貶邛州司
馬玄宗立擢汾州長史兼河東道支度營田使還洛陽令梨園弟子胡雛善笛
有寵嘗負罪匿禁中帝以他事召隱甫從容指曰就卿丐此人對曰陛下輕臣
而重樂工請解官再拜出帝遽謝與胡雛隱甫殺之有詔貰死不及矣賜隱甫
百縑孫佺敗績于奚擢隱甫幷州司馬護邊會兄逸甫疾甚未及行詔責逗留

下除河南令累拜華州刺史太原尹入爲河南尹居三歲進拜御史大夫初臺無獄凡有囚則繫大理貞觀時李乾祐爲大夫始置獄由是中丞侍御史皆得繫人隱甫執故事廢掘諸獄其後患囚往來或漏泄復繫之廚院云臺中自監察御史而下舊皆得顓事無所承諮隱甫始一切令歸稟乃得行有忤意輒劾正多貶絀者臺吏側目威名赫然帝嘗詔校外官歲考異時必委曲參審竟春未定隱甫一日會朝集使詢逮檢實其暮皆訖議者服其敏帝嘗謂曰卿爲大夫天下以爲稱職張說當國隱甫素惡之乃與中丞宇文融李林甫暴其過不宜處位說賜罷然帝嫉朋黨免其官使侍母歲餘復爲大夫遷刑部尚書兼河南尹帝還京師即拜東都留守累封清河郡公卒贈益州大都督諡曰忠始帝欲相隱甫也謂曰牛仙客可與語卿常見否對曰未也帝曰可見之隱甫終不詣他日又問對如初帝乃不用子弟或問故答曰吾不以其人微易之也其材不逮中人可與之對耶隱甫所至潔介自守明吏治在職以彊正稱云

贊曰嚴挺之拒宰相不肯見李林甫崔隱甫違詔不屈牛仙客信剛者乎二人

坐是皆不得相彼亦各申其志也管夷吾以編棧論之信曲與直不相函哉

李尚隱其先出趙郡徙貫萬年年二十舉明經再調下邽主簿州刺史姚班說其能器之神龍中左臺中丞侯令德爲關內黜陟使尚隱佐之以最擢左臺監察御史於是崔湜鄭愔典吏部選附勢倖銓擬不平至逆用三年員闕材廉者輒不進俄而相踵知政事尚隱與御史李懷讓顯劾其罪湜等皆斥去睦州刺史馮昭泰性鷙刻人憚其彊嘗誣繫桐廬令李師旦二百餘家爲妖蠱有詔御史覆驗皆稱病不肯往尚隱曰善良方蒙枉不爲申明可乎因請行果推雪其寃湜愔復當路乃出尚隱爲伊闕令懷讓魏令湜等伏誅玄宗知尚隱方嚴繇定州司馬擢吏部員外郎懷讓自河陽令拜兵部員外郎懷讓蓨人後歷給事中尚隱以將作少監營橋陵封高邑縣男未幾進御史中丞御史王旭招權稍不制仇家告其罪尚隱窮治具得姦贓無假借遂抵罪進兵部侍郎俄出爲蒲州刺史浮屠懷照者自言母夢日入懷生己鏤石著驗聞人馮待徵等助實其言尚隱劾處妖妄詔流懷照播州再遷河南尹尚隱性剛亮論議皆披心示誠

處事分明御下不苛密尤詳練故實前後制令誦記略無遺妖賊劉定高夜犯通洛門尙隱坐不素覺左遷桂州都督帝遣使勞曰知卿忠公然國法須爾因賜雜綵百匹遣之遷廣州都督五府經略使及還人或褏金以贈尙隱曰吾自性分不可易非畏人知也代王丘爲御史大夫時司農卿陳思問引屬吏多小人乾隱錢穀尙隱按其違贓累鉅萬思問流死嶺南改尙隱太子詹事不閱旬進戶部尙書前後更楊益二州長史東都留守爵高邑伯開元二十八年以太子賓客卒年七十五諡曰貞尙隱三入御史府輒繩惡吏不以殘摯失名所發當也素議歸重仕官未嘗以過譴惟劾誣幸臣及坐小法左遷復見用以循吏終始云自開元二十二年置京畿採訪處置等使用中丞盧奐爲之尙隱以大夫不充使永泰以後大夫王翊崔渙李涵崔寧盧杞乃爲之

解琬魏州元城人舉幽素科中之調新政尉後自成都丞奏事稱旨擢除監察御史以喪免武后顧琬習邊事迫追西撫羌夷琬因乞終喪后嘉許之詔服除赴屯還侍御史安撫烏質勒及十姓部落以功擢御史中丞兼北廷都護西域

安撫使琬與郭元振噩宗楚客惡之左授滄州刺史爲政引大體部人順附景龍中遷御史大夫兼朔方行軍大總管前後乘邊積二十年大抵務農習戰多爲長利華虜安之景雲二年復爲朔方軍大總管分遣隨軍要籍官河陽丞張冠宗肥鄉令韋景駿普安令于處忠料三城兵省其戍十萬人改右武衞大將軍兼檢校晉州刺史濟南縣男以老丐骸骨不待報輒去優詔以金紫光祿大夫聽致仕準品給全祿璽書勞問會吐蕃騷邊復召授左散騎常侍詔與虜定經界因諧輯十姓降戶琬建言吐蕃不可以信約請調兵十萬屯秦渭間防遏其姦是冬吐蕃果入寇爲秦渭兵擊走之俄復請老不許遷太子賓客年八十餘開元五年終同州刺史

唐書卷一百三十

唐書卷一百三十考證

裴漼弟寬刺史韋詵有女擇所宜歸○沈炳震曰舊書刺史韋詵爲按察使引
爲判官以女妻之官與名俱不合

贈太子太傅○舊書作贈太子少傅

李尚隱傳刺史姚班說其能器之○臣德潛按舊書時姚珽爲同州刺史甚禮
之

神龍中左臺中丞侯令德爲關內黜陟使尚隱佐之○沈炳震曰舊書景龍中
爲左臺監御史

代王邱爲御史大夫○舊書作代王鉷爲御史大夫

東都留守爵高邑伯○臣德潛按新書在代王邱爲御史大夫後舊書在代王
鉷前

唐書卷一百三十考證

唐書卷一百三十一

宋　端　明　殿　學　士　宋　祁　撰

列傳第五十六

宗室宰相

李適之恆山愍王孫也始名昌神龍初擢左衛郎將開元中遷累通州刺史以辦治聞按察使韓朝宗言諸朝擢秦州都督徙陝州刺史河南尹其政不苛細爲下所便玄宗患穀洛歲暴耗傜力詔適之以禁錢作三大防曰上陽積翠月陂自是水不能患刻石著功詔永王璘書皇太子瑛署額進御史大夫二十七年兼幽州長史知節度事適之以祖被廢而父象見逐武后時葬有闕至是丐陪瘞昭陵闕中詔可褒冊典物焜照都邑行道爲咨歎遷刑部尚書適之喜賓客飲酒至斗餘不亂夜宴娛晝決事案無留辭天寶元年代牛仙客爲左相累封清和縣公嘗與李林甫爭權不協林甫陰賊卽好謂適之曰華山生金采之可以富國顧上未之知適之性疏信其言他日從容爲帝道之帝喜以問林甫

對曰臣知之舊矣顧華山陛下本命王氣之舍不可以穿治故不敢聞帝以林甫爲愛己而薄適之不親於是皇甫惟明韋堅裴寬韓朝宗皆適之厚善悉爲林甫所構得罪適之懼不自安乃上宰政求散職以太子少保罷欣然自以爲免禍俄坐韋堅累貶宜春太守會御史羅希奭陰被詔殺堅等貶所州縣震恐及過宜春適之懼仰藥自殺

李峴吳王恪孫也折節下士長吏治天寶時累遷京兆尹玄宗歲幸温湯甸内巧供億以媚上峴獨無所獻帝異之楊國忠使客騫昂何盈擿安祿山陰事諷京兆捕其第得安岱李方來等與祿山反狀縊殺之祿山怒上書自言帝懼變出峴爲零陵太守峴爲政得人心時京師米翔貴百姓乃相與謠曰欲粟賤追李峴尋徙長沙永王爲江陵大都督假峴爲長史至德初肅宗召之拜扶風太守兼御史大夫明年擢京兆尹封梁國公乾元二年以中書侍郎同中書門下平章事於是呂諲李揆第五琦同輔政而峴位望最舊事多獨決諲等不平李輔國用權制詔或不出中書百司莫敢覆峴頓首帝前極言其惡帝悟稍加檢

制輔國由是讓行軍司馬然深銜峴鳳翔七馬坊押官盜掠人天興令謝夷甫殺之輔國諷其妻使訴枉詔監察御史孫鎣鞫之直夷甫其妻又訴詔御史中丞崔伯陽刑部侍郎李曄大理卿權獻爲三司訊之無異辭妻不承輔國助之乃令侍御史毛若虛覆按若虛委罪夷甫言御史用法不端伯陽怒欲質讓若虛馳入自歸帝帝留若虛簾中頃伯陽等至劾若虛傅中人失有罪帝怒叱之貶伯陽高要尉權獻杜陽尉逐李曄嶺南流鎣播州峴謂責太重入言於帝曰若虛希旨用刑亂國法陛下信爲重輕示無御史臺帝怒李揆不敢爭乃出峴爲蜀州刺史時右散騎常侍韓擇木入對帝曰峴欲專權耶乃云任毛若虛示無御史臺朕今出之尚恨法太寬擇木曰峴言直不敢專權陛下寬之祗益盛德耳代宗立改荊南節度知江淮選補使入爲禮部尚書兼宗正卿乘輿在陝由商山走帝所還京拜門下侍郎同中書門下平章事故事政事堂不接客自元載爲相中人傳詔者引升堂置榻待之峴至卽敕吏撤榻又奏常參官舉才任諫官憲官者無限員不踰月爲要近譖短遂失恩罷爲太子詹事遷吏部尚

書復知江淮選改檢校兵部尚書兼衢州刺史卒年五十八初東京平陳希烈等數百人待罪議者將悉抵死帝意亦欲懲天下故崔器等附致深文峴時爲三司獨曰法有首有從情有重有輕若一切論死非陛下與天下惟新意且羯胡亂常誰不淩汙衣冠奔亡各顧其生可盡責邪陛下之親戚勳舊子若孫一日皆血鈇砧尚爲仁恕哉書稱殲厥渠魁脅從罔治況河北殘孽劫服官吏其人尚多今不開自新之路而盡誅之是堅叛者心使爲賊致死困獸猶鬭況數萬人乎於是器與呂諲皆齗齗文吏操常議不及大體尚騰頰固爭數日乃見聽衣冠蒙更生賊亦不能使人歸怨天子峴力也峴兄峘嶧峘從上皇峴翊戴肅宗以勳力相高同時爲御史大夫俱判臺事又合制封公而嶧爲戶部侍郎銀青光祿大夫同居長興里第門列三戟

李勉字玄卿鄭惠王元懿曾孫父擇言累爲州刺史封安德郡公以吏治稱張嘉貞爲益州都督性簡貴接部刺史倨甚擇言守漢州獨引同榻坐講繹政事名重當時勉少喜學內沈雅外淸整始調開封尉汴州水陸一都會俗厖錯號

難治勉推姦決隱爲有名從肅宗於靈武擢監察御史時武臣崛興無法度大將管崇嗣背闕坐笑語譁縱勉劾不恭帝歎曰吾有勉乃知朝廷之尊遷司膳員外郎關東獻俘百將卽死有歎者勉過問曰被脅而官非敢反勉入見帝曰寇亂之汙半天下其欲澡心自歸無繇如盡殺之是驅以助賊也帝馳騎完宥後歸者日至累爲河東王思禮朔方河東都統李國貞行軍司馬進梁州刺史勉假王晬南鄭令晬爲權幸所誣詔誅之勉曰方藉牧宰爲人父母豈以讒殺良吏乎卽拘晬爲請得免晬後以推擇爲龍門令果有名羌渾奴刺寇州勉不能守召爲大理少卿然天子素重其正擢太常少卿欲遂柄用而李輔國諷使下己勉不肯乃出爲汾州刺史歷河南尹徙江西觀察使厲兵睦鄰平賊屯部人父病爲蠱求厭者以木偶署勉名埋之掘治驗服勉曰是爲其父則孝也縱不誅入爲京兆尹兼御史大夫魚朝恩領國子監威寵震赫前尹黎幹詔事之須其入敕吏治數百人具以餉至是吏請勉不從曰吾候太學彼當見享軍容幸過府則修具朝恩銜之亦不復至太學尋拜嶺南節度使番禺賊馮崇道桂

叛將朱濟時等負險為亂殘十餘州勉遣將李觀率容州刺史王翃討斬之五嶺平西南夷舶歲至纔四五譏視苛謹勉既廉潔又不暴征明年至者乃四十餘柁居官久未嘗抆飾器用車服後召歸至石門盡搜家人所蓄犀珍投江中時人謂可繼宋璟盧奐李朝隱部人叩闕請立碑頌德代宗許之進工部尚書封汧國公滑亳節度使令狐彰且死表勉為代從之勉居鎮且八年以舊德方重不威而治東諸帥暴桀者皆尊憚之田神玉死詔勉節度汴宋未行汴將李靈耀反魏將田悅以兵來叩汴而屯勉與李忠臣馬燧合討之淮西軍據汴北河陽軍壁其東大將杜如江尹伯良與悅戰匡城不勝徙壘與靈耀合忠臣將軍李重倩夜攻其營與河陽軍合譟賊不陣潰悅走河北靈耀奔韋城為如江所禽勉縛以獻斬闕下既而忠臣專汴故勉還滑臺明年忠臣為麾下所逐復詔勉移治汴德宗立就加同中書門下平章事俄為汴宋滑亳河陽等道都統建中四年李希烈圍襄城詔勉出兵救之帝又遣神策將劉德信以兵三千援接勉奏言賊以精兵攻襄城而許必虛令兵直擣許則襄圍解不待報使其將

唐漢臣與德信襲許未至數十里有詔詰讓二將懼而還次匽淵不設備爲賊所乘殺傷什五輜械盡亡漢臣走汴德信走汝勉懼東都危復遣兵四千往戍賊斷其後不得歸於是希烈自將攻勉勉氣索嬰守累月援莫至裒兵萬人潰圍出東保睢陽興元元年勉固讓都統以檢校司徒平章事召既見帝素服待罪詔不許勉內愧取充位而已不敢有所與貞元初帝起盧杞爲刺史袁高還詔不得下帝問勉曰衆謂盧杞姦邪朕顧不知謂何勉曰天下皆知而陛下獨不知此所以爲姦邪也時韙其對然自是益見疏居相二歲辭位以太子太師罷卒年七十二贈太傅謚曰貞簡勉少貧狹客梁宋與諸生共逆旅諸生疾且死出白金曰左右無知者幸君以此爲我葬餘則君自取之勉許諾既葬密置餘金棺下後其家謁勉共啓墓出金付之位將相所得奉賜悉遺親黨身沒無贏藏其在朝廷鯁亮廉介爲宗臣表禮賢下士有終始嘗引李巡張參在幕府後二人卒至宴飲仍設虛位沃饋之遺戍兵常視其資糧春秋存問家室故能得人死力善鼓琴有所自製天下寶之樂家傳響泉韻磬勉所愛者

李夷簡字易之鄭惠王元懿四世孫以宗室子始補鄭丞德宗幸奉天朱泚外示迎天子遣使東出關至華候吏李翼不敢問夷簡謂曰泚必反向發幽隴兵五千救襄城乃賊舊部是將追還耳上越在外召天下兵未至若凶狡還西助泚送死危禍也請驗之翼馳及潼關果得召符白于關大將駱元光乃斬賊使收僞符獻行在詔即拜元光華州刺史元光掠功故無知者夷簡棄官去擢進士第中拔萃科調藍田尉遷監察御史坐小累下遷虔州司戶參軍九歲復爲殿中侍御史元和時至御史中丞京兆尹楊憑性驁倪始爲江南觀察使冒沒于財夷簡爲屬刺史不爲憑所禮至是發其貪憑貶臨賀尉夷簡賜金紫以戶部侍郎判度支俄檢校禮部尚書山南東道節度使初貞元時取江西兵五百戍襄陽制蔡右脅仰給度支後亡死略盡而歲取貲不置夷簡曰迹空文苟軍興可乎奏罷之閱三歲徙帥劍南西川巂州刺史王顒積姦贓屬蠻怒畔去夷簡逐顒占檄諭禍福蠻落復平始韋皐作奉聖樂于頔作順聖樂常奏之軍中夷簡輒廢去謂禮樂非諸侯可擅制語其屬曰我欲蓋前人非以詒戒後來十

三年召爲御史大夫進門下侍郎同中書門下平章事李師道方叛裴度當國
帝倚以平賊夷簡自謂才不能有以過度乃求外遷以檢校尚書左僕射平章
事爲淮南節度使穆宗立有司方議廟號夷簡建言王者祖有功宗有德大行
皇帝有武功廟宜稱祖詔公卿禮官議不合止久之請老朝廷謂夷簡齒力可
任不聽以右僕射召辭不拜復以檢校左僕射兼太子少師分司東都明年卒
年六十七贈太子太保夷簡致位顯處以直自閑未嘗茍辭氣悅人歷三鎮家
無產貲病不迎醫將終戒毋厚葬毋事浮屠毋碑神道惟識墓則已世謂行己
能有終始者

李程字表臣襄邑恭王神符五世孫也擢進士宏辭賦日五色造語警拔士流
推之調藍田尉縣有滯獄十年程單言輒判京兆狀最遷監察御史召爲翰林
學士再遷司勳員外郎爵渭源縣男德宗季秋出畋有寒色顧左右曰九月猶
衫二月而袍不爲順時朕欲改月謂何左右稱善程獨曰玄宗著月令十月始
裘不可改帝矍然止學士入署常視日影爲候程性嬾日過八塼乃至時號八

專學士元和三年出爲隨州刺史以能政賜金紫服李夷簡鎭西川辟成都少尹以兵部郎中入知制誥韓弘爲都統命程宣慰汴州歷御史中丞鄂岳觀察使還爲吏部侍郎敬宗初以本官同中書門下平章事帝沖逸好宮室畋獵功用奢廣程諫曰先王以儉德化天下陛下方諒陰未宜興作願回所費奉園陵帝嘉納又請置侍講學士選名臣備訪問加中書侍郎進彭原郡公寶曆二年檢校吏部尚書同平章事爲河東節度使徙河中召拜尚書左僕射俄檢校司空領宣武山南東道節度再爲僕射先是元和長慶時僕射視事百官皆賀四品以下官答拜太和四年詔不答拜王涯竇易直行之自如程循其故不自安言諸朝御史中丞李漢謂不答拜於禮太重文宗不許聽用太和詔書議者不善也程爲人辯給多智然簡侻無儀檢雖在華密而無重望最爲帝所遇嘗曰高飛之翮長者在前卿朝廷羽翮也武宗立爲東都留守卒年七十七贈太保諡曰繆子廓第進士累遷刑部侍郎大中中拜武寧節度使不能治軍補闕鄭魯奏言新麥未登徐必亂既而果逐廓乃擢魯起居舍人

李石字中玉襄邑恭王神符五世孫元和中擢進士第辟李聽幕府從歷四鎮有材略爲吏精明聽每征伐必留石主後務太和中爲行軍司馬聽以兵北渡河令石入奏占對華敏文宗異之府罷擢工部郎中判鹽鐵案令狐楚節度河東引爲副使入遷給事中累進戶部侍郎判度支帝惡李宗閔等以黨相排背公害政凡舊臣皆疑不用取後出孤立者欲懲刈之故李訓等至宰相訓誅死乃擢石以本官同中書門下平章事仍領度支石器雄遠當軸秉權亡所撓方是時宦寺氣盛陵暴朝廷每對延英而仇士良等往往斥訓以折大臣石徐謂曰亂京師者訓注也然其進孰爲之先士良等恧縮不得對氣益奪搢紳賴以爲彊宅日紫宸殿宰相進及陛帝喟而歎石進曰陛下之歎臣固未諭敢問所從帝曰朕歎治之難也且朕即位十年不能得治本故前歲有疾今茲震擾皆自取之夫託億兆之上不能以美利及百姓焉得久無事乎石曰陛下罪己當然然責治太早雖十年孜孜養德適成爾天下治不治要自今觀之且人之氣志雖賢聖猶有優劣故仲尼稱三十而立四十不惑陛下春秋少非起人間也

而知人情僞今自視何如卽位時帝曰有間矣石曰古之聖賢必觀書以考察往行然後成治功陛下積十年盛德日新然向所以疾戾震驚者天其固陛下之志乎誠務修將來之政視太宗致昇平之期猶不爲晚帝曰行之得至乎石曰今四海夷一唯登拔才良使小大各任其職愛人節用國有餘力下不加賦太平之術也于時大臣新族死歲苦寒外情不安帝曰人心未舒何也石曰刑殺太甚則致陰沴比鄭注多募鳳翔兵至今誅索不已臣恐緣以生變請下詔慰安之帝曰善又問奈何致太平之難鄭覃曰欲天下治莫若恤人石卽贊曰恤之得術尚何太平之難陛下節用度去冗食簿最不得措其姦則百司治百司治天下安矣帝戚然曰我思貞觀開元時以視今日卽氣拂吾膺石曰治道本於上而下罔敢不率帝曰不然張元昌爲左街副使而用金唾壺比坐事誅之吾聞禁中有金烏錦袍二昔玄宗幸温泉與楊貴妃衣之今富人時時有之石曰毛玠以清德爲魏尚書而人不敢鮮衣美食況天子獨不可爲法乎是時宰相吏卒因內變多死詔江西湖南索募直助召士力石建言宰相左右天子

教化若徇正忘私宗廟神靈猶當祐之雖有盜無害也有如挾姦自欺植權黨害正直雖加之防鬼得以誅無所事於召募請直以金吾爲衞帝嘗顧鄭覃曰覃老矣當無妄試論我猶漢何等主覃曰陛下文宣主也帝曰渠敢望是石欲彊帝志使不怠因曰陛下之問而覃之對臣皆以爲非顏回匹夫耳自比於舜陛下有四海春秋富當觀得失於前日引月長以齊堯舜奈何比文宣而又自以爲不及惟陛下開肆厥志不以文宣自安則大業濟矣中人自邊還走馬入金光門道路妄言兵且至京師讙走塵起百官或韈而騎臺省吏稍稍遁去鄭覃將出石曰事未可知宜坐須其定宰相走則亂矣若變出不虞逃將安適人之所瞻不可忽也益治簿書沛然如平時里閭羣無賴望南闕陰持兵俟變金吾大將軍陳君賞率衆立望仙門內使趣閉門君賞不從日入乃止當是時非石鎮靜君賞有謀幾亂開成赦令賜京畿一歲租停方鎮正至端午三歲獻以其直代百姓配繒天下非藥物茗果宅貢悉禁又罷宣索營造帝曰朕務其實不欲事空文石以異時詔令天子多自踰之因請內置赦令一通以時省覽臨

遣十道黜陟使敕以政治根本使與長吏奉行之乃盡病利俄進中書侍郎帝嘗曰朕觀晉君臣以夷曠致傾覆當時卿大夫過邪石曰然古詩有之人生不滿百常懷千歲憂畏不逢也晝短苦夜長闇時多也何不秉燭游勸之照也臣願捐軀命濟國家惟陛下鑒照不惑則安人彊國其庶乎又言致治之道在得人德宗多猜貳仕進之塗塞奏請輒報罷東省閉闥累月南臺惟一御史故兩河諸侯競引豪英士之喜利者多趨之用爲謀主故藩鎭日橫天子爲旰食元和間進用日廣陛下嗣位惟賢是咨士皆在朝廷彼彊宇甲兵如故而低摧順屈者士不之助也帝曰天下之勢猶持衡然此首重則彼尾輕矣其爲我博選士朕且用之石奏咸陽令韓遼治興成渠渠當咸陽右十八里左直永豐倉秦漢故漕渠成起咸陽抵潼關三百里無車輓勞則轅下牛盡可耕永利秦中矣李固言曰然恐役非其時奈何帝曰以陰陽拘畏乎苟利於人朕奚慮哉石用韓益判度支案以贓敗石曰臣本以益知財利不保其貪帝曰宰相任人知則用過則棄謂之至公宅宰相所用彊蔽其過此其私也三年正月將朝騎至親

仁里狙盜發射石傷馬逸盜邀斫之坊門絶馬尾乃得脫天子駭愕遣使者慰撫賜良藥始命六軍衛士二十人從宰相是日京師震恐百官造朝纔十一石因臥家固辭位有詔以中書侍郎平章事爲荆南節度使始訓注亂權歸閹豎天子畏偪幾不立石起爲相以身徇國不卹近倖張權綱欲彊王室收威柄而仇士良疾之將加害帝知其然而未爲之遂罷去遣日饗賚都闕士人恨憤石讓中書侍郎換檢校兵部尚書宅不聽會昌三年檢校司空徙節河東會伐潞詔以太原兵助王逢軍榆社石起橫水戍千五百人令別將楊弁領之常日軍興人賜二縑治裝會財匱而給以半士怨又促其行弁乘隙激衆以亂還兵逐石出之詔以太子少傅分司東都俄檢校吏部尚書即拜留守卒年六十二贈尚書右僕射

弟福字能之太和中第進士楊嗣復領劍南辟幕府崔鄲輔政兼集賢殿大學士引爲校理調藍田尉後石當國薦福可任治人繇監察御史至戶部郎中累歷州刺史進諫議大夫大中時党項羌震擾議者以將臣貪牟產虜怨議擇儒

臣治邊乃授福夏綏銀節度使宣宗臨軒諭遣福以善政聞徙鎮鄭滑再遷兵部侍郎判度支出爲宣武節度使入遷戸部尚書會蠻侵蜀詔福持節宣撫即拜劒南西川節度使同中書門下平章事與蠻戰敗績貶蘄王傅分司東都僖宗初以檢校尚書左僕射就拜留守改山南東道節度使王仙芝寇山南福團訓鄉兵邀險須之賊不敢入轉略岳鄂以逼江陵節度使楊知温求援於福乃自將州兵率沙陀壯騎五百赴之賊已殘江陵郛而聞福至乃走以勞檢校司空同中書門下平章事還朝以太子太傅卒

李回字昭度新興王德良六世孫本名躔字昭回避武宗諱改焉長慶中擢進士第又策賢良方正異等辟義成淮南幕府稍遷監察御史累進起居郎李德裕雅知之爲人彊幹所涖無不辦繇職方員外郎判戸部案四遷中書舍人會昌中以刑部侍郎兼御史中丞時方伐劉稹武宗慮河朔列鎮陰相締以撓兵事德裕薦回持節往諭何弘敬王元逵以澤潞逦京洛非若河北三鎮國家許世以壤地傳子孫者且稹父子無功悖誼理上以邢洺磁三州與河北比境用

軍莫便魏鎮且王師不欲輕出山東請公等取三州報天子二將聽命又張仲武以幽州兵攻回鶻而與劉沔不協回至諭以大義仲武釋然卽合太原軍攻潞復以回爲使督戰至蒲東王宰石雄櫜鞬謁道左回不弛行顧左右呼直史責破賊限牒宰等震恐期六旬取潞否則死之未及期三日賊平以戶部侍郎判戶部事俄進中書侍郎同中書門下平章事武宗崩爲山陵使還門下侍郎兼戶部尚書出爲劍南西川節度使以與德裕善決吳湘獄時回爲中丞坐不糾擿貶湖南觀察使俄以太子賓客分司東都給事中還制謂責回薄遂貶賀州刺史徙撫州長史卒大中九年詔復湖南觀察使贈刑部尚書

贊曰周之卿士周召毛原皆同姓國也唐宰相以宗室進者九人林甫姦諛幾亡天下李程和柔在位無所發明其餘以材稱職號賢宰相秦隋棄親侮賢皆二世而滅周唐任人不疑得親親用賢之道饗國長久嗚呼盛歟

唐書卷一百三十一

唐書卷一百三十一考證

李勉傳明年至者乃四千餘柁○臣德潛按舊書末年至者四十餘夷舶至者四十餘未見不暴征之效也新書爲允

以太子太師罷卒○舊書作罷知政事加太子太保

李程傳寶曆二年檢校吏部尚書同平章事○沈炳震曰舊書寶曆二年罷相檢校兵部尚書同平章事

李石傳襄邑恭王神符五世孫○沈炳震曰新書不載父名舊書父朋新書宗室表名鵬

俄檢校吏部尚書○舊書作檢校司徒

李回傳徙撫州長史卒○沈炳震曰舊書再貶撫州刺史白敏中令狐綯罷相入朝爲兵部尚書復出爲成都尹劍南西川節度卒據此非卒於撫州長史也

唐書卷一百三十一考證

唐書卷一百三十二

宋　端　明　殿　學　士　宋　祁　撰

列傳第五十七

劉吳韋蔣柳沈

劉子玄名知幾以玄宗諱嫌故以字行年十二父藏器爲授古文尙書業不進父怒楚督之及聞爲諸兄講春秋左氏冒往聽退輒辨析所疑歎曰書如是兒何怠父奇其意許授左氏踰年遂通覽羣史與兄知柔俱以善文詞知名擢進士第調獲嘉主簿武后證聖初詔九品以上陳得失子玄上書譏每歲一赦或一歲再赦小人之幸君子之不幸又言君不虛授臣不虛受妄受不爲忠妄施不爲惠今羣臣無功遭遇輒遷至都下有車載斗量杷推椀脫之諺又謂刺史非三載以上不可徙宜課功殿明賞罰后嘉其直不能用也時吏横酷淫及善人公卿被誅死者踵相及子玄悼士無良而甘於禍作思慎賦以刺時蘇味道李嶠見而歎曰陸機豪士之流乎周身之道盡矣子玄與徐堅元行沖吳兢等

善嘗曰海內知我者數子耳累遷鳳閣舍人兼脩國史中宗時擢太子率更令介直自守累歲不遷會天子西還子玄自乞留東都三年或言子玄身史臣而私著述驛召至京領史事遷祕書少監時宰相韋巨源紀處訥楊再思宗楚客蕭至忠皆領監修子玄病長官多意尙不一而至忠數責論次無功又仕偃蹇乃奏記求罷去因爲至忠言五不可曰古之國史皆出一家未聞藉功于衆唯漢東觀集羣儒纂述無主條章不建今史司取士滋多人自爲荀袁家自爲政駿每記一事載一言閣筆相視含毫不斷頭白可期汗青無日一不可漢郡國計書上太史副上丞相後漢公卿所撰先集公府乃上蘭臺故史官載事爲廣今史臣唯自詢采二史不注起居百家弗通行狀二不可史局深籍禁門所以杜顏面防請謁也今作者如林儻示褒貶曾未絕口而朝野咸知孫盛取嫉權門王劭見讎貴族常人之情不能無畏三不可古者史氏各有指歸故司馬遷退處士進姦雄班固抑忠臣飾主闕今史官注記類稟監修或須直辭或當隱惡十羊九牧其令難行四不可今監者不肯指授修者又不遵奉務相推避以

延歲月五不可又言朝廷厚用其才而薄其禮至忠得書悵惜不許楚客等惡
其言訐切謂諸史官曰是子作書欲致吾何地始子玄修武后實錄有所改正
而武三思等不聽自以爲見用於時而志不遂乃著史通內外四十九篇譏評
今古徐堅讀之歎曰爲史氏者宜置此坐右也又嘗自比楊雄者四雄好雕蟲
小伎老而爲悔吾幼喜詩賦而壯不爲期以述者自名雄準易作經當時笑之
吾作史通俗以爲愚雄著書見尤於人作解嘲吾亦作釋蒙雄少爲范逡劉歆
所器及聞作經以爲必覆醬瓿吾始以文章得譽晚談史傳由是減價其自感
概如此子玄內負有所未盡乃委國史於吳兢別撰劉氏家史及譜考上推漢
爲陸終苗裔非堯後彭城叢亭里諸劉出楚孝王囂曾孫居巢侯般不承元王
按據明審議者高其博嘗曰吾若得封必以居巢紹司徒舊邑後果封居巢縣
子鄉人以其兄弟六人俱有名號其鄉曰高陽里曰居巢里累遷太子左庶子兼
崇文館學士皇太子將釋奠國學有司具儀從臣著衣冠乘馬子玄議古大夫
以上皆乘車以馬爲騑服魏晉後以牛駕車江左尙書郎輒輕乘馬則御史劾

治顏延年罷官乘馬出入閭里世稱放誕此則乘馬宜從褻服之明驗今陵廟巡謁王公冊命士庶親迎則盛服冠履乘輅車他事無車故貴賤通乘馬比法駕所幸侍臣皆馬上朝服且冠履惟可配車故博帶褒衣革履高冠是車中服襪而鐙跣而鞍非唯不師於古亦自取驚流俗馬逸人顛受嗤行路太子從之因著爲定令開元初還左散騎常侍嘗議孝經鄭氏學非康成注舉十二條左證其謬當以古文爲正易無子夏傳老子書無河上公注請存王弼學宰相宋璟等不然其論奏與諸儒質辯博士司馬貞等阿意共黜其言請二家兼行惟子夏易傳請罷詔可會子貺爲大樂令抵罪子玄請於執政玄宗怒貶安州別駕卒年六十一子玄領國史且三十年官雖徙職常如舊禮部尚書鄭惟忠嘗問自古文士多史才少何耶對曰史有三長才學識世罕兼之故史者少夫有學無才猶愚賈操金不能殖貨有才無學猶巧匠無楩柟斧斤弗能成室善惡必書使驕君賊臣知懼此爲無可加者時以爲篤論子玄善持論辯據明銳視諸儒皆出其下朝有論著輒豫歿後帝詔河南就家寫史通讀之稱善追贈工

部尚書謚曰文六子貺餗粲秩迅迥
貺字惠卿好學多所通解子玄卒有詔訪其後擢起居郎歷右拾遺內供奉獻
續說苑十篇以廣漢劉向所遺而刊落怪妄貺嘗以竹書紀年序諸侯列會皆
舉謚後人追修非當時正史如齊人殲于遂鄭棄其師皆孔子新意師春一篇
錄卜筮事與左氏合知按春秋經傳而爲也因著外傳云子滋浹
滋字公茂通經術喜持論以蔭歷漣水令楊綰薦材堪諫官累授左補闕久之
去養親東都河南尹李廙奏補功曹母喪解服除以司勳員外郎判南曹勤職
奉法進至給事中興元元年以吏部侍郎知南選時大盜後旱蝗相仍吏不能
詣京師故命滋至洪州調補以振職聞貞元二年擢左散騎常侍同中書門下
平章事爲相無所設施廉抑畏愼而已明年罷又明年復爲吏部侍郎還尚書
會御史中丞韋貞伯劾奏吏選不實滋覆疏姦吏因得爲姦詔與侍郎杜黃裳
奪階卒贈陝州大都督謚曰貞浹亦有學稱生子敦儒家東都母病狂易非笞
掠人不能安左右皆亡去敦儒日侍疾體常流血母乃能下食敦儒怡然不爲

痛隱留守韋夏卿表其行詔標闕于閭元和中權德輿復薦之乃授左龍武軍兵曹參軍分司東都在母喪毀瘠幾死時謂劉孝子後爲起居郎達禮好古有祖風云
餗字鼎卿天寶初歷集賢院學士兼知史官終右補闕父子三人更涖史官著史例頗有法彙左散騎常侍終荆南節度使子贊以蔭仕爲鄠丞杜鴻漸自劍南還過鄠廚驛豐給楊炎薦彙名儒子擢浙西觀察判官炎入相進歙州刺史政幹彊濟野媪將爲虎噬幼女呼號搏虎俱免觀察使韓滉表贊治有異行加金紫徙常州滉輔政分所統爲三道以贊爲宣州刺史都團練觀察使治宣十年贊本無學第以剛猛立威官吏重足一迹宣既富饒即厚斂廣貢奉以結恩又不能訓子皆驕慠不度素業衰矣卒贈吏部尙書謚曰敬迥以剛直稱第進士歷殿中侍御史佐江淮轉運使時新更安史亂迥餽運財賦力于職大歷初爲吉州刺史治行尤異累遷給事中
秩字祚卿開元末歷左監門衞錄事參軍事稍遷憲部員外郎坐小累下除隴

西司馬安祿山反哥舒翰守潼關楊國忠欲奪其兵秩上言翰兵天下成敗所繫不可忽房琯見其書以比劉更生至德初遷給事中久之出爲閬州刺史貶撫州長史卒所著政典止戈記至德新議等凡數十篇

迅字捷卿歷京兆功曹參軍事常寢疾房琯聞憂不寐曰捷卿有不諱天理欺矣陳郡殷寅名知人見迅歎曰今黃叔度也劉晏每聞其論曰皇王之道盡矣上元中避地安康卒迅續詩書春秋禮樂五說書成語人曰天下滔滔知我者希終不以示人云

吳兢汴州浚儀人少厲志貫知經史方直寡諧比惟與魏元忠朱敬則游二人者當路薦兢才堪論譔詔直史館修國史遷右拾遺內供奉神龍中改右補闕節閔太子難姦臣誣構安國相王與謀朝廷大恐兢上言文明後皇運不殊如帶陛下龍興恩被骨肉相王與陛下同氣親莫加焉今賊臣日夜陰謀必欲寘之極法相王仁孝遭荼苦哀毀以陛下爲命而自託於手足若信邪佞委之於法傷陛下之恩失天下望芟刈股肱獨任胸臆可爲寒心自昔翦伐宗支委任

異姓未有不亡者秦任趙高漢任王莽晉家自相魚肉隋室猜忌子弟海內麋沸驗之覆車安可重跡且根朽者葉枯源涸者流竭子弟國之根源可使枯竭哉皇家枝榦夷芟略盡陛下卽位四年一子弄兵被誅一子以罪謫去惟相王朝夕左右斗粟之刺蒼蠅之詩不可不察伏願陛下全常棣之恩慰罔極之心天下幸甚累遷起居郎與劉子玄徐堅等並職玄宗初立收還權綱銳於決事羣臣畏伏兢慮帝果而不及精乃上疏曰自古人臣不諫則國危諫則身危臣愚食陛下祿不敢避身危之禍比見上封事者言有可采但賜束帛而已未嘗蒙召見被拔擢其忤旨則朝堂決杖傳送本州或死於流貶由是臣下不敢進諫古者設誹謗木欲聞己過今封事謗木比也使所言是有益於國使所言非無累於朝陛下何遽加斥逐以杜塞直言道路流傳相視怪愕夫漢高帝赦周昌桀紂之對晉武帝受劉毅桓靈之譏況陛下豁達大度不能容此狂直耶夫人主居尊極之位顓生殺之權其爲威嚴峻矣開情抱納諫諍下猶懼不敢盡奈何以爲罪且上有所失下必知之故鄭人欲毀鄉校而子產不聽也陛下初

即位猶有褚无量張廷珪韓思復辛替否柳澤袁楚客等數上疏爭時政得失
自頃上封事往往得罪諫者頗少是鵲巢覆而鳳不至理之然也臣誠恐天下
骨鯁士以讜言爲戒撓直就曲斲方爲刓偷合苟容不復能盡節忘身納君於
道矣夫帝王之德莫盛於納諫故曰木從繩則正后從諫則聖又曰朝有諷諫
猶髮之有梳猛虎在山林藜藿爲之不采忠諫之有益如此自古上聖之君恐
不聞己過故堯設諫鼓禹拜昌言不肖之主自謂聖智拒諫害忠桀殺關龍逢
而滅於湯紂殺王子比干而滅於周此其驗也夫與治同道罔不興與亂同道
罔不亡人將疾必先不甘魚肉之味國將亡必先不甘忠諫之說嗚呼惟陛下
深監于茲哉隋煬帝驕矜自負以爲堯舜莫己若而諱亡憎諫乃曰有諫我者
當時不殺後必殺之大臣蘇威欲開一言不敢發因五月五日獻古文尚書帝
以爲訕己即除名蕭瑀諫無伐遼出爲河西郡守董純諫無幸江都就獄賜死
自是蹇諤之士去而不顧外雖有變朝臣鉗口帝不知也身死人手子孫剿絕
爲天下笑太宗皇帝好悅至言時有魏徵王珪虞世南李大亮岑文本劉洎馬

周褚遂良杜正倫高季輔咸以切諫引居要職嘗謂宰相曰自知者爲難如文
人巧工自謂己長若使達者大匠詆訶商略則蕪辭拙跡見矣天下萬機一人
聽斷雖甚憂勞不能盡善今魏徵隨事諫正多中朕失如明鑑照形美惡畢見
當是時有上書益於政者皆黏寢殿之壁坐望臥觀雖狂瞽逆意終不以爲忤
故外事必聞刑戮幾措禮義大行陛下何不遵此道與聖祖繼美乎夫以一人
之意綜萬方之政明有所不燭智有所不周上心未諭於下下情未達於上伏
惟以虛受人博覽兼聽使深者不隱遠者不塞所謂闢四門明四目也其能直
言正諫不避死亡之誅者特加寵榮待以不次則失之東隅冀得之桑榆矣尋
以母喪去官服除自陳修史有緒家貧不能具紙筆願得少祿以終餘功有詔
拜諫議大夫復修史睿宗崩實錄留東都詔兢馳驛取進梓宮以父喪解宰相
張說用趙冬曦代之終喪爲太子左庶子開元十三年帝東封太山道中數馳
射爲樂兢諫曰方登岱告成不當逐狡獸使有垂堂之危朽株之殆帝納之明
年六月大風詔羣臣陳得失兢上疏曰自春以來亢陽不雨乃六月戊午大風

拔樹壞居人廬舍傳曰敬德不用厥災旱上下蔽隔庶位踰節陰侵於陽則旱災應又曰政悖德隱厥風發屋壞木風陰類大臣之象恐陛下左右有姦臣擅權懷謀上之心臣聞百王之失皆由權移於下故曰人主與人權猶倒持太阿授之以柄夫天降災異欲人主感悟願深察天變杜絕其萌且陛下承天后和帝之亂府庫未充冗員尚繁戶口流散法出多門賕謁大行趨競彌廣此弊未革寔陛下庶政之闕也臣不勝惓惓願斥屏羣小不爲慢游出不御之女減不急之馬明選舉慎刑罰杜僥倖存至公雖有旱風之變不足累聖德矣始兢在長安景龍間任史事時武三思張易之等監領阿貴朋佞釀澤浮辭事多不實兢不得志私撰唐書唐春秋未就至是丐官筆札冀得成書詔兢就集賢院論次時張說罷宰相在家修史大臣奏國史不容在外詔兢等赴館撰錄進封長垣縣男久之坐書事不當貶荊州司馬以史草自隨蕭嵩領國史奏遣使者就兢取書得六十餘篇累遷洪州刺史坐累下除舒州天寶初入爲恆王傅雖年老衰僂甚意猶願還史職李林甫嫌其衰不用卒年八十兢敘事簡核號良史

晚節稍踈牾時人病其太簡初與劉子玄撰定武后實錄敘張昌宗誘張說誣
證魏元忠事頗言說已然可賴宋璟等邀勵苦切故轉禍爲忠不然皇嗣且殆
後說爲相讀之心不善知兢所爲卽從容謬謂曰劉生書魏齊公事不少假借
奈何兢曰子玄已亡不可受誣地下兢實書之其草故在聞者歎其直說屢以
情蘄改辭曰徇公之情何名實錄卒不改世謂今董狐云
韋述弘機曾孫家廚書二千卷述爲兒時誦憶略偏父景駿景龍中爲肥鄉令
述從到官元行沖景駿姑子也爲時儒宗常載書數車自隨述入其室觀書不
知寢食行沖異之試與語前世事孰復詳諦如指掌然使屬文受紙輒就行沖
曰外家之寶也舉進士時述方少儀質陋涚考功員外郎宋之問曰童子何業
述曰性嗜書所撰唐春秋三十篇恨未畢它唯命之問曰本求茂才乃得遷固
遂上第開元初爲櫟陽尉祕書監馬懷素奏述與諸儒卽祕書續七志五年而
成述好譜學見柳沖所撰姓族系錄每私寫懷之還舍則又繕錄故於百氏源
派爲詳乃更撰開元譜二十篇累除右補闕張說旣領集賢院薦述爲直學士

還起居舍人從封太山奏東封記有詔褒美先是詔修六典徐堅構意歲餘歎曰吾更修七書而六典歷年未有所適及蕭嵩引述撰定述始摹周六官領其屬事歸於職規制遂定初令狐德棻吳兢等譔武德以來國史皆不能成述因二家參以後事遂分紀傳又爲例一篇蕭嵩欲蚤就復奏起居舍人賈登著作佐郎李銳助述紬續逮成文約事詳蕭穎士以爲譙周陳壽之流改國子司業充集賢學士累遷工部侍郎封方城縣侯述典掌圖書餘四十年任史官二十年澹榮利爲人純厚長者當世宗之接士無貴賤與均蓄書二萬卷皆手校定黄墨精謹內祕書不逮也古草隸帖祕書古器圖譜無不備安祿山亂剽失皆盡述獨抱國史藏南山身陷賊汚僞官賊平流渝州爲刺史薛舒所困不食死廣德初甥蕭直爲李光弼判官詣闕奏事稱旨因理述倉卒奔逼能存國史賊平盡送史官于休烈以功補過宜蒙恩宥有詔贈右散騎常侍韋氏之顯者孝友詞學則承慶嗣立邃音樂有萬石達禮儀則叔夏史才博識有述所著書二百餘篇行於時弟迪逌學業亦亞述與逌對爲學士與迪並禮官搢紳高之時趙

冬曦兄弟亦各有名張說嘗曰韋趙兄弟人之杞梓云
辯又字德源常州義與人徙家河南祖環開元中弘文館學士父將明天寶末
辟河中使府安祿山反以計佐其帥全幷潞等州兩京陷被拘乃陽狂以免號
王巨引致幕府歷侍御史擢左司郎中國子司業集賢殿學士又性銳敏七歲
時見庾信哀江南賦再讀輒誦外祖吳兢位史官又幼從外家學得其書博覽
彊記逮冠該綜羣籍有史才司徒楊綰尤稱之將明在集賢值兵興圖籍殽舛
白宰相請引又入院助力整比宰相張鎰亦奇之署集賢小職又料次踰年各
以部分得善書二萬卷再遷王屋尉充太常禮院修撰貞元九年擢右拾遺史
館修撰德宗重其職先召見延英乃命之張孝忠子茂宗尚義章公主母亡遺
言丐成禮帝念孝忠功卽日召爲左衛將軍許主下降又上疏以爲墨縗禮本
緣金革未有奪喪尚主者繆盭典禮違人情不可爲法帝令中使者諭茂宗之
母之請又意殊堅帝曰卿所言古禮也今俗借吉而婚不爲少對曰俚室窮人
子旁無至親乃有借吉以嫁不聞男冒凶而娶陛下建中詔書郡縣主當婚皆

使有司循典故毋用俗儀公主春秋少待年不爲晚請茂宗如禮便帝曰更思
之會太常博士韋彤裴堪諫曰婚禮主人几筵聽命稱事立文謂之嘉所以承
宗廟繼後嗣也喪禮創巨者日久痛甚者愈遲二十五月而畢謂之凶所以送
死報終亦有節也故夫義婦聽父慈子孝昔魯侯改服晉襄墨縗緣金革事則
有權變安有釋縗服衣冕裳去堊室行親迎以凶瀆嘉爲朝廷爽法疏入帝迂
其言促行前詔然心嘉乂有守十八年遷起居舍人轉司勳員外皆兼史任帝
嘗登淩煙閣視左壁頹剝題文漫缺行纔數字命錄以問宰相無能知者遽召
乂至荅曰此聖曆中侍臣圖贊帝前口以誦補不失一字帝歎曰雖虞世南默
寫列女傳不是過會詔問神策軍建置本末中書討求不獲時集賢學士甚衆
悉亡以對乃訪乂乂條據甚詳宰相高郢鄭珣瑜歎曰集賢有人哉明日詔兼
判集賢院事父子爲學士儒者榮之順宗既葬議祧廟有司以中宗中興之君
當百代不遷宰相問乂乂曰中宗卽位春秋已壯而母后篡奪以移神器賴張
柬之等國祚再復蓋曰反正不得爲中興凡非我失之自我復之爲中興漢光

武晉元是也自我失之因人復之晉孝惠孝安是也今中宗與惠安二帝同不可爲不還主有司疑曰五王有安社稷功若還中宗則配饗永絶乂曰禘祫功臣乃合食太廟中宗廟雖毀而禘祫並陳太廟此則五王配食與初一也由是遷廟遂定遷兵部郎中與許孟容韋貫之删正制敕三十篇爲開元格後敕李錡誅詔宗正削一房屬籍宰相召乂問一房自大功可乎答曰大功錡之從父昆弟其祖神通有功配饗於廟雖裔孫之惡而忘其勳不可自朞可乎曰朞者錡昆弟其父若幽死社稷今以錡連坐不可執政然之故罪止錡及子息無旁坐者未幾改祕書少監復兼史館修撰與獨孤郁韋處厚修德宗實錄以勞遷右諫議大夫裴垍罷宰相而李吉甫惡垍以嘗監修故授乂太常少卿久之還祕書監累封義興縣公卒年七十五贈禮部尚書謚曰懿乂在朝廷久居史職二十年每有大政事議論宰相未能決必咨訪之乂據經義或舊章以參時事其對允切該詳初以是被遇終亦忤貴近介介不至顯官然資質樸直遇權臣秉政輒數歲不還嘗疏裴延齡罪惡及拒王叔文當世高之結髮志學老而不

厭雖甚寒暑卷不釋于前故能通百家學尤明前世沿革家藏書至萬五千卷初名武憲宗時因進見請曰陛下今日偃武修文羣臣當順承上意請改名又帝悅時討王承宗兵方罷又恐天子銳於武亦因以諷宅日帝見侍御史唐武曰命名固多何必曰武又既改之矣更曰慶羣臣乃知帝且厭兵云又論譔百餘篇五子係伸偕知名仙佶皆位刺史

係善屬文得父典實太和初授昭應尉直史館明年拜右拾遺史館修撰與沈傳師鄭澣陳夷行李漢參撰憲宗實錄轉右補闕宋申錫被誣文宗怒甚係與左常侍崔玄亮涕泣苦諍申錫得不死歷膳部員外工禮兵三部郎中皆兼史職開成末轉諫議大夫宰相李德裕惡李漢以係友壻出爲桂管觀察使人安其治復坐漢貶唐州刺史宣宗立召爲給事中集賢殿學士判院事轉吏部侍郎歷興元鳳翔節度使懿宗初拜兵部尚書以弟伸位丞相懇辭乃檢校尚書右僕射節度山南東道封淮陽郡公徙東都留守卒子曙字耀之咸通末由進士第署鄂岳團練判官除虞工二部員外郎改起居郎黃巢之難曙闔門無噍

類以是絶意仕進隱居沈痛中和二年表請爲道士許之
伸字大直第進士大中二年以右補闕爲史館修撰轉駕部郎中知制誥白敏
中領邠寧節度表伸自副加右庶子入知戸部侍郎九年爲翰林學士進承旨
十年改兵部侍郎判戸部宣宗雅信愛伸每見必咨天下得失伸言比爵賞稍
易人且偷帝愕然曰偷則亂矣伸曰否非遽亂但人有覬心亂由是生帝嗟嘆
伸三起三留曰宅日不復獨對卿矣伸不諭未幾以本官同中書門下平章事
踰四月解戸部加中書侍郎懿宗即位兼刑部尚書監修國史咸通二年出爲
河中節度使同中書門下平章事徙宣武俄以太子少保分司東都七年用爲
華州刺史再還太子太傅表乞骸骨以本官致仕卒贈太尉
偕以父任歷右拾遺史館修撰轉補闕主客郎中初柳芳作唐曆大曆以後闕
而不錄宣宗詔崔龜從韋澳李荀張彦遠及偕等分年撰次盡元和以續云累
遷太常少卿大中八年與盧耽牛叢王渢盧告撰次文宗實錄蔣氏世禪儒唯
伸及係子兆能以辭章取進士第然不爲文士所多三世踵修國史世稱良筆

咸云蔣氏日曆天下多藏焉

柳芳字仲敷蒲州河東人開元末擢進士第由永寧尉直史館肅宗詔芳與韋述綴輯吳兢所次國史會述死芳緒成之興高祖訖乾元凡百三十篇敘天寶後事棄取不倫史官病之上元中坐事徙黔中後歷左金吾衞騎曹參軍史館修撰然芳篤志論著不少選忘厭承寇亂史籍淪缺芳始謫時高力士亦貶巫州因從力士質開元天寶及禁中事具識本末時國史已送官不可追刊乃推衍義類倣編年法爲唐曆四十篇頗有異聞然不立褒貶義例爲諸儒譏訕改右司郎中集賢殿學士卒子登冕

登字成伯淹貫羣書年六十餘始仕宦元和初爲大理少卿與許孟容等刊正敕格以病改右散騎常侍致仕卒年九十餘贈工部尚書

子璟字德輝寶曆初第進士宏詞三遷監察御史時郊廟告祭吏部以雜品攝上公璟據開元元和詔書太尉以宰相攝事司空司徒以僕射尚書師傅攝餘司不及差限請如舊制從之累遷吏部員外郎文宗開成初爲翰林學士初芳

永泰中按宗正諜斷自武德以昭穆系承撰永泰新譜二十篇璟因召對帝歎新譜詳悉詔璟攟摭永泰後事綴成之復爲十篇戸部供筆札稟料遷中書舍人武宗立轉禮部侍郎璟爲人寬信好接士稱人之長游其門者它日皆顯於世會昌二年再主貢部坐其子招賄貶信州司馬終郴州刺史

冕字敬叔博學富文辭且世史官父子並居集賢院歷右補闕史館修撰坐善劉晏貶巴州司戸參軍還爲太常博士昭德王皇后崩冕與張薦議皇太子宜依晉魏卒哭除服左補闕穆質請依禮朞而除冕議見用德宗既親郊廟慎祠事動稽典禮冕以吏部郎中攝太常博士與薦及司封郎中徐岱倉部郎中陸質修飭儀矩帝疑郊廟每升輒去劍履及象劍尺寸祝語輕重冕據禮以對本末詳明天子嘉異久之以論議勁切執政不善出爲婺州刺史十三年兼御史中丞福建觀察使自以久疏斥又性躁狷不能無恨乃上表乞代且推明朝覲之意曰臣竊感江漢朝宗之誼鹿鳴君臣之讌頌聲之作王道本始國家自兵興不遑議禮方牧未朝讌樂久缺臣限一切之制例無朝集目不覩朝廷之禮

耳不聞宗廟之樂足不踐軒墀之地十有二年于茲矣夫朝會禮之本也唐虞之制羣后四朝以明黜陟商周之盛五歲一見以考制度漢法三載上計以會課最聖唐稽古天下朝集三考一見皆以十月上計京師十一月禮見會尚書省應考績事元日陳貢篚集於考堂唱其考第進賢以興善簡不肖以黜惡自安史亂常始有專地四方多故始有不朝戎臣恃險或不悔過臣忝牧圉之寄憒不朝之臣思一入覲率先天下使君臣之義親而不疏朝覲之禮廢而復舉誠恐負薪溘先朝露覲禮不展臣之憂也比聞諸將帥亡歿者衆臣自懼何德以堪久長鄉國人情之不忘也闕庭臣子所戀也朝覲國家大禮也三者臣之大願表累上其辭哀切德宗許還會冕奏閩中本南朝畜牧地可息羊馬置牧區於東越名萬安監又置五區於泉州悉索部内馬驢牛羊合萬餘游畜之不經時死耗略盡復調充之民間怨苦坐政無狀代還卒贈工部尚書

沈既濟蘇州吳人經學該明吏部侍郎楊炎雅善之既執政薦既濟有良史才召拜左拾遺史館修撰初吳兢撰國史爲則天本紀次高宗下既濟奏議以爲

則天皇后進以彊有退非德讓史臣追書當稱爲太后不宜曰上中宗雖降居藩邸而體元繼代本吾君也宜稱皇帝不宜曰廬陵王睿宗在景龍前天命未集假臨大寶於誼無名宜曰相王未容曰帝且則天改周正朔立七廟天命革矣今以周廁唐列爲帝紀考于禮經是謂亂名中宗嗣位在太后前而敘年製紀反居其下方之躋僖公是謂不智昔漢高后稱制獨有王諸呂爲負漢約無遷鼎革命事時孝惠已歿子非劉氏不紀呂后尚誰與哉議者猶謂不可況中宗以始年即位季年復祚雖尊名中奪而天命未改足以首事表年何所拘閡而列爲二紀魯昭公之出春秋歲書其居曰公在乾侯君在雖失位不敢廢也請省天后紀合中宗紀每歲首必書孝和在所以統之曰皇帝在房陵太后行某事改某制紀稱中宗而事述太后名不失正禮不違常矣夫正名所以尊王室書法所以觀後嗣且太后遺制自去帝號及孝和上謚開元冊命而后之名不易今祔陵配廟皆以后禮而獨承統于帝是有司不時正失先旨若后姓氏名諱才藝智略崩葬日月宜入皇后傳題其篇曰則天順聖武皇后云議不行

德宗立銳于治建中二年詔中書門下兩省分置待詔官三十以見官故官若同正試攝九品以上者視品給俸至稟餼幹力什器館宇悉有差權公錢收子贍用度旣濟諫曰今日之治患在官煩不患員少患不問不患無人兩省官自常侍諫議補闕拾遺四十員曰止兩人待對缺員二十一員未補若謂見官不足與議則當更選其人若廣聰明以收淹滯先補其闕何事官外置官夫置錢取息有司之權制非經治法今置員三十大抵費月不減百萬以息準本須二千萬得息百萬配戶二百又當復除其家且得入流所損尤甚今關輔大病皆言百司息錢毀室破產積府縣未有以革臣計天下財賦耗斁大者唯二事一兵資二官俸自宅費十不當二者一所以黎人重困杼軸空虛何則四方形勢兵未可去資費雖廣不獲已爲之又益以閑官冗食其弊柰何藉舊而置猶可若之何加焉事遂寢炎得罪旣濟坐貶處州司戶參軍後入朝位禮部員外郎卒撰建中實錄時稱其能子傳師

傳師字子言材行有餘能治春秋工書有楷法少爲杜佑所器貞元末舉進士

時給事中許孟容禮部侍郎權德輿樂挽轂士號權許德輿稱之於孟容孟容曰我故人子盍不過我傳師往見謝曰聞之丈人脫中第則累公舉矣故不敢進孟容曰如子可使我急賢詣子不可使子因舊見我遂擢第德輿門生七十人推爲顏子復登制科授太子授書郎以鄠尉直史館轉右拾遺左補闕史館修撰遷司門員外郎知制誥召入翰林爲學士改中書舍人翰林缺承旨次當傳師穆宗欲面命辭曰學士院長參天子密議次爲宰相臣自知必不能願治人一方爲陛下長養之因稱疾出帝遣中使敦召李德裕素與善開曉諄切終不出遂以本官兼史職俄出爲湖南觀察使方傳師與修憲宗實錄未成監修杜元穎因建言張說令狐峘在外官論次國書今稾史殘課請付傳師卽官下成之詔可寶歷二年入拜尚書右丞復出江西觀察使徙宣州傳師於吏治明吏不敢罔愼重刑法每斷獄召幕府平處輕重盡合乃論決嘗擇邸吏尹倫遲魯不及事官屬屢白易之傳師曰始吾出長安誡倫曰可闕事不可多事倫如是足矣故所莅以廉靖聞入爲吏部侍郎卒年五十九贈尚書傳師性夷粹無

競更二鎮十年無書賄入權家初拜官宰相欲以姻私託幕府者傳師固拒曰
誠爾願罷所授故其僚佐如李景讓蕭寘杜牧極當時選云治家不威嚴閨門
自化兄弟子姓屬無親疏衣服飲食如一問餉姻家故人帑無儲錢鬻宅以葬
子詢字誠之亦能文辭會昌初第進士補渭南尉累遷中書舍人出爲浙東觀
察使除戶部侍郎判度支咸通四年爲昭義節度使治尚簡易人皆便安奴私
侍兒詢將戮之奴懼結牙將爲亂夜攻詢滅其家贈兵部尚書左散騎常侍劉
潼代爲節度馳至刳奴心祭其靈坐

贊曰唐興史官秉筆衆矣然垂三百年業鉅事叢簡策挐繁其間巨盜再興圖
典焚逸大中以後史錄不存雖論著之人隨世裒掇而疏舛殘餘本末顛倒故
聖主賢臣叛人佞子善惡汩汩有所未盡可爲永愾者矣又舊史之文猥釀不
綱淺則入俚簡則及漏寧當時儒者有所諱而不得騁耶或因淺仍俗不足於
文也亦有待于後取當而行遠耶何知幾以來工訶古人而拙於用己歟自韓
愈爲順宗實錄議者鬨然不息卒竄定無完篇乃知爲史者亦難言之游夏不

能措辭於春秋果可信已

唐書卷一百三十二

唐書卷一百三十二考證

柳登子璟○舊書作冕子

柳芳子冕坐政無狀代還卒贈工部尙書○沈炳震曰舊書以政無狀詔以閣

濟美代歸而卒無贈工部尙書之文贈尙書者係冕之兄登

沈旣濟子傳師轉右拾遺左補闕史館修撰○舊書作左拾遺

寶歷二年入拜尙書右丞○舊書作尙書左丞

唐書卷一百三十二考證

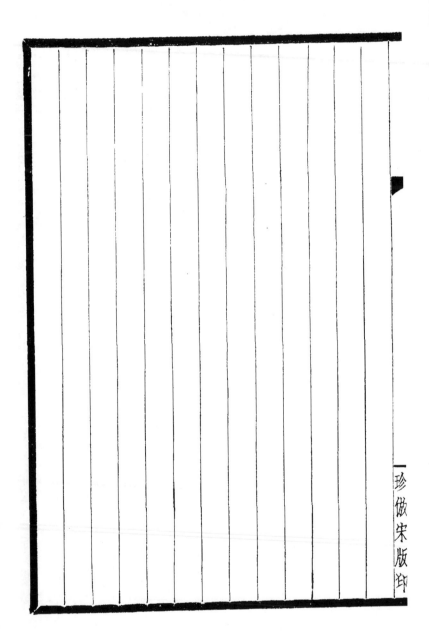

宋端明殿學士宋祁撰

列傳第五十八

二郭兩王張牛

郭虔瓘齊州歷城人開元初錄軍閥遷累右驍衛將軍兼北廷都護金山道副大總管明年突厥默啜子同俄特勤圍北廷虔瓘飭壘自守同俄單騎馳城下勇士狙道左突斬之虜亡酋長相率丐降請悉軍中所資贖同俄死聞已斬舉軍慟哭去虔瓘以功授冠軍大將軍安西副大都護封潞國公建募關中兵萬人擊餘寇遂前功有詔募士給公乘在所續食將作大匠韋湊上言漢徙豪族以實關中今畿輔戶口逋耗異時戍虜入盜丁壯悉行不宜更募驍勇以空京甸資荒服萬人所過遞馱熟饔亘六千里州縣安所供億秦隴以西多沙磧少居人若何而濟縱有克獲其補幾何黷稽天誅則諉大事不省既而虔瓘果不見虜還遷涼州刺史河西節度大使進右威衛大將軍四年奏家奴八人有戰

功求爲游擊將軍宰相劾其恃功亂綱紀不可聽罷之陜王爲安西都護詔虔瓘爲副虔瓘與安撫招慰十姓可汗使阿史那獻數持異交訴諸朝玄宗遣左衛中郎將王惠齎詔書諭解曰朕聞師克在和不在衆以虔瓘獻宿將當捨嫌窒隙戮力國家自開西鎮列諸軍戍有定區軍有常額卿等所統蕃漢雜之在乎善用何必加募或云突騎施圍石城獻所致也葛邏祿稱兵虔瓘所沮也大將不協小人以逞何功可圖昔相如能詘廉頗寇恂不吝賈復宜各曠然終承朕命今賜帛二千段及佗珍器俾諒朕意虔瓘奉詔久之卒軍中以張孝嵩爲安西副都護孝嵩偉姿貌及進士第而慷慨好兵在安西勸田訓士府庫盈饒徙太原尹卒以黃門侍郎杜暹代

郭知運字逢時瓜州晉昌人長七尺猨臂虎口以格鬭功累補秦州三度府果毅從郭虔瓘破突厥有功加右驍衛將軍封介休縣公吐蕃將坌達延乞力徐寇渭源盜牧馬詔知運與薛訥王晙等相掎角敗之進階冠軍大將軍兼臨洮軍使封太原郡公賜賚萬計徙隴右諸軍節度大使鄯州都督突厥降戶阿悉

爛跌跌思泰率衆叛執單于都護張知運詔以朔方兵追擊至黑山呼延谷敗
之虜棄仗走取副都護還詔知運兼隴右經略使營柳城開元五年大破吐蕃
獻俘京師明年復出將輕兵丙夜至九曲獲精甲名馬犛牛甚衆既獻獲詔分
賜文武五品以上清官及朝集使三品者進兼鴻臚卿攝御史中丞六州胡康
待賓反率王晙討平之拜左武衞大將軍授一子官賜金帛九年卒于軍年五
十五贈涼州都督知運屯西方戎夷畏憚與王君㚟功名略等時號王郭帝詔
中書令張說紀其功於墓碑上元中配饗太公廟永泰初謚曰威子英傑英乂
英傑字孟武爲左衞將軍幽州副總管開元二十三年長史薛楚玉遣英傑與
裨將吳克勤烏知義羅守忠帥萬騎及奚衆討契丹屯榆關契丹酋長可突于
拒戰都山下奚衆貳官軍不利知義守忠引麾下遁去英傑克勤力戰死其下
尚六千人殊死戰虜示以英傑首終不屈師遂殲
英乂字元武以武勇有名河隴間累遷諸衞員外將軍哥舒翰見之曰是當代
吾節制者祿山亂拜秦州都督隴右採訪使賊將高嵩擁兵入汧隴英乂僞勞

之且具饗既而伏兵發盡虜其衆至德二載加隴右節度使召還改羽林軍大將軍掌衛兵以喪去職史思明陷洛陽謀掠陳蔡詔英乂統淮南節度兵賊叩陝虢又改陝西節度潼關防禦使進御史大夫兼神策軍節度使代宗即位以檢校戶部尚書兼大夫雍王率諸將討賊洛陽留英乂殿于陝東都平權知留守無檢御才其麾下與朔方回紇遂大掠都城及鄭汝環千里無居人以功實封三百戶召拜尚書右僕射封定襄郡王日驕蹇爲侈汰陰事宰相元載以久其權未幾嚴武死成都乃拜劍南節度使自以有內主故肆志無所憚初玄宗在蜀時舊宮爲道士祠冶金作帝象盡繪乘輿侍衛每尹至先拜祠後視事英乂愛其地勝選輒壞繪像自居之衆始不平又教女伎乘驢擊毬鈿鞍寶勒及宅服用日無慮數萬費以資倡樂未嘗問民間事爲政苛暴人以目相謂怨崔寧不己同也出兵襲寧不克寧因人之怨率麾下五千直擣成都英乂拒戰衆皆反戈內攻乃奔簡州攻靈池普州刺史韓澄斬首送寧遂屠其家

王君㚟字威明瓜州常樂人初事郭知運爲別奏累功至右衛副率知運卒代

爲河西隴右節度使右羽林軍將軍判涼州都督事開元十四年吐蕃酋悉諾
邏寇大斗拔谷君㚟間其怠率秦州都督張景順乘冰度青海襲破之以功還
大將軍封晉昌縣伯拜其父壽爲少府監聽不事君㚟凱旋玄宗宴君㚟及妻
夏於廣達樓賜金帛夏亦自以戰功封武威郡夫人俄而吐蕃陷瓜州執刺史
田元獻及壽殺居人取資糧進攻玉門軍使人謂君㚟曰將軍常自以忠勇今
不一進戰奈何君㚟登陴西向哭兵不敢出初涼州有回紇契苾思結渾四部
世爲酋長君㚟微時數往來爲所輕及節度河西回紇等頗鞅鞅恥爲下君㚟
怒數督過之既怨望潛遣人至東都言狀君㚟間驛奏四部有叛謀帝使中人
即訊回紇不能自直於是瀚海大都督回紇承宗流瀼州渾大得流吉州賀蘭
都督契苾承明流藤州盧山都督思結歸國流瓊州而承宗黨瀚海州司馬護
輸等益不平思有以復怨會吐蕃使間道走突厥君㚟率騎到肅州掩取之還
至甘州護輸狙兵發奪君㚟節殺左右親吏剖其心曰是始謀者君㚟引帳下
力戰兵盡乃死輸欲以尸奔吐蕃追兵至乃棄尸去帝痛惜之贈特進荊州大

都督以喪還京師官護其葬詔張說刻文墓碑帝自書以寵之始吐蕃寇瓜州
分遣莽布支攻常樂令賈師順乘城守俄而瓜州陷悉諾邏幷兵攻之數日虜
衆有㜊家在城中使夜見師順曰州已失守虜悉衆來孤城渠可久不早降以
全噍類乎師順曰吾受天子命守此義不可下賊數日又說師順曰明府不降
吾衆且還宜有以贈我師順請脫士卒衣襦悉諾邏知無有乃夜徹營去毀瓜
州城師順開門收器械復完守備吐蕃果使精騎還襲見有備乃去以功遷鄯
州都督隴右節度使師順岐州人終左領軍將軍
張守珪陝州河北人姿幹瓌壯慷慨尚節義善騎射以平樂府別駕從郭虔瓘
守北庭突厥侵輪臺遣守珪往援中道逢賊苦戰斬首千餘級禽頡斤一人開
元初虜復攻北庭守珪從儳道奏事京師因上書言利害請引兵出蒲昌輪臺
夾擊賊再遷幽州良杜府果毅時盧齊卿爲刺史器之引與共榻坐謂曰不十
年子當節度是州爲國重將願以子孫託可僚屬相期邪稍遷建康軍使王君
㚟死河西震懼詔以守珪爲瓜州刺史墨離軍使督餘衆完故城版築方立虜

奄至衆失色守珪曰創痍之餘詎可矢石相确須權以勝之遂置酒城上會諸將作樂虜疑有備不敢攻引去守珪縱兵擊敗之於是脩復位署招流宂使復業有詔以瓜州爲都督府卽詔守珪爲都督州地沙瘠不可蓺常潴雪水溉田是時渠堨爲虜毀材木無所出守珪密禱于神一昔水暴至大木數千章塞流下因取之脩復堰坊耕者如舊州人神之刻石紀事遷鄯州刺史隴右節度使徙幽州長史河北節度副大使俄加採訪處置等使契丹奚連年梗邊牙官可突于胡有謀者前長史趙含章薛楚玉等不能制守珪至每戰輒勝虜遂大敗帝喜詔有司告九廟契丹酋屈剌及突于恐懼乃遣使詐降守珪得其情遣右衞騎曹王悔詣部計事屈剌無降意徙帳稍西北密引突厥衆將殺悔以叛契丹別帥李過折與突于爭權不叶悔因間誘之夜斬屈剌及突于盡滅其黨以衆降守珪次紫蒙州大閱軍實賞將士傳屈剌突于首於東都二十三年入見天子會藉田畢卽酺燕爲守珪飲至帝賦詩寵之加拜輔國大將軍右羽林大將軍賜金綵授二子官詔立碑紀功久之復討契丹餘黨于捺祿山鹵獲不訾

會裨將趙堪白真陀羅等彊使平盧軍使烏知義度湟水邀叛奚且踩其稼知義辭不往真陀羅矯詔脅之知義與虜鬬不勝還守珪匿其敗但上克獲狀事頗泄帝遣謁者牛仙童按實守珪逼真陀羅自殺厚賂使者還奏如狀後仙童以贓敗事逮守珪以功貶括州刺史疽發背死子獻誠

獻誠天寶末陷安祿山授僞署後事史思明將兵數萬守汴州東都平史朝義走還汴獻誠不內藉所統兵以州降詔即拜汴州刺史封南陽郡公改寶應軍左廂兵馬使更封鄧國公既來朝代宗禮賜尤渥擢山南西道節度使討南山劇賊高玉禽之俄兼劍南東川節度時崔旰殺郭英乂獻誠率衆戰梓州大敗大曆三年以疾歸京師舉其弟獻恭自代以檢校戶部尚書知省事病甚固乞辭位卒始獻誠喜功名爲政寬裕有機略隨方制變而飭廉不逮於父從弟獻恭數有軍功以右羽林軍代爲節度使大曆末破吐蕃於岷州久之拜東都留守累遷檢校吏部尚書德宗欲徙盧杞爲饒州刺史給事中袁高上還詔書苦爭獻恭見帝曰高所奏宜聽帝不答復前曰高乃陛下良臣當優異之上遂不

徙杞世服其不撓子煦積閥亦至夏州節度使元和八年振武軍逐節度使李進賢屠其家及判官嚴澈憲宗怒詔煦以本軍進討許以便宜賜縑三萬爲軍資河東王鍔遣兵五千爲援煦入捕亂卒蘇國珍等數百人誅之卒贈太子太保

獻誠從弟獻甫以軍功試光祿卿殿中監從河中節度使賈耽討梁崇義有勞德宗西幸又從渾瑊討朱泚戰多累遷至金吾將軍檢校工部尚書李懷光叛吐蕃盜邊獻甫領禁兵戍咸陽累年兵農悅安貞元四年代韓游瓌領邠寧節度使邠寧軍素驕憚獻甫嚴因游瓌去遂縱掠邀范希朝爲帥都將楊朝晟誅首亂者獻甫乃得入於是斷山浚塹選巖要地築烽堡請復鹽州及洪門洛原鎮屯兵詔可獻甫遣兵馬使魏茪逐吐蕃築鹽夏二城虜衆畏不敢入寇十二年加檢校尚書左僕射卒贈司空

王忠嗣華州鄭人父海賓太子右衞率豐安軍使開元二年吐蕃寇隴右詔隴右防禦使薛訥率杜賓客郭知運王晙安思順禦之以海賓爲先鋒戰武階追

北至壕口殺其衆進戰長城堡諸將娼其功按兵顧望海賓戰死大軍乘之斬
賊萬七千級獲馬七萬牛羊四十萬玄宗憐其忠贈左金吾大將軍忠嗣時年
九歲始名訓授尚輦奉御入見帝伏地號泣帝撫之曰此去病孤也須壯而將
之更賜今名養禁中肅宗爲忠王帝使與游及長雄毅寡言有武略上與論兵
應對蠭起帝器之曰後日爾爲良將試守代州別駕大猾閉門自歛不敢干法
數以輕騎出塞忠王言於帝曰忠嗣敢鬬恐亡之由是召還信安王禕在河東
蕭嵩出河西數引爲麾下帝以其年少有復讎志詔不得特將嵩入朝忠嗣曰
從公三年無以歸報天子乃請精銳數百襲虜會贊普大酋閱武鬰標川其下
欲還忠嗣不從提刀略陣斬數千人獲羊馬萬計嵩上其功帝大悅累遷左威
衛將軍代北都督封清源縣男與皇甫惟明輊重不得構忠嗣罪貶東陽府左
果毅河西節度使杜希望欲取吐蕃新羅城有言忠嗣才者希望以聞詔追赴
河西進拔其城忠嗣錄多授左威衛郎將專知兵馬俄吐蕃大出欲取當新城
晨壓官軍陣衆不敵舉軍皆恐忠嗣單馬進左右馳突獨殺數百人賊衆囂相

蹂軍廢翼摧之虜大敗拜左金吾衛將軍領河東節度副使大同軍使尋爲節度使二十九年節度朔方兼靈州都督天寶元年北討奚怒皆戰桑乾河三遇三克耀武漠北高會而還時突厥新有難忠嗣進軍磧口經略之烏蘇米施可汗請降忠嗣以其方彊特文降耳乃營木剌蘭山諜虛實因上平戎十八策縱反閒於拔悉密與葛邏祿回紇三部攻多羅斯城涉昆水斬米施可汗築大同靜邊二城徙淸塞橫野軍實之并受降振武爲一城自是虜不敢盜塞徙河東節度使進封縣公忠嗣本負勇敢及爲將乃能持重安邊不生事嘗曰平世爲將撫衆而已吾不欲竭中國力以幸功名故訓練士馬隨闕繕補有漆弓百五十斤每弢之示無所用軍中士氣盛日夜思戰忠嗣縱諜閒伺虜隙時時出奇兵襲敵所向無不克故士亦樂爲用軍每出召屬長付以兵使授士卒雖弓矢亦誌姓名其上軍還遺弦亡鏃皆按名第罪以是部下人自勸器甲充牣自朔方至雲中袤數千里據要險築城堡斥地甚遠自張仁亶後四十餘年忠嗣繼其功俄爲河西隴右節度使權朔方河東節度佩四將印勁兵重地控制萬里

近世未有也又授一子五品官後數出戰青海積石虜輒奔破又討吐谷渾於墨離平其國乃固讓朔方河東二節度許之帝方事石堡城詔問攻取計忠嗣奏言吐蕃舉國守之若頓兵堅城下費士數萬然後可圖恐所得不讎所失請厲兵馬待釁取之帝意不快而李林甫尤忌其功日鉤摭過咎會董延光建言請下石堡詔忠嗣分兵應接忠嗣不得已爲出軍而士無賞格延光不悅河西兵馬使李光弼入說曰大夫愛惜士卒有拒延光心雖名受詔實奪其謀然大夫已付萬衆而不立重賞何以買士勇且大夫惜數萬段賜以啓讒口有如不捷歸罪大夫大夫先受禍矣忠嗣曰吾固審得一城不足制敵失之未害於國吾忍以數萬人命易一官哉明日見責不失一金吾羽林將軍歸宿衞不者黔中上佐耳光弼謝曰大夫乃行古人事光弼又何言趨而出延光過期不克果訴忠嗣沮兵又安祿山城雄武扼飛狐塞謀亂請忠嗣助役因欲留其兵忠嗣先期至不見祿山而還數上言祿山且亂林甫益惡之陰使人誣告忠嗣嘗養宮中云吾欲奉太子帝怒召入付三司訊驗罪應死哥舒翰方有寵白上請以

官爵贖忠嗣罪帝意解貶漢陽太守久之徙漢東郡卒年四十五後翰引兵攻
石堡拔之死士略盡如忠嗣言故當世號爲名將初在朔方至互市輒高償馬
直諸蕃爭來市故蕃馬寖少唐軍精及鎭河隴又請徙朔方河東九千騎以實
軍迄天寶末益滋息寶應元年追贈兵部尚書

贊曰以忠嗣之才戰必破攻必克策石堡之得不當所亡高馬直以空虜資論
祿山亂有萌可謂深謀矣然不能自免於讒卒死放地自古忠賢工謀於國則
拙於身多矣可勝吒哉

牛仙客涇州鶉觚人初爲縣小史令傅文靜器之會爲隴右營田使引與計事
積功遷洮州司馬河西節度使王君㚟召爲判官君㚟死仙客獨得免蕭嵩代
節度復委以軍政仙客清勤不懈接士大夫以信及嵩還執政因薦之稍遷太
僕少卿判涼州別駕知節度留後事俄爲節度使開元二十四年代信安王禕
爲朔方行軍大總管始在河西嗇事省用倉庫積鉅萬器械犀銳崔希逸代之
卽以聞帝令刑部員外郎張利馳傳覆視如狀帝悅將用爲尚書宰相張九齡

持不可乃封隴西郡公實封戶二百李林甫探知帝旨稱其材會九齡罷故以
工部尚書同中書門下三品知門下事遙領河東節度副大使爲相謹身無宅
與時沈浮唯唯恭愿前後錫與緘庋不敢用百司諮決無所處可輒曰如令式
帝旣用仙客知時議不歸乘閒以問高力士力士曰仙客本胥史非宰相器帝
忿然曰朕且用康晉蓋恚言也有爲晉言者晉以爲實喜甚久之封豳國公加
左相卒贈尚書右丞相謚曰貞節

唐書卷一百三十三

唐書卷一百三十三考證

郭知運子英傑開元二十三年長史薛楚玉遣英傑與裨將吳克勤烏知義羅守忠帥萬騎及奚衆討契丹○臣德潛按綱目於開元二十一年書幽州副總管郭英傑與契丹戰敗死舊書亦作二十一年新書誤

郭知運子英乂以功實封三百戶○舊書作二百戶

張守珪子獻誠擢山南西道節度使○舊書作充山南西道觀察使

王忠嗣傳攻多羅斯城涉昆水斬米施可汗○沈炳震曰舊書攻米施可汗走之兩書皆天寶元年事也元宗本紀斬米施在天寶三年以走之為合

牛仙客傳卒贈尚書右丞相○舊書作贈左丞相

唐書卷一百三十三考證

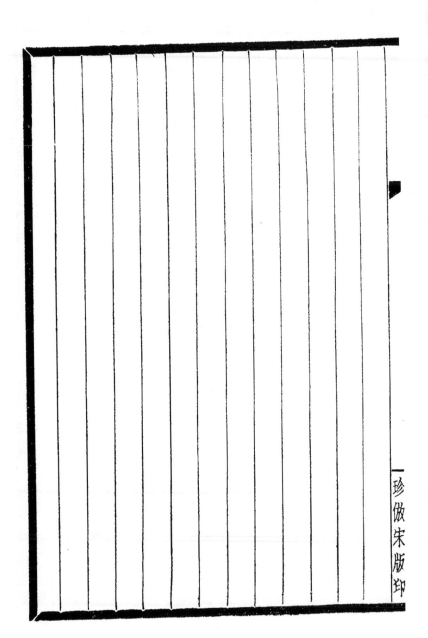

唐書卷一百三十四

宋　端　明　殿　學　士　宋　祁　撰

列傳第五十九

宇文韋楊王

宇文融京兆萬年人隋平昌公弼裔孫祖節明法令貞觀中爲尚書右丞謹幹自將江夏王道宗以事請節節以聞太宗喜賚絹二百勞之曰朕比不置左右僕射正以公在省耳永徽初還黄門侍郎同中書門下三品代于志寧爲侍中坐房遺愛友善貶桂州卒融明辯長於吏治開元初調富平主簿源乾曜孟温繼爲京兆賢其人厚爲禮時天下戸版刓隱人多去本籍浮食閭里詭脫繇賦豪弱相幷州縣莫能制融由監察御史陳便宜請校天下籍收匿戸羨田佐用度玄宗以融爲覆田勸農使鉤檢帳符得僞勳亡丁甚衆擢兵部員外郎兼侍御史融乃奏慕容琦韋洽裴寬班景倩庫狄履温賈晉等二十九人爲勸農判官假御史分按州縣括正丘畝招徠戸口而分業之又兼租地安輯戸口使於

是諸道收沒戸八十萬田亦稱是歲終羨錢數百萬緡帝悅引拜御史中丞然吏下希望融㫖不能無擾張空最務多其獲而流客頗脫不止初議者以生事沮詰百端而帝意向之宰相源乾曜等佐其舉又集羣臣大議公卿雷同不敢異唯戸部侍郎楊瑒以爲籍外取稅百姓困弊得不酬失瑒坐左遷融乃自請馳傳行天下事無巨細先上勸農使而後上臺省臺省須其意乃行下融所過見高年宣天子恩㫖百姓至有感涕者使還言狀帝乃下詔以客賦所在並建常平倉益貯九穀權發斂官司勸作農社使貧富相恤凡農月州縣常務一切罷省使趨刈穫流亡新歸十道各分官屬存撫使遂厥功復業已定州縣季一申牒不須挾名中書令張說素惡融融每建白說輒引大體廷爭融揣說不善欲先事中傷之張九齡謂說曰融新用事辯給多詐公不可以忽說曰狗鼠何能爲會帝封太山還融以選限簿冬請分吏部爲十銓有詔融與禮部尚書蘇頲刑部尚書韋抗工部尚書盧從愿右散騎常侍徐堅蒲州刺史崔琳魏州刺史崔沔荆州長史韋虛心鄭州刺史賈曾懷州刺史王丘分總而不得參事一

決於上融奏選事說屢卻之融怒乃與御史大夫崔隱甫等廷劾說引術士解禱又受賕說由是罷宰相融畏說且復用訾詆不已帝疾其黨詔說致仕放隱甫于家出融爲魏州刺史方河北大水卽詔領宣撫使俄兼檢校汴州刺史河南北溝渠隄堰決九河使又建請墾九河故地爲稻田權陸運本錢收其子入官興役紛然而卒無成功入爲鴻臚卿兼戶部侍郎明年進黃門侍郎同中書門下平章事融曰使吾執政得數月久天下定矣乃薦宋璟爲右丞相裴耀卿爲戶部侍郎許景先爲工部侍郎當時長其知人而性卞急少所推下旣居位日引賓客故人與酣飲然而神用警敏應對如響雖天子不能屈信安王禕節度朔方融畏其權諷侍御史李宙劾奏之禕密知因玉真公主高力士自歸翌日宙通奏帝怒罷融爲汝州刺史居宰相凡百日去而錢穀亦自此不治帝思之讓宰相曰公等暴融惡朕旣罪之矣國用不足將奈何裴光庭等不能對卽使有司劾融交不逞作威福其息受贓饋狠藉乃貶融平樂尉歲餘司農發融在汴州給隱官息錢巨萬給事中馮紹烈深文推證詔流于巖州道廣州還延

不行爲都督耿仁忠所讓惶恐上道卒初融廣置使額以侈上心百姓愁恐有司癏失職自融始帝猶思其舊功贈台州刺史其後言利得幸者踵相躡皆本於融云

子審字審融之貶也審與兄弟侍母京師及聞融再貶不告其家徒步號泣省父使者憐之以車共載達于巖州後擢進士第累遷大理評事以夏楚大小無制始創杖架以高庳度杖長短又鑄銅爲規齊其巨細楊國忠顓政殺嶺南流人以中使傳口勑行刑畏議者嫉其酷乃以審爲嶺南監決處置等使活者甚衆後終和永二州刺史

韋堅字子全京兆萬年人姊爲惠宣太子妃妹爲皇太子妃中表貴盛故仕最蚤繇祕書丞歷奉光長安令有幹名見宇文融楊慎矜父子以聚斂進乃運江淮租賦所在置吏督察以佐國稟歲終增鉅萬玄宗咨其才擢爲陝郡太守水陸運使漢有運渠起關門西抵長安引山東租賦汔隋常治之堅爲使乃占咸陽壅渭爲堰絕灞滻而東注永豐倉下復與渭合初滻水銜苑左有望春樓堅

于下鑿爲潭以通漕二年而成帝爲升樓詔羣臣臨觀堅豫取洛汴宋山東小斛舟三百並貯之潭篙工柁師皆大笠侈袖芒屨爲吳楚服每舟署某郡以所產暴陳其上若廣陵則錦銅器官端綾繡會稽則羅吳綾絳紗南海瑇瑁象齒珠琲沉香豫章力士甆飲器茗鐺釜宣城空青石綠始安蕉葛蚺膽翠羽吳郡方丈綾船皆尾相銜進數十里不絶關中不識連檣挾艣觀者駭異先是人間唱得體紇那歌有揚州銅器語開元末得寶符於桃林而陝尉崔成甫以堅大輸南方物與歌語叶更變爲得寶歌自造曲十餘解召吏唱習至是衣缺胯衫錦半臂絳冒額立艫前倡人數百皆巾幯鮮治齊聲應和鼓吹合作船次樓下堅跪取諸郡輕貨上於帝以給貴戚近臣上百牙盤食府縣教坊音樂迭進惠宣妃亦出寶物供具帝大悅擢堅左散騎常侍官屬賞有差蠲役人一年賦舟工賜錢二百萬名潭曰廣運堅進兼江淮南租庸轉運處置等使又兼御史中丞封韋城縣男堅妻姜皎女李林甫舅子也初甚昵比既見其寵惡之堅亦自以得天子意銳於進又與左相李適之善故林甫授堅刑部尚書奪諸使以楊

慎矜代之堅失職稍怨望河西隴右節度使皇甫惟明數於帝前短林甫稱堅才林甫知之惟明故爲忠王友王時爲皇太子矣正月望夜惟明與堅宴集林甫奏堅外戚與邊將私且謀立太子有詔訊鞫林甫使楊慎矜楊國忠王鉷吉温等文致其獄帝惑之貶堅縉雲太守惟明播川太守籍其家堅諸弟訴枉帝大怒太子懼表與妃絕復貶堅江夏別駕未幾長流臨封郡弟蘭爲將作少匠冰鄠令芝兵部員外郎子諒河南府戶曹皆謫去歲中遣監察御史羅希奭就殺之殺惟明於黔中惟堅妻得原從坐十餘人倉部員外郎鄭章右補闕內供奉鄭欽說監察御史豆盧友楊惠嗣薛王瑁皆免官被竄堅始鑿潭多壞民冢墓起江淮至長安公私騷然及得罪林甫遣使江淮鉤索堅罪捕治舟夫漕史所在獄皆滿郡縣剝斂償輸責及鄰伍多裸死牢戶林甫死乃止

楊慎矜隋齊王暕曾孫祖正道從蕭后入突厥及破頡利可汗乃得歸爲尙衣奉御父隆禮歷州刺史善檢督吏以嚴辯自名開元初爲太府卿封弘農郡公時御府財物羨積如丘山隆禮性詳密出納雖尋尺皆自按省凡物經楊卿者

號無不精麗歲常愛省數百萬任職二十年年九十餘以戶部尚書致仕卒慎矜沈毅任氣健而才初爲汝陽令有治稱隆禮罷太府玄宗訪其子可代父任者宰相以慎餘慎矜慎名皆得父清白帝喜擢慎矜監察御史知太府出納慎餘太子舍人主長安倉慎名大理評事爲含嘉倉出納使被眷尤渥慎矜遷侍御史知雜事高置風格始議輸物有汙傷責州縣償所直轉輕齎入京師自是天下調發始煩天寶二年權判御史中丞京畿採訪使太府出納如故於時李林甫用事慎矜進非其意固讓不敢拜乃授諫議大夫兼侍御史更以蕭諒爲中丞諒爭輕重不平罷爲陜郡太守林甫知慎矜爲己屈卒授御史中丞兼諸道鑄錢使韋堅之獄王鉷等方文致而慎矜依違不甚力鉷恨之雖林甫亦不悅鉷父與慎矜外兄弟也故與鉷狎及爲侍御史繇慎矜所引後遷中丞同列慎矜猶以子姓畜之鉷負林甫勢滋不平會慎矜擢戶部侍郎仍兼中丞林甫疾其得君且逼己乃與鉷謀陷之明年慎矜父冢草木皆流血懼以問所善胡人史敬忠敬忠使身桎梏裸而坐林中厭之又言天下且亂勸慎矜居臨汝置

田爲後計會婢春草有罪將殺之敬忠曰勿殺賣之可市十牛歲耕田十頃慎矜從之婢入貴妃姊家因得見帝帝愛其辯惠留宮中寖侍左右帝嘗問所從來婢奏爲慎矜家所賣帝曰彼乏錢邪對曰固將死賴史敬忠以免帝素聞敬忠挾術聞質其然婢具言敬忠夜過慎矜坐廷中步星變夜分乃去又白猒勝事帝怒而婢漏言於楊國忠國忠鉷方睦陰相語始慎矜奪鉷職田辱詬其母又嘗私語讖書鉷銜之未有發也至聞國忠語乃喜且欲嘗帝以取驗異時奏事數稱引慎矜帝悖然曰爾親邪毋相往來鉷知帝惡甚後見慎矜輒僈侮不爲禮慎矜怒鉷乃與林甫作飛牒告慎矜本隋後蓄讖緯妖言與妄人交規復隋室帝方在華清宮聞之震怒收慎矜尚書省詔刑部尚書蕭炅大理卿李道邃殿中侍御史盧鉉楊國忠雜訊馳遣京兆士曹參軍吉溫繫慎餘慎名於洛陽獄考治捕太府少卿張瑄致會昌傳舍劾瑄與慎矜共解圖讖搒掠不服鉉遣御史崔器索讖書於慎矜小妻臥內得之詬曰逆賊所寶固密今得矣以示慎矜慎矜曰宅日無是今得之吾死命矣夫溫又誘敬忠首服詰言慎矜不能

對有詔杖敬忠賜愼矜瑄死籍其家子女悉置嶺南姻黨通事舍人辛景湊天馬副監万俟承暉閑廄使殿中監韋衢等坐竄徙者十餘族所在部送近親不得仕京師遣御史顏眞卿馳洛陽決獄愼餘愼名聞兄死皆哭旣讀詔輟哭愼名曰奉詔不敢稽死但寡姊垂白作數行書與別眞卿許之索筆曰拙於謀己兄弟併命姊老孤煢何以堪此遂縊手指天而絕愼矜兄弟友愛事姊如母儀幹皆秀偉愛賓客標置不凡著稱於時愼名嘗視鑑歎曰兄弟皆六尺餘此貌此才欲見容當世難矣胡不使我少體弱邪世哀其言寶應初愼矜王琚韋堅皆復官爵

王鉷中書舍人瑨側出子也初爲鄠尉遷監察御史擢累戶部郎中數按獄深文玄宗以爲才進兼和市和糴長春宮戶口色役使拜御史中丞京畿關內採訪黜陟使林甫方興大獄撼東宮誅不附己者以鉷險刻可動以利故倚之使鷙擊狠噬鉷所摧陷多抵不道又厚誅斂嚮天子意人雖被蠲貸鉷更奏取脚直轉異貨百姓間關輸送乃倍所賦又取諸郡高戶爲租庸脚士大抵貲業皆

破督責連年人不賴生帝在位久妃御服玩脂澤之費日侈而橫與別賜不絕于時重取於左右藏故鉷迎帝旨歲進錢鉅億萬儲禁中以爲歲租外物供天子私帑帝以鉷有富國術寵遇益厚以戶部侍郎仍御史中丞加檢察內作閑廐使苑內營田五坊宮苑等使隴右羣牧度支營田使天寶八載方士李渾上言見太白老人告玉版祕記事帝詔鉷按其地求得之因是羣臣奉上帝號明年鉷爲御史大夫兼京兆尹加知總監栽接使於是領二十餘使中外畏其權鉷於第左建大院文書叢委吏爭入求署一字累數日不得者天子使者賜遺相望聲焰薰灼帝寵任鉷亞林甫而楊國忠不如也然鉷畏林甫謹事之安祿山怙寵見林甫白事稍自怠林甫欲示之威託以事召王大夫俄而鉷至趨進俯伏祿山不覺自失鉷語久祿山益恭故林甫雖忌其威亦以附己親之子準爲衞尉少卿以鬬雞供奉禁中林甫子岫亦親近準驕甚淩岫出其上過駙馬都尉王繇以彈彈其巾折玉簪爲樂既置酒永穆公主親視供具萬年尉韋黃裳長安尉賈季鄰等候準經過饌具倡樂必素辦無敢違意鉷事嫡母孝而與

弟銲友愛銲疾鉷宦達常忿慢不弟鉷終不異情銲歷戶部郎中鉷與銲召術士語不軌術士驚引去鉷畏事泄託它事捕殺之以絕口王府司馬安定公主子韋會竊語於家左右往白鉷鉷遣季鄰收會長安獄夜縊死以尸還家會姻屬權近而惕息不敢言鉷封太原縣公兼殿中監爲中丞也與楊國忠同列用林甫薦爲大夫故國忠不悅銲與邢縡善縡鴻臚少卿璹子也以功名相期鉷因銲亦交縡十一載四月縡與銲謀引右龍武軍萬騎燒都門誅執政作難先二日事覺帝召鉷付告牒鉷意銲與縡連故緩其事但督兩縣尉捕賊賈季鄰逢銲於路銲謂曰我與縡有舊今反恐妄相引君勿受既至縡與其黨持弓刃突出格鬬鉷與國忠繼至縡黨相語曰勿鬬大夫或白國忠曰賊語陰相謂不可戰會高力士以飛龍小兒甲騎四百至斬縡盡禽其黨國忠奏鉷與謀帝不信林甫亦爲鉷言故帝原銲不問然欲鉷請銲罪使國忠諷之鉷良久曰弟爲先人所愛義不欲捨而謀存帝聞頗怒而陳希烈固爭當以大逆鉷未知方上表自解有詔希烈訊鉷矣有司不肯通奏鉷見林甫林甫曰事後矣俄而銲至

國忠問曰大夫與否未及應侍御史裴冕叱銲曰上以大夫故官君五品君爲臣不忠爲弟不誼大夫豈與反事乎國忠愕然曰與固不可隱不與不可妄銲乃曰兄不與獄具詔銲杖死鉷賜死三衛廚冕請國忠以其尸歸斂葬之諸子悉誅家屬徙遠方有司籍第舍數日不能徧至以寶鈿爲井幹引泉激霤號自雨亭其奢侈類如此鉷兄錫見諸弟貴盛不肯仕鉷彊之爲太子僕至是貶東區尉死於道時人傷焉初鉷附楊愼矜以貴已而佐林甫陷愼矜覆其家凡五年而鉷亦族矣盧鉉者本以御史事韋堅爲判官堅被劾鉉發其私以結林甫又善張瑄及按愼矜則誣瑄死至鉷得罪方爲閑廄判官妄曰大夫以牒索馬五百我不與衆疾其反覆貶廬江長史宅日見瑄如平生乃曰公何得來此願假須臾卒死

贊曰開元中宇文融始以言利得幸於時天子見海内完治偃然有攘卻四夷之心融度帝方調兵食故議取隱戶剩田以中主欲利說一開天子恨得之晚不十年而取宰相雖後得罪而追恨融才有所未盡也孟子所謂上下征利而

國危者可不信哉天寶以來外奉軍興內蠱豔妃所費愈不貲計於是韋堅楊慎矜王鉷楊國忠各以裒刻進剝下益上歲進羨緡百億萬爲天子私藏以濟橫賜而天下經費自如帝以爲能故重官累使尊顯烜赫然天下流亡日多於前有司備員不復事而堅等所欲旣充還用權媢以相屠脅四族皆覆爲天下笑夫民可安而不可擾利可通而不可竭觀數子乃欲擾而竭之斂怨基亡則向所謂利者顧不反哉鉷國忠後出橫虐最甚當方毒天下復思融云

唐書卷一百三十四

唐書卷一百三十四考證

宇文融傳融乃奏慕容琦等二十九人爲勸農判官○臣德潛按舊書置勸農判官十人通鑑綱目俱作十人

楊愼矜傳詔刑部尚書蕭炅○舊書作蕭隱之

王鉷傳然鉷畏林甫謹事之○舊書作雖晉公林甫亦畏避之

唐書卷一百三十四考證

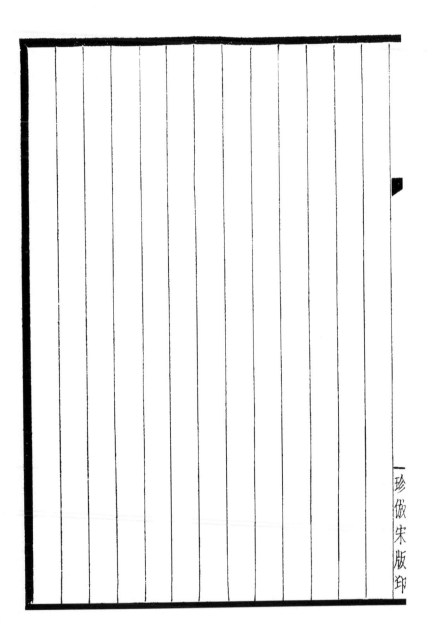

宋　端　明　殿　學　士　宋　祁　撰

列傳第六十

哥舒高封

哥舒翰其先蓋突騎施酋長哥舒部之裔父道元爲安西都護將軍赤水軍使故仍世居安西翰少補效轂府果毅家富于財任俠重然諾縱蒱酒長安市年四十餘遭父喪不歸不爲長安尉所禮慨然發憤游河西事節度使王倕倕攻新城使翰經略稍知名又事王忠嗣署衙將翰能讀左氏春秋漢書通大義疏財多施予故士歸心爲大斗軍副使佐安思順不相下忠嗣更使討吐蕃副將倨見翰怒立殺之麾下爲股抃還左衞郎將吐蕃盜邊與翰遇苦拔海吐蕃枝其軍爲三行從山差池下翰持半段槍迎擊所嚮輒披靡名蓋軍中擢授右武衞將軍副隴右節度爲河源軍使先是吐蕃候積石軍麥熟歲來取莫能禁翰乃使王難得楊景暉設伏東南谷吐蕃以五千騎入塞放馬褫甲將就田翰自

城中馳至壘鬬虜駭走追北伏起悉殺之隻馬無還者翰嘗逐虜馬驚陷于河
吐蕃三將欲刺翰翰大呼皆擁矛不敢動救兵至追殺之翰有奴曰左車年十
六以膂力聞翰工用槍追及賊擬槍於肩叱之賊反顧翰刺其喉剔而騰之高
五尺許乃墮左車即下馬斬其首以爲常會忠嗣被罪帝召翰入朝部將請賫
金帛以救忠嗣翰但賫樸裝曰使吾計從奚取於是不行用此足矣翰至帝虛
心待與語異之拜鴻臚卿爲隴右節度副大使翰已謝即極言忠嗣之枉帝起
入禁中翰叩頭從帝且泣帝寤爲未貸其罪忠嗣不及誅朝廷稱其義踰年築
神威軍青海上吐蕃攻破之更築於龍駒島有白龍見因號應龍城翰相其川
原宜畜牧謫罪人二千戍之由是吐蕃不敢近青海天寶八載詔翰以朔方河
東羣牧兵十萬攻吐蕃石堡城數日未克翰怒捽其將高秀巖張守瑜將斬之
秀巖請三日期如期而下遂以赤嶺爲西塞開屯田備軍實加特進賜賚彌渥
十一載加開府儀同三司翰素與安祿山安思順不平帝每欲和解之會三人
俱來朝帝使驃騎大將軍高力士宴城東翰等皆集詔尚食生擊鹿取血瀹腸

爲熱洛河以賜之翰母于闐王女也祿山謂翰曰我父胡母突厥公父突厥母胡族類本同安得不親愛翰曰諺言狐向窟嗥不祥以忘本也兄既見愛敢不盡心祿山以翰譏其胡怒罵曰突厥敢爾翰欲應之力士目翰翰託醉去久之進封涼國公兼河西節度使攻破吐蕃洪濟大莫門等城收黃河九曲以其地置洮陽郡築神策宛秀二軍進封西平郡王賜音樂田園又賜一子五品官禪將賞拜有差宰相楊國忠惡祿山白發其反狀故厚結翰俄進太子少保翰耆酒極聲色因風痹體不仁既疾廢遂還京師闔門不朝請十四載祿山反封常清以王師敗帝乃召見翰拜太子先鋒兵馬元帥以田良丘爲軍司馬蕭昕爲判官王思禮鉗耳大福李承光高元蕩蘇法鼎管崇嗣爲屬將火拔歸仁李武定渾蕚契苾寧以本部隸麾下凡河隴朔方奴剌等十二部兵二十萬守潼關師始東先驅牙旗觸門墮注旄干折衆惡之天子御勤政樓臨送詔翰以軍行過門毋下百官郊餞旌旗亘二百里翰惶恐數以疾自言帝不聽然病痼不能事以軍政委良丘使王思禮主騎李承光主步三人爭長政令無所統一衆攜

弛無鬭意明年進拜尚書左僕射同中書門下平章事祿山遣子慶緒攻關翰
擊走之始安思順度祿山必反嘗爲帝言得不坐翰旣惡祿山又怨思順及是
知重兵在己有所論請天子重違因僞爲賊書遺思順者使關邏禽以獻翰因
疏七罪請誅之有詔思順及弟元貞皆賜死徙放其家國忠始懼或説翰曰祿
山本以誅國忠故稱兵今若留卒三萬守關悉精銳度滻水誅君側此漢挫七
國計也思禮亦勸翰翰猶豫未發謀頗露國忠大駭入見帝曰兵法安不忘危
大兵在潼關而無後殿萬有一不利京師危矣旣募牧兒三千人日夜訓練以
劍南列將分統之又募萬人屯灞上使腹心杜乾運爲帥翰疑圖己表請乾運
兵隸節下因詭召乾運計事者至軍卽斬首梟牙門幷其軍國忠愈恐謂其子
曰吾無死所矣然翰亦不自安又謀久不決數奏言祿山雖竊據河朔不得人
心請持重以敝之待其離隙可不血刃而禽賊將崔乾祐守陝郡仆旗鼓羸師
以誘戰覘者曰賊無備可圖也帝信之詔翰進討翰報曰祿山習用兵今始爲
逆不能無備是陰計誘我賊遠來利在速戰王師堅守毋輕出關計之上也且

四方兵未集宜觀事勢不必速當是時祿山雖盜河洛所過殘殺人人怨之淹時月不能進尺寸地又郭子儀李光弼兵益進取常山十數郡祿山始悔反矣將還幽州以自固而國忠計迫謬說帝趣翰出潼關復陜洛時子儀光弼遙計曰翰病且耄賊素知之諸軍烏合不足戰今賊悉銳兵南破宛洛而以餘衆守幽州吾直擣之覆其巢窟質叛族以招逆徒祿山之首可致若師出潼關變生京師天下殆矣乃極言請翰固關無出軍而帝入國忠之言使使者趣戰項背相望也翰窘不知所出六月引而東慟哭出關次靈寶西原與乾祐戰由關門七十里道險隘其南薄山北阻河賊以數千人先伏險翰浮舟中流以觀軍謂乾祐兵寡易之促士卒進道岨無行列賊乘高頹石下擊殺士甚衆翰與良丘登北阜以軍三萬夾河鳴鼓思禮等以精卒居前餘軍十萬次之乾祐爲陣十十五五或卻或進而陌刀五千列陣後王師視其陣無法指觀嗤笑曰禽賊乃會食及戰乾祐旗少偃如欲遁者王師懈不爲備伏忽起薄戰皆奮死鬭翰以氈蒙馬車畫龍虎飾金銀爪目將駭賊掎戈矢逐北賊負薪塞路順風火其車

皆訴衣服穿空帝卽斥御服餘者製袍十萬以賜其軍翰藏庫中及敗封鐍如
故先是有客梁愼初遺翰書請堅壁勿戰以屈賊翰善之奏爲左武衞胄曹參
軍留幕府及翰與國忠貳愼初曰難將作矣乃遁去翰失守華陰馮翊上洛郡
官吏皆潰帝遣劍南將劉光庭等將新募兵萬餘人往助翰未至而翰被縛云
其後贈太尉謚曰武愍
子曜字子明八歲玄宗召見華清宮擢尙輦奉御累遷光祿卿以翰陷賊哀憤
號慟故吏裴冕杜鴻漸等見之歎息李光弼討河北曜請行拜鴻臚卿爲光弼
副降安太清救宋州有功改殿中監襲封爲東都鎭守兵馬使德宗立召爲左
龍武大將軍李希烈陷汝州以周晃爲僞刺史詔拜曜東都汝州行營節度使
將鳳翔邠寧涇原奉天好時兵萬人討希烈帝召見問曰卿治兵孰與父賢對
曰先臣臣安敢比但斬長蛇殪封豕然後待罪私室臣之願也帝曰爾父在開
元時朝廷無西憂今朕得卿亦不東慮及行帝祖通化門是日牙干折時以翰
出師已如此而斬持旗者卒以敗今曜復爾人憂之曜擊賊收汝州禽晃以獻

斬其將二人希烈退保許州詔城襄城曜以疲人版築不如按甲持重以挫之帝不許有詔督戰曜進次頴橋雷震軍中七馬斃曜懼還屯襄城希烈遣衆萬人縱火攻柵殪人于塹以薄壘曜苦戰破之居數月希烈自率兵三萬圍曜築甬道屬城矢集如雨帝遣神策將劉德信以兵三千援之又詔河南都統李勉出兵相犄角勉以希烈在外許守兵少乘虛襲之希烈自解乃遣部將與德信趨許未至有詔切讓使班師德信等惶惑還軍無斥候至扈澗爲賊設伏詭擊死者殆半器械輜重皆亡德信走汝州勉恐東都危使將李堅華以兵四千往守賊梗道不得入汴兵沮襄城圍益急帝乃詔普王以荊襄江西鄂沔之師討蔡州詔涇原節度使姚令言救襄城未行京師亂帝幸奉天襄城陷曜走洛陽會母喪奪爲東都畿汝節度使遷河南尹曜拙於統御而銳殺戮士畏而不懷貞元元年部將叛夜焚河南門曜挺身免帝以汴州刺史薛珏代之召入爲鴻臚卿終右驍衛上將軍贈幽州大都督子七人俱以儒聞峘茂才高第有節概峿巘屺皆明經擢第

高仙芝高麗人父舍雞初以將軍隸河西軍爲四鎮校將仙芝年二十餘從至安西以父功補游擊將軍數年父子並班仙芝美姿質善騎射父猶以其儒緩憂之初事節度使田仁琬蓋嘉運等不甚知名後事夫蒙靈詧乃善遇之開元末表爲安西副都護四鎮都知兵馬使小勃律其王爲吐蕃所誘妻以女故西北二十餘國皆羈屬吐蕃自仁琬以來三討之皆無功天寶六載詔仙芝以步騎一萬出討是時步兵皆有私馬自隨仙芝乃自安西過撥換城入握瑟德經疏勒登蔥嶺涉播密川遂頓特勒滿川行凡百日特勒滿川卽五識匿國也仙芝乃分軍爲三使疏勒趙崇玭自北谷道撥換賈崇瓘自赤佛道仙芝與監軍邊令誠自護密俱入約會連雲堡堡有兵千餘城南因山爲柵兵九千守之城下據婆勒川會川漲不得渡仙芝殺牲祭川命士人齎三日精集水涯士不甚信旣涉旗不霑韉不濡兵已成列仙芝喜告令誠曰鄉吾方涉賊擊我我無類矣今旣濟而陣天以賊賜我也遂登山挑戰日未中破之拔其城斬五千級生擒千人馬千餘匹衣資器甲數萬計仙芝欲遂深入令誠懼不肯行仙芝留羸

弱三千使守遂引師行三日過坦駒嶺嶺峻絶下四十里仙芝恐士憚險不敢
進乃潛遣二十騎衣阿弩越胡服來迎先語部校曰阿弩越胡來迎我無慮矣
既至士不肯下曰公驅我何去會二十人至曰阿弩越胡來迎已斷娑夷橋矣
仙芝卽陽喜令士盡下娑夷河弱水也既行三日越胡來迎明日至阿弩越城
遣將軍席元慶以精騎一千先往謂小勃律王曰不闚若城吾假道趨大勃律
耳城中大酋領皆吐蕃腹心仙芝密令元慶曰若酋領逃者第出詔書呼之賜
以繒綵至皆縛以待我元慶如言仙芝至悉斬之王及妻逃山穴不可得仙芝
招喻乃出降因平其國急遣元慶斷娑夷橋其暮吐蕃至不克度橋長度一箭
所及者功一歲乃成八月仙芝以小勃律王及妻自赤佛道還連雲堡與令誠
俱班師於是拂菻大食諸胡七十二國皆震攝降附仙芝遣判官王庭芬奏捷
京師軍至河西靈督怒不迎勞既見罵曰高麗奴于闐使爾何從得之仙芝懼
且謝曰中丞力也又曰馬耆鎮守使安西副都護都知兵馬使皆何從得之答
曰亦中丞力也靈督曰審若此捷書不待我而敢卽奏何邪奴當斬顧新立功

故貸爾仙芝不知所爲令誠密言狀於朝且曰仙芝立功而以憂死後孰爲朝
廷用者帝乃擢仙芝鴻臚卿假御史中丞代靈督爲四鎮節度使而詔靈督還
靈督懼仙芝朝夕見輒趨走靈督益慚副都護程千里衙將畢思琛行官王滔
康懷順陳奉忠等皆嘗譖仙芝於靈督者既視事呼千里嫚駡曰公面雖男兒
而心似婦女何邪謂琛曰爾奪吾城東千石種田憶之乎對曰公見賜者仙芝
曰爾時吾畏汝威豈憐汝而賜邪又召滔欲捽辱良久皆釋曰吾不恨矣由是
舉軍安之俄加左金吾衞大將軍與一子五品官九載討石國其王車鼻施約
降仙芝爲俘獻闕下斬之由是西域不服其王子走大食乞兵攻仙芝於怛邏
斯城以直其寃仙芝爲人貪破石獲瑟瑟十餘斛黃金五六橐駝良馬寶玉甚
衆家貲累鉅萬然亦不甚愛惜人有求輒與不問幾何尋除武威太守代安思
順爲河西節度使羣胡固留思順更拜右羽林軍大將軍封密雲郡公祿山反
榮王爲元帥仙芝副之領飛騎彍騎及朔方等兵出禁財募關輔士五萬繼封
常清東討帝御勤政樓引榮王受命宴仙芝以下帝又幸望春亭勞遣詔監門

將軍邊令誠監軍次陜郡而常清敗還仙芝急乃開太原倉悉以所有賜士卒焚其餘引兵趨潼關會賊至甲仗資糧委於道彌數百里旣至關勒兵繕守具士氣稍稍復振賊攻關不得入乃引還初令誠數私於仙芝仙芝不應因言其逗撓狀以激帝且云常清以賊搖衆而仙芝棄陜地數百里朘盜稟賜帝大怒使令誠卽軍中斬之令誠已斬常清陳尸於蘧蒢仙芝自外至令誠以陌刀百人自從曰大夫亦有命仙芝遽下曰我退罪也死不敢辭然以我爲盜頡資糧誣也謂令誠曰上天下地三軍皆在君豈不知又顧麾下曰我募若輩本欲破賊取重賞而賊勢方銳故遷延至此亦以固關也我有罪若輩可言不爾當呼枉軍中咸呼曰枉其聲殷地仙芝視常清尸曰公我所引拔又代吾爲節度今與公同死豈命歟遂就死

封常清蒲州猗氏人外祖教之讀書多所該究然孤貧年過三十未有名夫蒙靈詧爲四鎮節度使以高仙芝爲都知兵馬使嘗出軍奏傔從三十餘人衣襭鮮明常清慨然投牒請豫常清素瘠又脚跛仙芝陋其貌不納明日復至仙芝

謝曰傔已足何庸復來常清怒曰我慕公義願事鞭靮故無媒自前公何見拒
深乎以貌取士恐失之子羽公其念之仙芝猶未納乃日候門下仙芝不得已
竄名傔中會達奚諸部叛自黑山西趣碎葉有詔邀擊靈詧使仙芝以二千騎
追躡達奚行遠人馬疲禽馘略盡常清於幕下潛作捷布具記井泉次舍克賊
形勢謀略條最明審仙芝取讀之皆意所欲出乃大駭即用之軍還靈詧迎勞
仙芝已去奴裓帶刀而判官劉眺獨孤峻爭問向捷布誰作者公幕下安得此
人答曰吾傔封常清也眺等驚進揖常清坐與語異之遂知名以功授疊州戍
主仍爲判官仙芝破小勃律代靈詧爲安西節度使常清以從戰有勞擢慶王
府錄事參軍事爲節度判官仙芝征討常知戎務常清才而果胸無疑事仙芝
委家事於郎將鄭德詮其乳母子也威動軍中常清嘗自外還諸將前謁德詮
見常清始貴易之走馬突常清騶士去常清命左右引德詮至廷中門輒閉因
離席曰吾起細微中丞公過聽以主留事郎將安得無禮因叱曰須暫假郎將
死以肅吾軍因杖死以面仆地曳出之仙芝妻及乳母哭門外救請不能得遽

以狀白仙芝仙芝驚及見常清憚其公不敢讓常清亦不謝會大將有罪又殺
二人軍中莫不股慄仙芝節度河西復請爲判官久之擢安西副大都護安西
四鎮節度副大使知節度事未幾改北庭都護持節伊西節度使常清性勤儉
耐勞苦出軍乘騾私廐裁二馬賞罰分明天寶末入朝而安祿山反帝引見問
何策以討賊常清見帝憂因大言曰天下太平久人不知戰然事有逆順勢有
奇變臣請馳至東京悉府庫募驍勇挑馬箠度河計日取逆胡首以獻闕下天
子壯之明日以常清爲范陽節度副大使乘驛赴東京常清募兵得六萬人然
皆市井庸保乃部分旗幟斷河陽橋以守賊移書平原令太守顏真卿以兵七
千防河真卿馳使司兵參軍事李平入奏常清取平表發視即倚帳作書遺真
卿勸堅守且傳購祿山檄數十函與之真卿得以分曉諸郡祿山度河陷滎陽
入罌子谷先驅至葵園常清使驍騎拒之殺柘羯數十百人賊大軍至常清不
能禦退入上東門戰不利賊鼓而進劫官吏再戰於都亭驛又不勝引兵守宣
仁門復敗乃自提象門出伐大木塞道以殿至穀水西奔陝語高仙芝曰賊銳

甚難與爭鋒潼關無兵一夫奔突則京師危不如急守潼關仙芝從之敗書聞
帝削常清官使白衣隸仙芝軍效力仙芝使衣黑衣監左右部軍及邊令誠以
詔書至示之常清曰吾所以不死者恐汙國家節度戮賊手今死乃甘心始常
清敗徑入關欲見上陳討賊事至渭南有詔赴潼關常清憂懼爲表以謝且言
自東京陷三遣使表論成敗不得對又言臣死後望陛下無輕此賊則社稷安
至是臨刑以表授令誠而死人多哀之
贊曰祿山裒百鬭驍虜乘天下忘戰主德耄勤故提戈內譟人情崩潰常清乃
驅市人數萬以嬰賊鋒一戰不勝卽奪爵土欲入關見天子論成敗事使者三
輩上書皆不報回斬于軍仙芝棄陝守關遏賊西勢以喪地被誅玄宗雖爲左
右蒙瞽然荒奪其明亦甚矣卒使叛將得藉口執翰以降賊嗚呼非天孰其惡
使亂四海舉黔首而殘之邪彼二將奚誅焉

唐書卷一百三十五

唐書卷一百三十五考證

高仙芝傳仙芝遣判官王庭芬奏捷京師○舊書作王庭芳

唐書卷一百三十五考證

唐書卷一百三十六

宋端明殿學士宋祁撰

列傳第六十一

李光弼

李光弼營州柳城人父楷洛本契丹酋長武后時入朝累官左羽林大將軍封薊郡公吐蕃寇河源楷洛率精兵擊走之初行謂人曰賊平吾不歸矣師還卒于道贈營州都督謚曰忠烈光弼嚴毅沈果有大略幼不嬉弄善騎射起家左衛親府左郎將累遷左清道率兼安北都護補河西王忠嗣府兵馬使充赤水軍使忠嗣遇之厚雖宿將莫能比嘗曰它日得我兵者光弼也俄襲父封以破吐蕃吐谷渾功進雲麾將軍朔方節度使安思順表爲副知留後事愛其材欲以子妻之光弼引疾去隴右節度使哥舒翰異其操表還長安安祿山反郭子儀薦其能詔攝御史大夫持節河東節度副大使知節度事兼雲中太守尋加魏郡太守河北採訪使光弼以朔方兵五千出土門東救常山次真定常山圍

結子弟執賊將安思義降自顏杲卿死郡爲戰區露胔蔽野光弼酹而哭之出爲賊幽閉者厚恤其家時賊將史思明李立節蔡希德攻饒陽光弼得思義不殺問其計答曰今軍行疲勞逢敵不可支不如按軍入守料勝而出虜兵猋銳弗能持重圖之萬全光弼曰善據城待明日思明兵二萬傅堞光弼兵不得出乃以勁弩五百射之賊退徙陣稍北光弼出其南夾滹沱而軍思明雖數困然恃近救解鞍休士是日饒陽賊五千至九門光弼諜知之提輕兵斂旗鼓伺賊方飯襲殺之且盡思明懼引去以奇兵斷饟道馬食薦藉光弼命將取芻行唐賊鈔擊之兵負戶戰賊不能奪會郭子儀收雲中詔悉衆出井陘與光弼合擊賊九門西思明大敗挺身走趙郡立節中流矢死希德走鉅鹿收稾城等十縣遂攻趙詔加光弼范陽大都督府長史范陽節度使思明繇鼓城入博陵殺官吏景城河間信都清河平原博平六郡結營自守以附光弼光弼急攻趙一日拔之士多鹵掠光弼坐譙門收所獲悉歸之民城中大悅進圍博陵未下與子儀合擊思明於嘉山大破之光弼以范陽本賊巢窟當先取之揠賊根本會潼

關失守乃拔軍入井陘肅宗卽位詔以兵赴靈武更授戶部尚書同中書門下平章事節度如故光弼以景城河間兵五千入太原前此節度使王承業政弛謬侍御史崔衆主兵太原每侮狎承業光弼素不平及是詔衆以兵付光弼衆素狂易見光弼長揖不卽付兵光弼怒收繫之會使者至拜衆御史中丞光弼曰衆有罪已前繫今但斬侍御史若使者宣詔亦斬中丞使者內詔不敢出乃斬衆以徇威震三軍至德二載思明希德率高秀巖牛廷玠將兵十萬攻光弼時銳兵悉赴朔方而麾下卒不滿萬衆議培城以守光弼曰城環四十里賊至治之徒疲吾人乃徹民屋爲擂石車車二百人挽之石所及輒數十人死賊傷十二思明爲飛樓障以木幔築土山臨城光弼遣穴地頹之思明宴城下倡優居臺上斬指天子光弼遣人隧地禽取之思明大駭徙牙帳遠去軍中皆視地後行又潛溝營地將沈其軍乃陽約降至期以甲士守陴遣裨校出若送款者思明大悅俄而賊數千没于塹城上鼓譟突騎出乘之俘斬萬計思明畏敗乃去留希德攻太原光弼出敢死士搏賊斬首七萬級希德委貲糧遁走初賊至

光弼設公幄城隅以止息經府門不顧圍解閱三昔乃歸私寢收清夷橫野等軍賊別將攻好時破大橫關光弼追敗之加檢校司徒尋還司空封鄭國公食實戶八百乾元元年入朝詔朝官四品以上郊謁進兼侍中與九節度圍安慶緒於相州大戰鄴西敗之光弼與諸將議思明勒兵魏州欲以怠我不如起軍逼之彼懲嘉山之敗不敢輕出則慶緒可禽觀軍容使魚朝恩固謂不可旣而思明來援光弼拒賊戰尤力殺略大當會諸將驚潰各引歸所在剽掠獨光弼整衆還太原帝貸諸將罪以光弼兼幽州大都督府長史知諸道節度行營事又代子儀爲朔方節度使未幾爲天下兵馬副元帥光弼以河東騎五百馳東都夜入其軍且謂賊方闚洛當扼虎牢帥師東出河上檄召兵馬使張用濟用濟憚光弼嚴教諸將逼留其兵用濟單騎入謁光弼斬之以辛京杲代復追都將僕固懷恩懷恩懼先期至會滑汴節度使許叔冀戰不利降賊思明乘勝西嚮光弼敕陣徐行趨東京謂留守韋陟曰賊新勝難與爭鋒欲詘之以計然洛無見糧危偪難守公計安出陟曰益陝兵公保潼關可以持久光弼曰兩軍相

敵尺寸地必爭今委五百里而守關賊得地勢益張不如移軍河陽北阻澤潞勝則出敗則守表裏相應賊不得西此猨臂勢也夫辨朝廷之禮我不如公論軍旅勝負公不如我陟不能答判官韋損曰東都乃帝宅公當守之光弼曰汜水崿嶺盡爲賊蹊子能盡守乎遂檄河南縱官吏避賊閉無留人督軍取戰守備思明至偃師光弼悉軍趨河陽身以五百騎殿賊游騎至石橋諸將曰並城而北乎當石橋進乎光弼曰當石橋進夜甲士持炬徐引部曲重堅賊不敢逼已入三城衆二萬軍纔十日糧與卒伍均少棄甘賊憚光弼未敢犯宮闕頓白馬祠治壍溝築月城以守賊攻光弼與戰中潬西破逆黨斬千級溺死者甚衆生執五千人初光弼謂李抱玉曰將軍能爲我守南城二日乎抱玉曰過期何若曰棄之抱玉許諾卽紿賊曰吾糧盡明日當降賊喜斂兵待期抱玉已繕完卽請戰賊忿欺急攻之抱玉出奇兵夾擊俘獲過當賊帥周摯引却光弼自將治中潬樹壁掘塹摯捨南城攻中潬光弼遣荔非元禮戰羊馬賊大潰摯收兵復振與安太清合衆三萬攻北城光弼斂軍入登陴望曰彼軍雖銳然方陣而

弼不足虞也日中當破乃出戰及期未決召諸將曰彼彊而可破者亂也今以亂擊亂宜無功因問賊陣何所最堅曰西北隅召郝廷玉曰爲我以麾下破之曰廷玉所將步卒請騎五百與之三百復問其次曰東南隅召論惟貞辭曰蕃將也不知步戰請鐵騎三百與之二百乃出賜馬四十分給廷玉等光弼執大旗曰望吾旗麾若緩可觀便宜若三麾至地諸軍畢入生死以之退者斬旣而馮堞望廷玉軍不能前趨左右取其首來廷玉曰馬中矢非卻也乃命易佗馬有裨將援矛刺賊洞馬腹中數人又有迎賊不戰而卻者光弼召援矛者賜絹五百匹不戰者斬光弼麾旗三諸軍爭奮賊衆奔敗斬首萬餘級俘八千餘人馬二千軍資器械以億計禽周摯徐璜玉李秦授惟太清挺身走思明未知猶攻南城光弼驅所俘示之思明大懼築壘以拒官軍始光弼將戰內刀于韡曰戰危事吾位三公不可辱于賊萬有一不捷當自刎以謝天子及是西向拜舞三軍感動太清襲懷州守之上元元年加太尉中書令進圍懷州思明來救光弼再逐北思明見兵河清聲度河絕餉路光弼壁野水度旣夕還軍留牙將雍

希顥守曰賊將高暉李日越萬人敵也賊必使劫我爾留此賊至勿與戰若降
與偕來左右竊怪語無倫是日思明果召日越曰光弼野次爾以鐵騎五百夜
取之不然無歸日越至壘使人問曰太尉在乎曰去矣兵幾何曰千人將爲誰
曰雍希顥日越謂其下曰我受命云何今顧獲希顥歸不免死遂請降希顥與
俱至光弼厚待之表授特進兼右金吾大將軍高暉聞亦降或問公降二將何
易也光弼曰思明再敗恨不得野戰聞我野次彼固易之命將來襲必許以死
希顥無名不足以爲功日越懼死不降何待高暉材出日越之右降者見遇貳
者得不思奮乎諸軍決丹水灌懷州未下光弼令廷玉由地道入得其軍號登
陴大呼王師乘城禽太清楊希仲送之京師獻俘太廟進食實戶一千五百思
明使諜宣言賊將士皆北人謳唫思歸朝恩信然屢上賊可滅狀詔諭光弼光
弼固言賊方銳未可輕動僕固懷恩媢光弼功陰佐朝恩陳掃除討使者來督
戰光弼不得已令李抱玉守河陽出師次北邙光弼使傳山陣懷恩曰我用騎
今迫險非便地請陣諸原光弼曰有險可以勝可以敗陣于原敗斯殲矣且賊

致死于我不如阻險懷恩不從賊據高原以長戟七百壯士執刀隨之委物僞遁懷恩軍爭剽獲伏兵發官軍大潰懷州復陷光弼度河保聞喜抱玉以兵寨棄河陽光弼請罪帝以懷恩違令覆軍優詔召光弼入朝懇讓太尉更拜開府儀同三司中書令河中尹晉絳等州節度使未幾復拜太尉兼侍中河南副元帥知河南淮南東西山南東荊南五道節度行營事鎮泗州帝爲賦詩以餞朝義乘邙山之捷進略申光等十三州光弼輿疾就道監軍使以兵少請保揚州光弼曰朝廷以安危寄我賊安知吾衆寡若出不意當自潰遂疾驅入徐州時朝義圍李岑於宋州使田神功擊走之初神功平劉展逗留淮南尚衡殷仲卿相攻兗鄆間來瑱擅襄陽及光弼至屯朝義走神功還河南瑱衡仲卿踵入朝其爲諸將憚服類此寶應元年進封臨淮郡王光弼收許州斬賊贏千級縛僞將二十二人朝義分兵攻宋州光弼破走之浙東賊袁晁反台州建元寶勝以建丑爲正月殘剽州縣光弼遣麾下破其衆於衢州廣德元年遂禽晁浙東平詔增實封戶二千與一子三品階賜鐵券名藏太廟圖形淩烟閣相州北邙之

敗朝恩羞其策繆故深忌光弼切骨而程元振尤疾之二人用事日謀有以中傷者及來瑱爲元振讒死光弼愈恐吐蕃寇京師代宗詔入援光弼畏禍遷延不敢行及帝幸陝猶倚以爲重數存問其母以解嫌疑帝還長安因拜東都留守察其去就光弼以久須詔書不至歸徐州收租賦爲解帝令郭子儀自河中輦其母還京二年光弼疾篤奉表上前後所賜實封詔不許將吏問後事答曰吾淹軍中不得就養爲不孝子尙何言哉取所餘絹布分遺部將薨年五十七部將卽以其布遂爲光弼行喪號哭相聞帝遣使弔卹其母贈太保諡曰武穆詔百官送葬延平門外光弼用兵謀定而後戰能以少覆衆治師訓整天下服其威名軍中指顧諸將不敢仰視初與郭子儀齊名世稱李郭而戰功推爲中興第一其代子儀朔方也營壘士卒麾幟無所更而光弼一號令之氣色乃益精明云子彙有志操廉介自將從賈躭爲裨將奏兼御史大夫元和初分徐州苻離爲宿州光弼有遺愛擢彙爲刺史後遷涇原節度使罷軍中雜徭出奉錢贖將士質賣子還其家卒贈工部尙書光弼弟光進字太應初爲房琯裨將將

北軍戰陳濤斜兵敗奔行在肅宗宥之代宗卽位拜檢校太子太保封涼國公
吐蕃入寇至便橋郭子儀爲副元帥光進及郭英乂佐之自至德後與李輔國
並掌禁兵委以心膂光弼被譖出爲渭北邠寧節度使永泰初封武威郡王累
遷太子太保卒母李有鬚數十長五寸許封韓國太夫人二子節制皆一品死
葬長安南原將相奠祭凡四十四幄時以爲榮光弼所部將李懷光僕固懷恩
田神功李抱玉董秦哥舒曜韓游瓌渾釋之辛京杲自有傳若荔非元禮郝廷
玉李國臣白孝德張伯儀白元光陳利貞侯仲莊柏良器皆章章可稱列者附
次左方
荔非元禮起裨將累兼御史中丞光弼守河陽周摯攻北城光弼方壁中潬摯
聞併兵從光弼光弼使元禮守羊馬城植小旗城東北隅望摯軍摯恃衆直逼
城以車千乘載木鵝橦車麾兵填塹八道並進光弼諭元禮曰中丞視賊過兵
不顧何也報曰公欲守邪戰歟光弼曰戰曰方戰賊爲我實塹復何怪光弼曰
吾慮不及此公勉之元禮遂出戰摯軍小卻元禮以敵堅未可以馳還軍示弱

怠其意光弼怒使召元禮欲按軍法答曰方戰不及往請破賊以見因休柵中良久顧麾下曰向公來召殆欲斬我鬭死有名無庸受戮乃下馬持刀瞋目直前銳士堵而進左右奮擊一當數人斬賊數百首輦遁去以功累遷驃騎大將軍懷州刺史知鎮西北庭行營節度使上元二年光弼進收洛陽軍敗元禮從軍翼成爲麾下所害

郝廷玉驍勇善格鬭爲光弼愛將及保河陽禽徐璜玉功爲多累封安邊郡王授神策將軍吐蕃犯京畿與馬璘屯中渭橋它日魚朝恩聞其善布陣請觀之廷玉申號令鳴鼓角部伍坐作進退若一朝恩歎曰吾處兵閒久今始識訓練法廷玉惻然曰此臨淮王遺法也王善御軍賞當功罰適過每校旗不如令者輒斬由是人皆自効而赴蹈馳突心破膽裂自臨淮歿無復校旗事此安足賞哉累爲秦州刺史卒贈工部尚書

李國臣河西人本姓安力能扶關以折衝從收魚海五城還中郎將後爲朔方將積勞擢雲麾大將軍賜姓李從光弼守河陽累封臨川郡王大曆八年爲鹽

州刺史吐蕃敗渾瑊於黃菩原將略汧隴國臣謂人曰虜乘勝必擾京師我趨
秦原彼當反顧乃引兵登安樂山鳴鼓而西日行三十里吐蕃聞之自百里城
回軍踰險瑊因擊敗之卒贈揚州大都督
白孝德安西人事光弼爲偏裨史思明攻河陽使驍將劉龍仙以騎五十挑戰
加右足馬鬣上嫚罵光弼光弼登城顧諸將曰孰能取是賊僕固懷恩請行光
弼曰是非大將所宜左右以孝德對召問所須幾兵對曰願出五十騎見可而
進大軍鼓譟以張吾氣足矣光弼撫其背遣之孝德挾二矛策馬絕河半濟懷
恩賀曰事克矣其攬轡便辟可萬全者龍仙見易之不爲動將至若引避然孝
德振手止之曰侍中使致辭無它與語久之瞋目曰賊識我乎我白孝德也龍
仙罵之乃躍馬前搏城上因大譟五十騎繼進龍仙環隄走追斬其首以還後
累功至北庭行營節度使徙邠寧僕固懷恩引吐蕃兵入寇孝德擊敗之永泰
初吐蕃回紇圍涇陽郭子儀說回紇約盟吐蕃退走子儀使渾瑊以兵五千出
奉天命孝德應之大戰赤沙峯斬獲甚衆累封昌化郡王歷太子少傅建中元

年卒贈太保
張伯儀魏州人以戰功隸光弼軍浙賊袁晁反使伯儀討平之功第一擢睦州刺史後爲江陵節度使樸厚不知書然推誠遇人軍中畏肅民亦便之李希烈反詔與賈耽張獻甫收安州戰不利伯儀中流矢師却失所持節賊追及奮力以禦之兩刃相嚮不得下會救至免至漢水拏野人船以達沔州潰兵至江陵哭於廷伯儀妻勞勉出其家帛給之乃定伯儀收散卒還久之除右龍武統軍卒贈揚州大都督既請謚博士李吉甫議以中興三十年而兵未戢者將帥養寇藩身也若以亡敗爲戒則總干戈者必圖萬全而不決戰若伯儀雖敗而其忠可錄遂謚曰恭
白元光字元光其先突厥人父道生歷寧朔州刺史元光初隸本軍補節度先鋒安祿山反詔徙朔方兵東討元光領所部結義營長驅從光弼出土門累遷太子詹事封南陽郡王爲兩都遊奕使長安平率兵清宮進擊餘寇身被數創肅宗躬爲傅藥轉衞尉卿兼朔方先鋒史思明攻河陽光弼召主騎軍其後歷

靈武留後定遠城使貞元二年卒贈越州都督
陳利貞幽州范陽人初爲平盧將安祿山亂從光弼軍河南張巡被圍睢陽也
光弼遣郝廷玉及利貞救之輕騎出入廷玉稱爲勝己以子妻之及歸薦于光
弼自行間累遷檢校太子賓客封靜戎郡王李希烈叛詔哥舒曜東討利貞爲
前鋒次郟城賊衆大集利貞出奇兵五百橫擣其右賊鋒詘數月不敢前及希
烈攻曜襄城利貞登陴捍守七十日未嘗櫛沐非議事不下城朱泚反利貞及
張廷芝所統士皆幽薊河隴人故與廷芝合謀應泚而利貞麾下亦從爲亂夜
半難作利貞拔劒當軍門大謼曰欲過門者先殺我衆畏其鋒乃止廷芝出奔
德宗嘉之擢汝州防禦使貞元五年疽發首卒遺觀察使崔縱書自陳受國恩
恨不得死所云
侯仲莊字仲莊蔚州人爲光弼先鋒授忠武將軍禽安太清有功累加冠軍將
軍僕固懷恩以朔方反仲莊爲都將訓兵自守號爲平射人畏其鋒懷恩敗郭
子儀代之引爲腹心封上谷郡王爲神策京西將德宗幸奉天還左衞將軍爲

防城使修壘堞晝夜執戈徼巡從幸興元殿軍駱谷授防禦招收使帝還都復
幸奉天幾二十年卒贈洪州都督
柏良器字公亮魏州人父造以獲嘉令死安祿山難乃學擊劒欲報賊父友王
奐爲光弼從事見之曰爾額文似臨淮王面黑子似顏平原殆能立功乃薦之
光弼授兵平山越遷左武衛中郎將以部民隸浙西豫平袁晁方清其後潘獳
虎胡參分據小傷蒸里又擊破之是時年二十四更戰陣六十二李希烈圍寧
陵遏水灌之親令軍中明日拔城良器以救兵至擇弩手善游者沿汴渠夜久
及旦伏弩發賊乘城者皆死錄功封平原郡王入爲左神策軍大將軍知軍事
圖形淩煙閣募材勇以代士卒市販者中尉竇文場惡之坐友人闌入換右領
軍衞自是軍政皆中官專之終左領軍衞大將軍贈陝州大都督子耆別傳
烏承玼字德潤張掖人開元中與族兄承恩皆爲平盧先鋒沈勇而決號轅門
二龍契丹可突于殺其王邵固降突厥而奚亦亂其王魯蘇挈族屬及邵固妻
子自歸是歲奚契丹入寇詔承玼擊之破於捺祿山二十二年詔信安王禕率

幽州長史趙含章進討承玼請含章曰二虜固劇賊前日戰而北非畏我乃誘
我也公宜畜銳以折其謀含章不信戰白城果大敗承玼獨按隊出其右斬首
萬計可突于奔北奚渤海大武藝與弟門藝戰國中門藝來詔與太僕卿金思
蘭發范陽新羅兵十萬討之無功武藝遣客刺門藝於東都引兵至馬都山屠
城邑承玼窒要路塹以大石亘四百里虜不得入於是流民得還士少休脫鎧
而耕歲省度支運錢安慶緒使史思明守范陽思明恃兵彊爲自固計慶緒密
遣阿史那承慶安守忠就督事且圖之承玼勸思明曰唐家中興與天下更始
慶緒偷肆晷刻公殆與俱亡有如束身本朝湔洗前汙此反掌功耳思明善之
斬承慶等奉表聽命始承恩爲冀州刺史失守思明護逆東都故肅宗使自雲
中趨幽州開說思明與承玼謀投釁殺之不克死承玼奔李光弼表爲冠軍將
軍封昌化郡王爲石嶺軍使王思禮爲節度使軍政倚辦焉久之移疾還京師
卒年九十六子重胤別傳
贊曰李光弼生戎虜之緒沈鷙有守遭祿山變拔任兵柄其策敵制勝不世出

賞信罰明士卒爭奮毅然有古良將風本夫終父喪不入妻室位王公事繼母至孝好讀班固漢書異夫庸人武夫者及困於口舌不能以忠自明奄侍內構遂陷嫌隙謀就全安而身益危所謂工於料人而拙於謀己邪方擾袂徇國天下風靡一爲遷延而田神功等皆不受約束卒以憂死功臣去就可不愼邪嗚呼光弼雖有不釋位之誅然讒人爲害亦可畏矣將時之不幸歟

唐書卷一百三十六

唐書卷一百三十六考證

李光弼傳封薊郡公○舊書作薊國公

生執五千人○舊書作生擒五百人

請鐵騎三百與之二百○舊書作與之百

禽太清楊希仲送之京師○舊書作楊希文

光弼入朝懇讓太尉更拜開府儀同三司中書令○舊書作遂加開府儀同三司侍中

唐書卷一百三十六考證

唐書卷一百三十七

宋　端　明　殿　學　士　宋　祁　撰

列傳第六十二

郭子儀

郭子儀字子儀華州鄭人長七尺二寸以武舉異等補左衞長史累遷單于副都護振遠軍使天寶八載木剌山始築橫塞軍及安北都護府詔即軍爲使俄苦地偏不可耕徙築永清號天德軍又以使兼九原太守十四載安祿山反詔子儀爲衞尉卿靈武郡太守充朔方節度使率本軍東討子儀收靜邊軍斬賊將周萬頃擊高秀巖河曲敗之遂收雲中馬邑開東陘加御史大夫賊陷常山河北郡縣皆沒會李光弼攻賊常山拔之子儀引軍下井陘與光弼合破賊史思明衆數萬平槀城南攻趙郡禽賊四千縱之斬僞守郭獻璆還常山思明以衆數萬尾軍及行唐子儀選騎五百更出挑之三日賊引去乘之又破於沙河遂趨常陽以守祿山益出精兵佐思明子儀曰彼恃加兵必易我易我心不固

戰則克矣與戰未決戮一部將以徇士殊死鬭遂破之斬首二千級俘五百人獲馬如之於是晝揚兵夜擣壘賊不得息氣益老乃與光弼僕固懷恩渾釋之陳回光等擊賊嘉山斬首四萬級獲人馬萬計思明跳奔博陵於是河北諸郡往往斬賊守迎王師方北圖范陽會哥舒翰敗天子入蜀太子即位靈武詔班師子儀與光弼率步騎五萬赴行在時朝廷草昧衆單寡軍容闕然及是國威大振拜子儀兵部尚書同中書門下平章事仍總節度肅宗大閱六軍鼓而南至彭原宰相房琯自請討賊次陳濤師敗衆略盡故帝唯倚朔方軍爲根本賊將阿史那從禮以同羅僕骨騎五千誘河曲九府六胡州部落數萬迫行在子儀以回紇首領葛邏支擊之執獲數萬牛羊不可勝計河曲平至德二載攻賊崔乾祐於潼關乾祐敗退保蒲津會永樂尉趙復河東司戶參軍韓旻司士徐景及宗室子鋒在城中謀爲內應子儀攻蒲復等斬陴者披闔內軍乾祐走安邑安邑僞納之兵半入縣門發乾祐得脫身走賊安守忠壁永豐倉子儀遣子旰與戰多殺至萬級旰死于陳進收倉於是關陝始通詔還鳳翔進司空充關

內河東副元帥率師趨長安次潏水上賊守忠等軍清渠左大戰王師不利委仗奔子儀收潰卒保武功待罪于朝乃授尚書左僕射俄從元帥廣平王率蕃漢兵十五萬收長安李嗣業爲前軍元帥爲中軍子儀副之王思禮爲後軍陣香積寺之北距灃水臨大川彌亙一舍賊李歸仁領勁騎薄戰官軍囂嗣業以長刀突出斬賊數千騎乃定回紇以奇兵繚賊背夾攻之斬首六萬級生禽二萬賊帥張通儒夜亡陝郡翼日王入京師老幼夾道呼曰不圖今日復見官軍王休士三日遂東安慶緒聞王師至遣嚴莊悉衆十萬屯陝助通儒旌幟鉦鼓徑百餘里師至新店賊已陣出輕騎子儀遣二隊逐之又至倍以往皆不及賊營輒反最後賊以二百騎掩軍未戰走子儀悉軍追橫貫其營賊張兩翼包之官軍却嗣業率回紇從後擊塵且坌飛矢射賊賊驚曰回紇至矣遂大敗僵尸相屬于道嚴莊等走洛陽挾慶緒度河保相州遂收東都於是河東河西河南州縣悉平以功加司徒封代國公食邑千戶入朝帝遣具軍容迎灞上勞之曰國家再造卿力也子儀頓首陳謝有詔還東都經略北討乾元元年破賊河上

執安守忠以獻遂朝京師詔百官迎於長樂驛帝御望春樓待之進中書令帝即詔大舉九節度師討慶緒以子儀光弼皆元功難相臨攝第用魚朝恩爲觀軍容宣慰使而不立帥子儀自杏園濟河圍衛州慶緒分其衆爲三軍將戰子儀選善射三千士伏壁內誡曰須吾却賊必乘壘若等譟而射既戰僞遁賊薄營伏發注射如雨賊震駭王師整而奮斬首四萬級獲鎧冑數十萬執安慶和收衛州又戰愁思岡破之連營進圍相州引漳水灌城漫二時不能破城中糧盡人相食慶緒求救於史思明思明自魏來李光弼王思禮許叔冀魯炅前軍遇之戰鄴南夷負相當炅中流矢子儀督後軍未及戰會大風拔木遂晦跬步不能相物色於是王師南潰賊亦走輜械滿野諸節度引還子儀以朔方軍保河陽斷航橋時王師衆而無統進退相顧望責功不專是以及于敗有詔留守東都俄改東畿山南東道河南諸道行營元帥魚朝恩素疾其功因是媒譖之故帝召子儀還更以趙王爲天下兵馬元帥李光弼副之代子儀領朔方兵子儀雖失軍無少望乃心朝廷思明再陷河洛西戎逼擾京輔天子旰食乃授邠

寧鄜坊兩節度使仍留京師議者謂子儀有社稷功而孽寇首鼠乃置散地非所宜帝亦悟上元初詔爲諸道兵馬都統以管崇嗣副之率英武威遠兵及河西河東鎮兵繇邠寧朔方大同橫野軍以趨范陽詔下爲朝恩沮解明年光弼敗邙山失河陽又明年河中亂殺李國貞太原戕鄧景山朝廷憂二軍與賊合而少年新將望輕不可用遂以子儀爲朔方河中北廷潞儀澤沁等州節度行營兼興平定國副元帥進封汾陽郡王屯絳州時帝已不豫羣臣莫有見者子儀請曰老臣受命將死于外不見陛下目不瞑帝引至臥內謂曰河東事一以委卿子儀嗚咽流涕賜御馬銀器雜綵別賜絹布九萬子儀至屯誅首惡王元振等數十人太原辛雲京亦治害景山者諸鎮皆惕息代宗立程元振自謂於帝有功忌宿將難制離構百計因罷子儀副元帥加實戶七百爲肅宗山陵使子儀懼讒且成盡裒肅宗所賜詔敕千餘篇上之因自明詔曰朕不德詒大臣憂朕甚自愧自今公毋有疑初帝與子儀平兩京同天下憂患至是悔悟眷禮彌重時史朝義尙盜洛帝欲使副雍王率師東討爲朝恩元振交訾之乃止會

梁崇義據襄州叛僕固懷恩屯汾州陰召回紇吐蕃寇河西殘涇州犯奉天武功遽拜子儀爲關內副元帥鎭咸陽初子儀自相州罷歸京師部曲離散逮承詔麾下才數十騎驅民馬補行隊至咸陽虜已過渭水並南山而東天子跳幸陝子儀聞流涕董行營還京師遇射生將王獻忠以彀騎叛劫諸王欲奔虜子儀讓之取諸王送行在乃率騎南收兵得武關防卒及亡士數千軍寖完會六軍將張知節迎子儀洛南大閱兵屯商州威震關中乃遣知節率烏崇福羽林將長孫全緒爲前鋒營韓公堆擊鼓譟山張旗幟夜叢萬炬以疑賊初光祿卿殷仲卿募兵藍田以勁騎先官軍爲游弈直度滻民給虜曰郭令公來虜懼會故將軍王甫結俠少夜鼓朱雀街呼曰王師至吐蕃夜潰於是遣大將李忠義屯苑中渭北節度使王仲昇守朝堂子儀以中軍繼之射生將王撫自署京兆尹亂京城子儀斬以徇破賊書聞帝以子儀爲京城留守自變生倉卒賴子儀復安故天下皆咎程元振羣臣數論奏元振懼乃說帝都洛陽帝可其計子儀奏曰雍州古稱天府右隴蜀左崤函襟馮終南太華之險背負清渭濁河之固

地方數千里帶甲十餘萬兵彊士勇真用武之國秦漢所以成帝業也後或處而泰去而亡者不一姓故高祖先入關定天下太宗以來居洛陽者亦鮮先帝與朔方誅慶緒陛下席西土戮朝義雖天道助順亦地勢則然比吐蕃馮陵而不能抗者臣能言其略夫六軍皆市井人竄虛名逃實賦一日驅以就戰有百奔無一前又宦豎掩迷庶政荒奪遂令陛下彷徨暴露越在陝服斯委任失人豈秦地非良哉今道路流言不識信否咸謂且都洛陽洛陽自大盜以來焚埃略盡百曹榛荒寰服不滿千戶井邑如墟豺狼羣嘷東薄鄭汴南界徐北綿懷衞及相千里蕭條亭舍不煙何以奉萬乘牲餼供百官次舍哉且地狹阨裁數百里險不足防適爲鬭場陛下意者不以京畿新罹剽蹂國用不足乎昔衞爲狄滅文公廬于漕衣大布之衣冠大帛之冠卒復舊邦況赫赫天子躬儉節用寧爲一諸侯下哉臣願陛下斥素餐去冗食抑閹寺任直臣薄征弛役卹隱撫鰥委宰相以簡賢任能付臣以訓兵禦侮則中興之功日月可冀惟時遴亟還見宗廟謁園陵再造王家以幸天下帝得奏泣謂左右曰子儀固社稷臣也朕

西決矣乘輿還子儀頓首謝罪帝勞曰用卿晚故至此乃賜鐵券圖形淩煙閣僕固懷恩縱兵掠并汾屬縣帝患之以子儀兼河東副元帥河中節度使鎮河中懷恩子瑒屯榆次爲帳下張惟岳所殺傳首京師持其衆歸子儀懷恩懼委其母走靈州廣德二年進太尉兼領北道邠寧涇原河西通和吐蕃及朔方招撫觀察使辭太尉不拜懷恩誘吐蕃回紇党項數十萬入寇朝廷大恐詔子儀屯奉天帝問計所出對曰無能爲也懷恩本臣偏將雖慓果然素失士心今能爲亂者訹思歸之人劫與俱來且皆臣故部曲素以恩信結之彼忍以刃相向乎帝曰善虜寇邠州先驅至奉天諸將請擊之子儀曰客深入利速戰彼下素德我吾緩之當自攜貳因下令敢言戰者斬堅壁待之賊果遁子儀至自涇陽恩賚崇縟進拜尚書令懇辭不聽詔趣詣省視事百官往慶敕射生五百騎執戟寵衞子儀確讓且言太宗嘗踐此官故累聖曠不置員皇太子爲雍王定關東乃得授渠可猥私老臣躐大典且用兵已來僭賞者多至身兼數官冒進亡恥今凶醜略平乃作法審官之時宜從老臣始帝不獲已許之具所以讓付史

官因賜美人六人從者自副車服帷帟咸具永泰元年詔都統河南道節度行營復鎮河中懷恩盡說吐蕃回紇党項羌渾奴剌等三十萬掠涇邠躪鳳翔入醴泉奉天京師大震於是帝命李忠臣屯渭橋李光進屯雲陽馬璘郝廷玉屯便橋駱奉先李日越屯盩厔李抱玉屯鳳翔周智光屯同州杜冕屯坊州天子自將屯苑中急召子儀屯涇陽軍纔萬人比到虜騎圍已合乃使李國臣高昇魏楚玉陳回光朱元琮各當一面身自率鎧騎二千出入陣中回紇怪問是謂誰報曰郭令公驚曰令公存乎懷恩言天可汗棄天下令公即世中國無主故我從以來公今存天可汗存乎報曰天子萬壽回紇悟曰彼欺我乎子儀使諭虜曰昔回紇涉萬里戡大憝助復二京我與若等休戚同之今乃棄舊好助叛臣一何愚彼背主棄親於回紇何有回紇曰本謂公云亡不然何以至此今誠存我得見乎子儀將出左右諫戎狄野心不可信子儀曰虜衆數十倍今力不敵吾將示以至誠左右請以騎五百從又不聽即傳呼曰令公來虜皆持滿待子儀以數十騎出免冑見其大酋曰諸君同艱難久矣何忽亡忠誼而至是邪

回紇捨兵下馬拜曰果吾父也子儀卽召與飲遺錦綵結歡誓好如初因曰吐蕃本吾舅甥國無負而來棄親也馬牛被數百里公等若倒戈乘之若俛取一芥是謂天賜不可失且逐戎得利與我繼好不兩善乎會懷恩暴死羣虜無所統一遂許諾吐蕃疑之夜引去子儀遣將白元光合回紇衆追躡大軍繼之破吐蕃十萬於靈臺西原斬級五萬俘萬人盡得所掠士女牛羊馬橐駝不勝計遂自涇陽來朝加實封二百戸還河中大曆元年華州節度使周智光謀叛帝間道以蠟書賜子儀令悉軍討之同華將吏聞軍起殺智光傳首闕下二年吐蕃寇涇州詔遣屯涇陽邀戰於靈州敗之斬首二萬級明年還河中吐蕃復寇靈武詔率師五萬屯奉天白元光破虜於靈武議者以吐蕃數爲盜馬璘孤軍在邠不能支乃以子儀兼邠寧慶節度使屯邠州徙璘爲涇原節度使回紇赤心請市馬萬匹有司以財乏止市千匹子儀曰回紇有大功宜答其意中原須馬臣請內一歲奉佐馬直詔不聽人許其忠九年入朝對延英帝與語吐蕃方彊慷慨至流涕退上書曰朔方國北門西禦犬戎北虞獫狁五城相去三千里

開元天寶中戰士十萬馬三萬匹僅支一隅自先帝受命靈武戰士從陛下征
討無寧歲頃以懷恩亂痍傷彫耗亡三分之二比天寶中止十之一今吐蕃兼
吞河隴雜羌渾之衆歲深入畿郊勢踰十倍與之角勝豈易得邪屬者虜來稱
四節度將别萬人人兼數馬臣所統士不當賊四之一馬不當賊百之二外畏
內懼將何以安臣惟陛下制勝力非不足但簡練不至進退未一時淹師老地
廣勢分願於諸道料精卒滿五萬者列屯北邊則制勝可必竊惟河南河北江
淮大鎭數萬小者數千殫屈稟給未始蒐擇臣請追赴關中勒步隊示金鼓則
攻必破守必全長久之策也又自陳衰老乞骸骨詔曰朕終始倚賴未可以去
位不許德宗嗣位詔還朝攝冢宰充山陵使賜號尚父進位太尉中書令增實
封通前二千戸給糧千五百人芻馬二百疋盡罷所領使及帥建中二年疾病
帝遣舒王到第傳詔省問子儀不能興叩頭謝恩薨年八十五帝悼痛廢朝五
日詔羣臣往弔隨喪所須皆取于官贈太師陪葬建陵及葬帝御安福門哭過
其喪百官陪位流涕賜謚曰忠武配饗代宗廟廷著令一品墳崇丈八尺詔特

增丈以表元功子儀事上誠御下恕賞罰必信遭幸臣程元振魚朝恩短毀方時多虞握兵處外然詔至卽日就道無纖介顧望故讒間不行破吐蕃靈州而朝恩使人發其父墓盜未得子儀自涇陽來朝中外懼有變及入見帝唁之卽號泣曰臣久主兵不能禁士殘人之墓人今發先臣墓此天譴非人患也朝恩又嘗約子儀脩具元載使人告以軍容將不利公其下衷甲願從子儀不聽但以家僮十數往朝恩曰何車騎之寡告以所聞朝恩泣曰非公長者得無致疑乎田承嗣傲狠不軌子儀嘗遣使至魏承嗣西望拜指其膝謂使者曰茲膝不屈於人久矣今爲公拜李靈耀據汴州公私財賦一皆遏絶子儀封幣道其境莫敢留令持兵衞送麾下宿將數十皆王侯貴重子儀頤指進退若部曲然幕府六十餘人後皆爲將相顯官其取士得才類如此與李光弼齊名而寬厚得人過之子儀歲入官俸無慮二十四萬緡宅居親仁里四分之一中通永巷家人三千相出入不知其居前後賜良田美器名園甲館不勝紀代宗不名呼爲大臣以身爲天下安危者二十年校中書令考二十四八子七壻皆貴顯朝廷

諸孫數十不能盡識至問安但頷之而已富貴壽考哀榮終始人臣之道無闕焉子曜旰晞晤曖曙映而四子以才顯

曜性沈靜資貌瑰傑累從節度府辟署破虜有功爲開陽府果毅都尉至德初推子儀功授衞尉卿累進太子詹事太原郡公子儀專征伐曜留治家事少長無間言諸弟或飾池館盛車服曜獨以朴儉自處子儀罷兵還太子少保昆弟六人共制拜官子儀薨以遺命簿上四朝所賜名馬珍物德宗復賜之乃悉散諸弟居喪以禮疾甚或斷葯葱薤終不屬口後盧杞秉政忌勳族子儀壻太僕卿趙縱少府少監李洞清光祿卿王宰皆以次得罪姦人幸其危多論奪田宅奴婢曜大恐獨宰相張鎰力保護德宗稍聞之詔有司曰尚父子儀有大勳力保乂王家嘗誓山河琢金石許宥十世前日其家市田宅奴婢而無賴者以尚父歿妄論奪之自今有司毋得受建中三年卒贈太子太傅謚曰孝初曜襲代國公食二千戶貞元初詔減半以封晞曖映曙人二百五十戶未幾復詔四人各減五十戶封曜子鋒晤子鐇各百戶云

晞善騎射從征伐有功復兩京戰最力出奇兵破賊累進鴻臚卿河中軍亂子
儀召首惡誅之其支黨猶反仄晞選親兵晝夜警以備非常姦人不得發以功
拜殿中監吐蕃回紇入寇加御史中丞領朔方軍援邠州與馬璘合軍擊虜破
之虜復來陣涇水北子儀遣晞率徒兵五千騎五百襲虜晞以兵寡不進須暮
賊半濟乃擊斬首五千級加御史大夫子儀固讓乃止居父喪值朱泚亂南走
山谷賊昇致之欲汙以官佯瘖不答賊露兵脅之不動數以城中事貽書李晟
既而奔奉天天子還改太子賓客子鋼從朔方杜希全幕府希全檄爲豐州刺
史晞憐其弱不任事丐罷德宗遣使者召鋼鋼疑得罪挺身走吐蕃不納希全
執送京師賜死晞坐免尋復太子賓客累封趙國公卒贈兵部尚書孫承嘏
承嘏字復卿幼秀異通五經元和中及進士第累遷起居舍人居母喪以孝聞
太和六年爲諫議大夫言政事得失文宗以鄭注爲太僕卿承嘏極論其非注
頗懼進給事中俄出爲華州刺史給事中盧載還詔書且言承嘏數封駁稱職
宜在禁闥帝曰朕謂久次欲優其稍入耳乃復留給事中時江淮旱用度不支

詔宰相分領度支戸部承嘏言宰相調和陰陽安黎庶若使閲視簿書校緡帛非所宜帝順納還刑部侍郎帝嘗稱其儒素無貴驕氣不類勳家每進對恩接備厚方大任用會卒家無餘貲親友爲辦喪祭贈吏部尚書

曖字曖以太常主簿尚昇平公主曖年與公主侔十餘歲許昏拜駙馬都尉試殿中監封清源縣侯寵冠戚里大曆末檢校左散騎常侍建中時主坐事留禁中朱泚亂逼署曖官辭以居喪被疾既而與公主奔奉天德宗嘉之釋主罪進曖金紫光祿大夫賜實封五千戸尋還太常卿貞元三年襲代國公卒年四十八贈尚書左僕射初曖女爲廣陵郡王妃王卽位是爲憲宗妃生穆宗穆宗立尊妃爲皇太后贈曖太傅四子鑄釗鏦銛鑄襲封

釗長七尺方口豐下代宗朝以外孫爲奉禮郎累官至左金吾大將軍改檢校工部尚書爲邠寧節度使入爲司農卿憲宗寢疾宦豎或妄議廢立者穆宗問計於釗答曰殿下爲太子當旦夕視膳何外慮乎時稱得元舅體穆宗卽位檢校戸部尚書兼司農卿俄爲河陽三城節度使徙河中尹領進絳慈隰節度敬

宗立召拜兵部尙書又帥劍南東川太和中南蠻寇蜀取成都外郛杜元穎不
能禦詔釗兼領西川節度未行蠻衆已略梓州州兵寡不可用釗貽書譙蠻首
嵯巔以侵叛意嵯巔曰元穎不自守數侵吾圉我以是報乃與釗脩好約無相
犯天子嘉之卽拜西川節度使以疾請代爲太常卿卒贈司徒子仲文仲恭仲
詞開成二年詔仲文襲太原郡公給事中盧弘宣奏釗妻沈公主女代宗皇帝
外孫其子仲詞尙饒陽公主仲文冒嫡不應襲使仲文承嫡則沈當黜且仲詞
亦不得尙主乃詔仲詞檢校殿中少監駙馬都尉襲封而仲文以太皇太后故
置不問仲恭歷詹事府丞亦尙金堂公主
鏦字利用尙德陽郡主詔裴延齡爲主營第長興里順宗立主進封漢陽公主
擢鏦檢校國子祭酒駙馬都尉自景龍後外戚多爲檢校官不治事宰相薦其
才不當以外戚廢乃拜右金吾將軍封太原郡公恭遜折節不以富貴加人性
周畏不立赫赫名有諫於上退必毀稿家人子弟無知者別墅在都南尤勝塏
穆宗嘗幸之置酒極歡改太子詹事充閑廐宮苑使卒贈尙書左僕射

銛性和易累爲殿中監尚西河公主鏻卒代爲太子詹事宮苑閑廐使長慶三年暴卒太后遣使按問發疾狀久乃解初西河主降沈氏生一子銛無嗣以沈氏子嗣

曙代宗朝累官司農卿德宗幸奉天曙方領家兵獵苑北聞蹕至伏謁道左遂從乘輿入駱谷霖雨塗潦衞兵或異語帝召謂曰朕不德而苦公等宜執朕送朱泚以謝天下諸將皆感泣曰願死生從陛下時曙與功臣子李昪韋清令狐建李彥輔被甲請見言曰南行路險且虞姦變臣等世蒙恩今相誓願更挾帝馬許之帝還曙淸擢金吾大將軍餘並爲禁軍將軍曙終祁國公子儀母弟幼明性謹愿無過拙于武喜賓客以子儀故終少府監贈太子太傅子昕肅宗末爲四鎮留後關隴陷不得歸朝廷但命官遙領其使建中二年昕始與伊西北廷節度使曹令忠遣使入朝德宗詔曰四鎮二廷統西夏五十七蕃十姓部落國朝以來相與率職自關隴失守王命阻絕忠義之徒泣血固守奉遵朝法此皆侯伯守將交修共治之効朕甚嘉之令忠可北廷大都護四鎮節度留後賜

氏李更名元忠昕可安西大都護四鎭節度使諸將吏超七資敘官云

贊曰天寶末盜發幽陵外阻內訌子儀自朔方提孤軍轉戰逐北詭不還顧當是時天子西走唐祚若贅斿而能輔太子再造王室及大難略平遭讒甚詭奪兵柄然朝聞命夕引道無纖介自嫌及被圍涇陽單騎見虜酋以至誠猜忍沮謀雖唐命方永亦由忠貫日月神明扶持者哉及光弼等畏偪不終而子儀完名高節爛然獨著福祿永終雖齊桓晉文比之爲褊唐史臣裴垍稱權傾天下而朝不忌功蓋一世而上不疑侈窮人欲而議者不之貶嗚呼垍誠知言其子孫多以功名顯蓋盛德後云

唐書卷一百三十七

唐書卷一百三十七考證

郭子儀孫鏦擢鏦檢校國子祭酒駙馬都尉○舊書累官至衛尉卿駙馬都尉

改殿中監

唐書卷一百三十七考證

唐書卷一百三十八

宋　端　明　殿　學　士　宋　祁　撰

列傳第六十三

二李馬路

李嗣業字嗣業京兆高陵人長七尺膂力絕衆開元中從安西都護來曜討十姓蘇祿先登捕虜累功署昭武校尉後應募安西軍中初用陌刀而嗣業尤善每戰必爲先鋒所嚮摧北馬靈詧爲節度出戰必與俱高仙芝討勃律署嗣業及中郎將田珍爲左右陌刀將時吐蕃兵十萬屯娑勒城據山瀕水聯木作郛以扼王師仙芝潛軍夜濟信圖河令曰及午破賊不者皆死嗣業提步士升山頹石四面以擊賊又樹大旗先走險諸將從之虜不虞軍至因大潰投崖谷死者十八鼓而驅至勃律禽其主平之授右威衛將軍從平石國及突騎施以跳盪先鋒加特進虜號爲神通大將初仙芝特以計襲取石其子出犇因構諸胡共怨之以告大食連兵攻四鎮仙芝率兵二萬深入爲大食所敗殘卒數千事

急嗣業謀曰將軍深履賊境後援既絶而大食乘勝諸胡鋭于鬭我與將軍俱前死尚誰報朝廷者不如守白石嶺以爲後計仙芝曰吾方收合餘燼明日復戰嗣業曰事去矣不可坐須葅醢即馳守白石路既隘步騎魚貫而前會拔汗那還兵輜餉塞道不可騁嗣業懼追及手梃鏖擊人馬斃仆者數十百虜駭走仙芝乃得還表嗣業功進右金吾大將軍留爲疏勒鎮使城一隅阤屢築輒壞嗣業祝之有白龍見因其處𧻓祠以祭城遂不壞漢耿恭故井久涸禱已泉復出初討勃律也通道葱嶺有大石塞隘以足蹶之抵穹壑識者以爲至誠所感云天寶十二載加驃騎大將軍入朝賜酒帝前醉起舞帝寵之賜綵百金皿五十物錢十萬曰爲解酲具安祿山反肅宗追之詔至即引道與諸將割臂盟曰所過郡縣秋毫不可犯至鳳翔上謁帝喜曰今日卿至賢於數萬衆事之濟否固在卿輩乃詔與郭子儀僕固懷恩掎角常爲先鋒以巨棓笞鬭賊值類崩潰進四鎮伊西北庭行軍兵馬使廣平王收長安嗣業統前軍陣于香積祠北賊酋李歸仁擁精騎薄戰王師注矢逐之走未及營賊大出掩追騎還蹂王師於

是亂不能陣嗣業謂子儀曰今日不蹈萬死取一生則軍無類矣卽袒持長刀大呼出陣前殺數十人陣復整步卒三千以陌刀長柯斧堵進所向無前歸仁匿兵營左峴軍勢王分回紇銳兵擊其伏嗣業出賊背合攻之自日中至昃斬首六萬級塡澗壑死幾半賊東走遂平長安進收東都嗣業戰多乃與張鎬魯炅來瑱嗣吳王祗李奐略定諸州兼衞尉卿封虢國公實封戶二百兼懷州刺史北庭行營節度使與子儀等圍相州師耄諸將無功獨嗣業被堅數奮爲諸軍冠中流矢臥帳中方愈忽聞金鼓聲知與賊戰大呼創潰血流數升卒諡曰忠勇贈武威郡王給靈轝護還在所葬日使中人臨弔中朝臣祖泣塋給掃除十戶嗣業忠毅憂國不計居產有宛馬十疋前後賞賜皆上于官以助軍云子佐國襲爵歷丹王府長史卒推嗣業功贈宋州刺史

馬璘岐州扶風人少孤流蕩無業所年二十讀漢馬援傳至丈夫當死邊野以馬革裹尸而歸慨然曰使吾祖勳業墜于地乎開元末挾策從安西節度府以奇勞累還金吾衞將軍至德初王室多難統精甲三千自二庭赴鳳翔肅宗奇

之委以東討初戰衞南以百騎破賊五千衆從李光弼攻洛陽史朝義衆十萬陣北邙山旗鎧照日諸將冘疑未敢擊璘率部士五百薄賊屯出入三反衆披靡乘之賊遂潰光弼曰吾用兵三十年未見以少擊衆雄捷如馬將軍者遷試太常卿明年吐蕃寇邊詔璘移軍援河西懷恩之叛璘引還間關轉鬬至鳳翔虜圍已合節度使孫志直嬰城守璘令士持滿外向突入縣門不解甲出戰背城陣虜潰率輕騎追之斬數千級漂血丹渠帝引見慰勞擢兼御史大夫永泰初拜四鎮行營節度南道和蕃使俄檢校工部尚書北庭行營邠寧節度使元日有卒犯盜或曰宜赦璘曰赦之則人將伺其日爲盜遂戮之天大旱里巷爲土龍聚巫以禱璘曰旱由政不脩即命撤之明日雨是歲大穰未幾徙涇原權知鳳翔隴右節度副使四鎮北庭如舊復以鄭潁二州隸之大曆八年吐蕃內寇渾瑊戰宜祿不利璘設伏潘原與瑊合擊破之俘級數萬進檢校尚書右僕射明年入朝求宰相以檢校左僕射知省事進扶風郡王十一年卒於軍年五十六贈司徒謚曰武璘少學術而武幹絕倫遭時屯棘以忠力奮在涇八年繕

屯壁爲戰守具令肅不殘人樂爲用虜不敢犯爲中興銳將初涇軍乏財帝諷李抱玉讓鄭潁璘因得裒積且前後賜賚無算家富不貲治第京師侈甚其寢堂無慮費錢二十萬緡方璘在軍守者覆以油幔及喪歸都人爭入觀假稱故吏入赴弔者日數百德宗在東宮聞之不喜及卽位乃禁第舍不得踰制詔毀璘中寢及宦人劉忠翼第璘家懼悉籍亭館入之官其後賜羣臣宴多在璘山池而子無行財亦尋盡

李抱玉本安興貴曾孫世居河西善養馬始名重璋閑騎射少從軍其爲人沈毅有謀尤忠謹李光弼引爲裨校天寶末玄宗以其戰河西有功爲改今名祿山亂守南陽斬賊使至德二載上言世占涼州恥與逆臣共宗有詔賜之姓因徙籍京兆舉族以李爲氏進至右羽林大將軍知軍事擢陳鄭潁亳節度使史思明已破東都凶焰勃然鼓而行自謂無前光弼壁河陽拒之使抱玉守南城賊急攻抱玉縱奇兵出表裏俘殺甚衆賊乃捨去從光弼戰大敗因不能西差功第一封欒城縣公代宗立兼澤潞節度使統相衞儀邢十一州兵以功授司

空兼兵部尚書武威郡王懇辭王爵徙涼國公進司徒廣德中吐蕃入寇帝次陝羣盜徧南山五谷間東距虢西抵岐椎剽不勝計詔太子賓客薛景仙爲南山五溪谷防禦史引兵招捕久不克更詔抱玉討賊抱玉盡得賊株柢蹊隧分兵守諸谷使牙將李崇客精騎四百自桃林虢川襲之賊帥高玉脫身走城固山南西道張獻誠禽以獻悉索支黨斬之不閱旬五谷平卽詔抱玉權鳳翔隴右節度抱玉懇讓司徒故以尚書左僕射同中書門下平章事河西隴右副元帥又讓僕射故還爲兵部尚書大曆二年來朝久之加山南西道副元帥兼節度使屯盩厔抱玉兼三節度三副元帥位望隆赫乃上言隴坻達扶文緜地二千里虜孔道不一梁岷重則關輔輕願擇能臣帥西道當一面臣得專事關隴帝多其讓許之抱玉在鎮十餘年雖無破虜功而禁暴安人爲將臣之良卒年七十四贈太保謚曰昭武從父弟抱真

抱真字太玄沈慮而斷抱玉屬以軍事授汾州別駕僕固懷恩反陷焉挺身歸京師代宗以懷恩倚回紇所將朔方兵精憂之召抱真問狀答曰郭子儀嘗領

朔方軍人多德之懷恩歎其下曰子儀爲朝恩所殺今起而用是伐其謀兵可
不戰解也旣而懷恩敗如抱眞策還殿中少監陳鄭澤潞節度留後旣謝因言
百姓勞逸在牧守願得一州以自試更授澤州刺史兼澤潞節度副使徙懷州
仍爲懷澤潞觀察留後凡八年抱眞策山東有變澤潞兵所走集乘戰伐後賦
重人困軍伍彫刓乃籍戸三丁擇一彊其徭租給弓矢令閑月得曹偶習射歲
終大校親按籍第能否賞責比三年皆爲精兵舉所部得成卒二萬旣不稟于
官而府庫實乃曰軍可用矣繕甲淬兵遂雄山東天下稱昭義步兵爲諸軍冠
久之爲澤潞節度行軍司馬會昭義節度李承昭病詔抱眞權磁邢兵馬留後
德宗嗣位校檢工部尚書領昭義節度使建中中田悅反圍邢及臨洺詔抱眞
與河東馬燧合神策兵救之敗悅於雙岡斬其將楊朝光又破之臨洺遂解臨
洺邢之圍以功檢校兵部尚書復與悅戰洹水走之進圍魏悅戰城下大敗進
檢校尚書右僕射會朱滔王武俊反救悅抱眞退保魏帝倉卒狩奉天閒問諸
將皆哭各引麾下還屯於時李希烈陷汴李納反鄆李懷光相次反河中抱眞

獨以數州截然橫絕潰叛中離沮其姦爲羣盜所憚與元初檢校左僕射同中
書門下平章事緜倪國公進義陽郡王朱滔悉幽薊兵與回紇圍貝州以應朱
泚而希烈既竊名號則欲臣制諸叛衆稍離天子下罪己詔並赦羣盜抱真乃
遣客賈林以大義說武俊使合從擊滔武俊許諾而內猶豫抱真將自造其壁
諉軍事於司馬盧玄卿曰吾此行繫時安危使遂不還部勒以聽天子命惟子
勵兵東向雪吾之恥亦唯子卽以數騎馳入見武陵曰泚希烈爭竊帝號滔攻
貝州此其志皆欲自肆于天下足下既不能與競長雄捨九葉天子而臣反虜
乎且詔書罪己禹湯之心也方上暴露播越公能自安乎因持武俊涕下交頤
武俊亦感泣左右皆泣退卧帳中甘寢久之武俊感其不疑乃益恭指心誓天
曰此身已許公死矣食訖約爲昆弟而別旦日合戰大破滔經城進檢校司空
實封六百戶貞元初朝京師詔還所鎭抱真喜士聞世賢者必欲與之游雖小
善皆卑禮厚幣數千里邀致之至無可錄徐徐以禮謝會天下稍無事乃飾臺
沼以自娛好方士謂不死可致有孫季長者爲治丹且曰服此當僊去抱真表

署幕府嘗語左右曰秦漢君不偶此我乃得之後升天不復見公等矣夜夢駕鶴寤而刻寓鶴衣羽服習乘之後益惑厭勝因疾請降官七讓司空還爲左僕射餌丹二萬丸不能食且死醫以彘肪穀漆下之疾少間季長曰危得偃何自棄也益服三千丸卒年六十二其子殿中侍御史緘匿喪與其屬盧會昌元仲經謀會諸將仲經詭抱眞令曰吾疾不任事令緘典軍勉佐之副使李說及諸校俯首皆嘸曰諾緘盛服出衆拜之悉發府庫勞軍會昌即爲抱眞表翌日令諸將署章請以節付緘天子已聞抱眞喪遣使者馳入軍詔以事屬大將王延貴緘謾若抱眞疾請詰朝見凡三日緘乃出見使者陳兵甚嚴使者曰朝廷已知公薨詔以兵屬延貴君速歸發喪緘愕然謂諸將曰詔不許若何衆不對乃遽以印鑰上監軍始發喪使者趣延貴視事護緘赴東都仲經逃諸外捕殺之會昌得不坐始緘遣將陳榮以書抵武俊假其財武俊怒曰吾與乃公善者恭王命非同惡也今聞已亡誰詐其子使不俟朝制邪因榮而讓緘焉詔贈抱眞太保

路嗣恭字懿範京兆三原人始名劍客以世蔭爲鄠尉席豫黜陟河朔表爲蕭
關令連徙神烏姑臧二縣考績爲天下最玄宗以爲可嗣漢魯恭因賜名轉渭
南令主杜化東陽二驛時關畿用兵使人係道嗣恭儲具有素而民不擾後爲
郭子儀朔方節度留後大將孫守亮擁重兵驕蹇不受制嗣恭因稱疾守亮至
卽殺之一軍皆震永泰三年檢校刑部尚書知省事出爲江西觀察使以善治
財賦稱有賈明觀者素事魚朝恩朝恩誅當坐死宰相元載納其賂遣効力江
西將行居民數萬懷瓦石候擊載諭市吏禁止乃得去魏少游畏載常回容之
及嗣恭代少游卽日杖死大曆八年嶺南將哥舒晃殺節度使呂崇賁五嶺大
擾詔嗣恭兼嶺南節度使封冀國公嗣恭募勇敢士八千人以流人孟瑤敬冕
爲才擢任之使瑤督大軍當其衝冕率輕兵由間道出不意遂斬光及支黨萬
餘築尸爲京觀俚洞魁宿爲惡者皆族夷之還爲檢校兵部尚書復知省事嗣
恭起州縣吏以課治進至顯官及晃事株戮舶商沒其財數百萬私有之代宗
惡焉故賞不酬功德宗立陰賕宰相楊炎炎錄前効更拜兵部尚書東都留守

俄加懷鄭汝陝河陽三城節度東都畿觀察使卒年七十一贈左僕射子應恕

應字從衆以蔭爲著作郎貞元初出爲虔州刺史詔嗣父封鑿贛石梗嶮以通舟道德宗時李泌爲相號得君帝嘗曰誰於卿有恩者朕能報之泌乃言曩爲元載所疾謫江西路嗣恭與載厚臣嘗畏之會與其子應並驅馬齧其脛臣惶恐不自安應閟不言勉起見臣臣常媿其長者思有以報帝曰善即日加應檢校屯田郎中服金紫累遷宣歙池觀察使封襄陽郡王李錡反應發鄉兵救湖常二州以故錡不能拔元和六年以疾授左散騎常侍卒謚曰靖

恕字體仁從嗣恭討哥舒晃授檢校工部員外郎得從便宜擢降將伊慎用之賊平恕功多嗣恭節度河陽也恕爲懷州刺史年纔三十楊炎用扞魏博爲時嗤詆累還鄜坊宣歙觀察使坐事貶吉州刺史以右散騎常侍致仕卒贈洪州都督

唐書卷一百三十八

唐書卷一百三十八考證

馬璘傳擢兼御史大夫○舊書授兼御史中丞

李抱玉弟抱眞進檢校司空實封六百戶○舊書作五百戶

路嗣恭傳永泰三年○舊書作大曆三年

出爲江西觀察使以善治財賦稱○臣德潛按本文卽蒙上永泰三年事也舊書在大曆六年七月而舊書本紀則係七年正月

有賈明觀者素事魚朝恩朝恩誅當坐死○臣德潛按此爲朝恩坐死也舊書云賈明觀者事北軍都虞候劉希暹魚朝恩誅希暹從死此又爲希暹坐死也

唐書卷一百三十八考證

唐書卷一百三十九

宋　端　明　殿　學　士　宋　祁　撰

列傳第六十四

房張李

房琯字次律河南河南人父融武后時以正諫大夫同鳳閣鸞臺平章事神龍元年貶死高州琯少好學風度沈整以蔭補弘文生與呂向偕隱陸渾山十年不諧際人事開元中作封禪書說宰相張說說奇之奏爲校書郎舉任縣令科授盧氏令拜監察御史坐訊獄非是貶睦州司戶參軍復爲縣所至上德化興長利以治最顯天寶五載試給事中封漳南縣男時玄宗有逸志數巡幸廣溫泉爲華清宮環宮所置百司區署以琯資機算詔總經度驪山疏巖剔藪爲天子游觀未畢坐善李適之韋堅斥爲宜春太守歷琅邪鄴扶風三郡頻還憲部侍郎十五載帝狩蜀琯馳至普安上謁帝喜甚卽拜文部尚書同中書門下平章事從至成都賜一子官俄與韋見素崔渙奉册靈武見肅宗具言上皇所以

傳付意因道當時利病籍索虜情辭吐華暢帝為改容琯既有重名帝傾意待之機務一二與琯參決諸將相莫敢望於是第五琦言財利幸為江淮租庸使琯諫曰往楊國忠聚斂產怨天下陛下即位人未見德今又寵琦是一國忠死一國忠生無以示遠方帝曰六軍之命方急無財則散卿惡琦可也何所取財琯不得對北海太守賀蘭進明自河南至詔攝御史大夫嶺南節度使入謝帝曰朕語琯除正大夫何為攝邪進明銜之因曰陛下知晉亂乎惟以尚虛名任王衍為宰相基祖浮華不事天下事故至於敗方唐中興當用實才而琯性疏闊大言無當非宰相器陛下待之厚然孰肯為陛下用乎帝曰何哉對曰陛下頃為皇太子太子出曰撫軍入曰監國而琯為聖皇建遣諸王為都統節度乃謂陛下為元子而付以朔方河東河北空虛之地永王豐王乃統四節度此於聖皇似忠於陛下非忠也琯意諸子一得天下身不失恩又多樹私黨以副戎權推此而言豈肯盡誠於陛下乎帝入其語始惡琯以進明為御史大夫河南節度使會琯請自將平賊帝猶倚以成功乃詔琯持節招討西京防禦蒲潼兩

關兵馬節度等使得自擇參佐乃以兵部尚書王思禮御史中丞鄧景山爲副戶部侍郎李揖爲行軍司馬中丞宋若思起居郎知制誥賈至右司郎中魏少游爲判官給事中劉秩爲參謀琯分三軍趨京師楊希文將南軍自宜壽入劉悊將中軍自武功入李光進將北軍自奉天入琯身中軍先鋒十月庚子次便橋辛丑中軍北軍遇賊陳濤斜戰不利琯欲持重有所伺中人邢延恩促戰故敗士死麻藉癸卯率南軍復戰遂大敗希文悊皆降賊初琯用春秋時戰法以車二千乘繚營騎步夾之旣戰賊乘風譟牛悉髀栗賊投芻而火之人畜焚燒殺卒四萬血丹野殘衆才數千不能軍琯還走行在見帝肉袒請罪帝宥之使裒夷散復圖進取琯雅自負以天下爲己任然用兵本非所長其佐李揖劉秩等皆儒人未嘗更軍旅琯每詫曰彼曳落河雖多能當我劉秩乎帝雖恨琯喪師而眷任未衰崔圓自蜀來最後見帝琯謂帝不見省易之圓以金畀李輔國不淹日被寵遂怨琯琯數稱疾不入會御史大夫顏眞卿劾奏諫議大夫李何忌不孝琯素善何忌不欲以惡名錮之託被酒入朝貶西平郡司馬琴工董廷

蘭出入琯所琯昵之廷蘭藉琯勢數招賕謝爲有司劾治琯訴于帝帝因震怒叱遣之琯惶恐就第罷爲太子少師從帝還都封清河郡公琯之廢朝臣多言琯謀包文武可復用雖琯亦自謂當柄任爲天子立功善琯者暴其言于朝琯方日引劉秩嚴武與宴語移病自如帝以琯虛言浮誕內鞅鞅挾黨背公非大臣體乾元元年出琯爲邠州刺史逐秩武等因下詔陳其比周狀喻敕中外始邠以武將領刺史故綱目廢弛即治府爲營吏擾民居相淆讙琯至一切革之人以便安政聲流聞召拜太子賓客遷禮部尚書爲晉漢二州刺史寶應二年召拜刑部尚書道病卒贈太尉琯有遠器好談老子浮屠法喜賓客高談有餘而不切事時天下多故急於謀略攻取帝以吏事繩下而琯爲相遽欲從容鎮靜以輔治之又知人不明以取敗撓故功名隳損云

贊曰唐名儒多言琯德器有王佐材而史載行事亦少貶矣一舉喪師訖不復振原琯以忠誼自奮片言悟主而取宰相必有以過人者用違所長遂無成功然盛名之下爲難居矣夫名盛則責望備實不副則訾咎深使琯遭時承平從

容帷幄不失爲名宰而倉卒濟難事敗隙生陷於浮虛比周之罪名之爲累也

戒哉

子孺復幼頗能屬文然狂縱不法淮南節度使陳少游奏置募府多招術家言

已三十當得宰相以熏權近希進取後辟浙西韓滉府兄宗偃喪自嶺外還孺

復不出臨弔與妻鄭不相中慈姆爲言乃具棺召家人生斂之鄭方乳促上道

鄭死于行又娶崔昭女崔悍媢殺二侍兒私瘞之觀察使以聞貶連州司馬聽

崔去既又與崔通請復合詔許未幾復離終容州刺史

琯孫啓以蔭補鳳翔參軍事累調萬年令素贄附王叔文貞元末叔文用事除

容管經略使陰許以荆南帥節啓至荆湖宿留不肯進會叔文與韋執誼內忿

爭不果拜俄而皇太子監國啓惶駭就鎭凡九年改桂管觀察使州邸以賂請

有司飛驛送詔既而憲宗自遣宦人持詔賜啓啓畏使者邀重餉卽曰先五日

已得詔使者紿請視因馳歸以聞貶太僕少卿啓自陳獻使者南口十五帝怒

殺宦人貶啓虔州長史死始詔五管福建黔中道不得以口饋遺博易罷臘口

等使
琯族孫式擢進士第累遷忠州刺史韋臯表爲雲南安撫副使蜀州刺史臯卒
劉闢反式留不得行賊平高崇文保貸之言諸朝除吏部郎中時河朔諸將劉
濟張茂昭等更相劾奏帝欲和之拜式給事中使河北還奏如旨遷陝虢觀察
使改河南尹會討王承宗鎮州索餉車四千乘民不能具式建言歲凶人勞不
任調發又御史元稹亦言賊未禽而河南民先困詔可都鄙安之改宣歙觀察
使卒贈左散騎常侍謚曰傾吏部郎中韋乾度曰始式刺蜀州劉闢構難卽謂
闢曰向夔公爲上相儀衛甚盛幸無相忘闢喜以爲祥後闢發兵署牒首曰闢
副曰式參謀曰符載大節已虧不宜得謚博士李虞仲曰始闢反爲其用者皆
救死其頸可盡被惡名乎如式不能去又不能死可謂求生害仁者也闢走西
山召所疑畏者盡殺之式在其間會救得免而曰大節已虧近於溢言謚乃定
張鎬字從周博州人儀狀瓌偉有大志視經史猶漁獵然好王霸大略少事吳
兢兢器之游京師未知名率嗜酒鼓琴自娛人或邀之杖策往醉卽返不及世

務天寶末楊國忠執政求天下士爲己重聞鎬才薦之釋褐衣拜左拾遺歷侍
御史玄宗西狩鎬徒步扈從俄遣詣肅宗所數論事擢諫議大夫尋拜中書侍
郎同中書門下平章事時引內浮屠數百居禁中號內道場諷唄外聞鎬諫曰
天子之福要在養人以一函寓美風化未聞區區佛法而致太平願陛下以無
爲爲心不以小乘撓聖慮帝然之尋詔兼河南節度使都統淮南諸軍事賊圍
宋州張巡告急鎬倍道進檄濠州刺史閭丘曉趣救曉愎撓逗留不肯進比鎬
至淮口而巡已陷鎬怒杖殺曉帝還京師封南陽郡公詔以本軍鎮汴州捕平
殘寇史思明提范陽獻順款鎬揣其僞密奏曰思明勢窮而服包藏不測可以
計取難以義招不宜以威權假之又言滑州防禦使許叔冀狡獪臨難必變宜
追還宿衞書入不省時宦官絡繹出鎬境未嘗降情給納自范陽滑州使還者
皆威言思明叔冀忠而毀鎬無經略才帝以鎬不切事機遂罷宰相授荆州大
都督府長史思明叔冀後果叛如鎬言召拜太子賓客左散騎常侍坐市嗣岐
王珍第貶辰州司戶參軍代宗初起爲撫州刺史遷洪州觀察使更封平原郡

公袁晁寇東境江介震騷鎬遣兵屯上饒斬首二千級又襲舒城賊楊昭梟之沈千載者新安大豪連結椎剽州縣不能禽鎬遣別將盡殄其衆改江南西道觀察使卒鎬起布衣二期至宰相居身廉不殖貲產善待士性簡重論議有體在位雖淺而天下之人推爲舊德云

李泌字長源魏八柱國弼六世孫徙居京兆七歲知爲文玄宗開元十六年悉召能言佛道孔子者相答難禁中有員俶者九歲升堂詞辯注射坐人皆屈帝異之曰半千孫固當然因問童子豈有類若者俶跪奏臣舅子李泌帝即馳召之泌既至帝方與燕國公張說觀弈因使說試其能說請賦方圓動靜泌逡巡曰願聞其略說因曰方若棋局圓若棋子動若棋生靜若棋死泌即答曰方若行義圓若用智動若騁材靜若得意說因賀帝得奇童帝大悅曰是子精神要大於身賜束帛敕其家曰善視養之張九齡尤所獎愛常引至臥內九齡與嚴挺之蕭誠善挺之惡誠佞勸九齡謝絕之九齡忽獨念曰嚴太苦勁然蕭軟美可喜方命左右召蕭泌在旁率爾曰公起布衣以直道至宰相而喜軟美者乎

九齡驚改容謝之因呼小友及長博學善治易常游嵩華終南閒慕神仙不死術天寶中詣闕獻復明堂九鼎議帝憶其早惠召講老子有法得待詔翰林仍供奉東宮皇太子遇之厚嘗賦詩譏誚楊國忠安祿山等國忠疾之詔斥置蘄春郡肅宗卽位靈武物色求訪會泌亦自至已謁見陳天下所以成敗事帝悅欲授以官固辭願以客從入議國事出陪輿輦衆指曰著黃者聖人著白者山人帝聞因賜金紫拜元帥廣平王行軍司馬帝嘗曰卿侍上皇中爲朕師今下判廣平行軍朕父子資卿道義云始軍中謀帥皆屬建寧王泌密白帝曰建寧王誠賢然廣平冢嗣有君人量豈使爲吳太伯乎帝曰廣平爲太子何假元帥泌曰使元帥有功陛下不以爲儲副得邪太子從曰撫軍守曰監國今元帥乃撫軍也帝從之初帝在東宮李林甫數構譖勢危甚及卽位怨之欲掘冢焚骨泌以天子而念宿嫌示天下不廣使脅從之徒得釋言於賊帝不悅曰往事卿忘之乎對曰臣念不在此上皇有天下五十年一旦失意南方氣候惡且春秋高聞陛下錄故怨將內慚不懌萬有一感疾是陛下以天下之廣不能安親也

帝感悟抱泌頸以泣曰朕不及此因從容問破賊期對曰賊掠金帛子女悉送
范陽有苟得心渠能定中國邪華人爲之用者獨周摯高尙等數人餘皆脅制
偷合至天下大計非所知也不出二年無寇矣陛下無欲速夫王者之師當務
萬全圖久安使無後害今詔李光弼守太原出井陘郭子儀取馮翊入河東則
史思明張忠志不敢離范陽常山安守忠田乾真不敢離長安是以三地禁其
四將也隨祿山者獨阿史那承慶耳使子儀毋取華令賊得通關中則北守范
陽西救長安奔命數千里其精卒勁騎不逾年而敝我常以逸待勞來避其鋒
去翦其疲以所徵之兵會扶風與太原朔方軍互擊之徐命建寧王爲范陽節
度大使北並塞與光弼相掎角以取范陽賊失巢窟當死河南諸將手帝然之
會西方兵大集帝欲速得長安曰今戰必勝攻必取何暇千里先事范陽乎泌
曰必得兩京則賊再彊我再困且我所恃者磧西突騎西北諸戎耳若先取京
師期必在春關東早熱馬且病士皆思歸不可以戰賊得休士養徒必復來南
此危道也帝不聽二京平帝奉迎上皇自請歸東宮以遂子道泌曰上皇不來

矣人臣尚七十而傳況欲勞上皇以天下事乎帝曰奈何泌乃爲羣臣通奏具
言天子思戀晨昏請促還以就孝養上皇得初奏答曰當與我劍南一道自奉
不復東矣帝甚憂及再奏至喜曰吾方得爲天子父遂下誥戒行崔圓李輔國
以泌親信疾之泌畏禍願隱衡山有詔給三品祿賜隱士服爲治室廬泌嘗取
松樛枝以隱背名曰養和後得如龍形者因以獻帝四方爭效之代宗立召至
舍蓬萊殿書閣初泌無妻不食肉帝乃賜光福里第彊詔食肉爲娶朔方故留
後李暐甥昏日敕北軍供帳元載惡不附己因江西觀察使魏少游請僚佐載
稱泌才以試祕書少監充判官載誅帝召還復爲常袞所忌出爲楚州刺史辭
不行帝亦留之會澧州闕袞盛言南方凋瘵請輟泌治之乃授澧朗峽團練使
徙杭州刺史皆有風績德宗在奉天召赴行在授左散騎常侍時李懷光叛歲
又蝗旱議者欲赦懷光帝博問羣臣泌破一桐葉附使以進曰陛下與懷光君
臣之分不可復合如此葉矣由是不赦始朱泚亂帝約吐蕃赴援賂以安西北
庭既而渾瑊與賊戰咸陽泚大敗吐蕃以師追北不甚力因大掠武功而歸京

師平來請如約帝業許欲遂與之泌曰安西北庭控制西域五十七國及十姓突厥皆捍兵處以分吐蕃勢使不得倂兵東侵今與其地則關中危矣且吐蕃向持兩端不戰又掠我武功乃賊也奈何與之遂止貞元元年拜陝虢觀察使泌始鑿山開車道至三門以便饟漕以勞進檢校禮部尚書淮西兵防秋屯鄜州已而四千人亡歸或曰吳少誠密招之旣入境泌邀險悉擊殺之三年拜中書侍中同中書門下平章事累封鄴縣侯初張延賞減天下吏員人情愁怨至流離死道路者泌請復之帝未從因問今戶口減承平時幾何曰三之二帝曰人旣彫耗員何可復泌曰不然戶口雖耗而事多承平十倍陛下欲省州縣則可而吏員不可減今州或參軍署券縣佐史判案所謂省官者去其冗員非常員也帝曰若何爲冗員對曰州參軍無職事及兼試額內官者兼試自至德以來有之比正員三之一可悉罷帝乃許復吏員而罷冗官泌又條奏中朝官常侍賓客十員其六員可罷左右贊善三十員其二十員可罷如舊制諸王未出閤官屬皆不除而所收科奉乃多於減員矣帝悅是時州刺史月奉至千緡方

鎮所取無藝而京官祿寡薄自方鎮入八座至謂罷權薛邕由左丞貶歙州刺史家人恨降之晚崔祐甫任吏部員外求爲洪州別駕使府賓佐有所忤者薦爲郎官其當遷臺閣者皆以不赴取罪去泌以爲外太重內太輕乃請隨官閑劇普增其奉時以爲宜而竇參多沮亂其事不能悉如所請泌又白罷拾遺補闕帝雖不從然因是不除諫官唯用韓皐歸登泌因收其公廨錢令二人寓食中書舍人署凡三年始以韋綬梁肅爲左右補闕太子妃蕭母郜國公主也坐蠱媚幽禁中帝怒責太子太子不知所對泌入帝數稱舒王賢泌揣帝有廢立意因曰陛下有一子而疑之乃欲立弟之子臣不敢以古事爭且十宅諸叔陛下奉之若何帝赫然曰卿何知舒王非朕子對曰陛下昔爲臣言之陛下有嫡子以爲疑弟之子敢自信於陛下乎帝曰卿違朕意不顧家族邪對曰臣衰老位宰相以諫而誅分也使太子廢它日陛下悔曰我惟一子殺之泌不吾諫吾亦殺爾子則臣絶祀矣雖有兄弟子非所歆也即噫嗚流涕因稱昔太宗詔太子不道藩王窺伺者兩廢之陛下疑東宮而稱舒王賢得無窺伺乎若太子得

罪請亦廢之而立皇孫千秋萬歲後天下猶陛下子孫有也且郜國爲其女妬忌而蠱惑東宮豈可以妻母累太子乎執爭數十意益堅帝寤太子乃得安初興元後國用大屈封物皆三損二舊制堂封歲三千六百縑後纔千二百至是帝使還舊封於是李晟馬燧渾瑊各食實封悉讓送泌泌不納時方鎮私獻於帝歲凡五十萬緡其後稍損至三十萬帝以用度乏問泌泌請天下供錢歲百萬給宮中勸不受私獻凡詔旨須索即代兩稅則方鎮可以行法天下紓矣帝嘗從容言盧杞清介敢言然少學不能廣朕以古道人皆指其姦而朕不覺也對曰陛下能覺杞之惡安致建中禍邪李揆和蕃顏真卿使希烈其害舊德多矣又楊炎罪不至死杞擠陷之而相關播懷光立功逼使其叛此欺天也帝曰卿言誠有之然楊炎視朕如三尺童子有所論奏可則退不許則辭官非特杞惡之也且建中亂卿亦知桑道茂語乎乃命當然對曰夫命者已然之言主相造命不當言命言命則不復賞善罰惡矣桀曰我生不有命自天武王數紂曰謂己有天命君而言命則桀紂矣帝曰朕請不復言命俄加集賢殿崇文館大

學士脩國史泌建言學士加大始中宗時及張說爲之固辭乃以學士知院事至崔圓復爲大學士亦引泌爲讓而止帝以前世上巳九日皆大宴集而寒食多與上巳同時欲以三月名節自我爲古若何而可泌請廢正月晦以二月朔爲中和節因賜大臣戚里尺謂之裁度民間以青囊盛百穀瓜果種相問遺號爲獻生子里閭釀宜春酒以祭句芒神祈豐年百官進農書以示務本帝悅乃著令與上巳九日爲三令節中外皆賜緡錢燕會四年八月月蝕東壁泌曰東壁圖書府大臣當有憂者吾以宰相兼學士當之矣昔燕國公張說由是以亡又可免乎明年果卒年六十八贈太子太傅泌出入中禁事四君數爲權倖所疾常以智免好縱橫大言時時讜議能寤移人主然常持黃老鬼神說故爲人所譏切初肅宗重陰陽巫祝擢王璵執政大抵興造工役輒牽禁忌俗說而黎幹以左道位京兆尹嘗使禁工駢珠刺繡爲乘輿服舉焚之以爲禳禬德宗素不爲然及嗣位罷內道場除巫祝代宗將葬帝號送承天門而轀車行不中道問其故有司曰陛下本命在午故避之帝泣曰安有枉靈駕以謀身利命直午

而行又宣政廊壞太卜言孟冬魁岡不可營繕帝曰春秋啓塞從時何魁岡爲
亟詔葺之及桑道茂城奉天事驗始尚時日拘忌因進用泌泌亦自有所建明
獨柳玭稱兩京復泌謀居多其功乃大於魯連范蠡云子繁
繁少才警無行泌始起陽城官諸朝故城重德泌而親厚於繁及疏裴延齡旣
具藁以繁可信夜使繁書已封盡能誦憶乃錄以示延齡明日延齡白帝曰城
以疏示於朝卽擿其條以自疏解城奏入帝怒遂不省泌與梁肅善故繁師事
肅及卒烝其室士議讙醜由是擯棄積年後爲太常博士權德輿爲卿奏斥之
改河南府士曹參軍累遷隋州刺史罷歸不得調敬宗誕日詔與兵部侍郎丁
公著太常少卿陸亘入殿中抗老佛誦論改大理少卿弘文館學士諫官御史
交章彈治乃出爲亳州刺史州有劇賊剽室廬略財貲爲患宅刺史不能禽繁
有機略悉知賊巢所在一旦出兵捕斬之議者責繁不先啓觀察府爲擅興詔
御史舒元輿按之元輿與繁素隙盡翻其獄以爲濫殺不辜有詔賜死京兆人
皆寃之繁下獄知且死恐先人功業泯滅從吏求廢紙握筆著家傳十篇傳于

世

贊曰泌之爲人也異哉其謀事近忠其輕去近高其自全近智卒而建上宰近立功立名者觀肅宗披榛莽立朝廷單言暫謀有所寤合皆付以政當此時泌於獻納爲不少又佐代宗收兩京獨不見錄寧二主不以宰相器之邪德宗晚好鬼神事乃獲用蓋以怪自置而爲之助也繁爲家傳言泌本居鬼谷而史臣謬言好鬼道以自解釋既又著泌數與靈仙接言舉不經則知當時議者切而不與有爲而然繁言多浮侈不可信掇其近實者著于傳至勸帝先事范陽明太子無罪亦不可誣也

唐書卷一百三十九

唐書卷一百三十九考證

房琯族孫式○舊書式爲琯姪

唐書卷一百三十九考證

宋　端　明　殿　學　士　宋　祁　撰

列傳第六十五

崔苗二裴呂

崔圓字有裕貝州武城人後魏尚書左僕射亮八世孫少孤貧志向卓邁喜學兵家開元中詔舉遺逸以鈐謀對策甲科歷京兆府參軍尹蕭炅薦之遷會昌丞楊國忠遙領劍南節度引圓爲左司馬知留後玄宗西出次扶風遷御史中丞劍南節度副大使圓銳功名初聞難剌國忠意乃治城浚隍列館宇儲什具帝次河池圓疏具陳蜀土腴穀羨儲供易辦帝省書泣下曰世亂識忠臣即日拜中書侍郎同中書門下平章事仍兼劍南節度使天子至朝廷百司殿宇帷幔皆具嗟賞之肅宗立命與房琯韋見素赴行在所帝爲制遺愛碑于蜀以寵之至德二載還中書令封趙國公實封戶五百乾元元年罷爲太子少師留守東都於是上皇所置宰相無在者王師之敗相州也軍所過皆縱剽圓懼委

東都奔襄陽詔削階封尋詔拜濟王傅李光弼表爲懷州刺史改汾州以治行
稱徙淮南節度使在鎮六年請朝京師吏民乞留詔檢校尚書右僕射還之久
乃檢校左僕射入知省事大歷中卒年六十四贈太子太師謚曰昭襄
苗晉卿字元輔潞州壺關人世以儒素稱擢進士第調爲修武尉累進吏部郎
中中書舍人知吏部選事選人訴索好官厲言倨色紛于前晉卿與相對終日
無愠顏久之進侍郎積寬縱而吏下因緣作姦方時承平選常萬人李林甫爲
尚書專國政以銓事委晉卿及宋遙然歲命宅官同較書判覈才實天寶二載
判入等者凡六十四人分甲乙丙三科以張奭爲第一奭御史中丞倚之子倚
新得幸於帝晉卿欲附之奭本無學故議者囂然不平安祿山因間言之帝爲
御花萼樓覆實中裁十一二奭持紙終日筆不下人謂之曳白帝大怒貶倚淮
陽太守遙武當太守晉卿安康太守明年徙魏郡卽充河北採訪使居三年政
化大行嘗入計謁歸壺關望縣門輒步吏諫止晉卿以公門當下況父母邦乎
郡太守迎犒使所屬令行酒酒至必立飲白酹侍老有獻降西階拜而飲時美

其恭改河東郡兼河東採訪使徙扶風郡封高平縣男還工部尚書東都留守
召爲憲部兼左丞安祿山反竇廷芝棄陝郡不下楊國忠本忌其有望即奏東
道賊衝非大臣不可鎮遏授陝郡太守陝虢防禦使晉卿見帝以老辭忤旨聽
致仕于家車駕入蜀搢紳多陷賊晉卿間道走金州肅宗至扶風召赴行在拜
左相平京師封韓國公食五百戶改侍中既而乞骸骨罷爲太子太傅未幾復
拜侍中玄宗崩肅宗疾甚詔晉卿攝冢宰固讓曰大行遺詔皇帝三日聽政稽
祖宗故事則無冢宰之文奉遺詔則宜聽朝惟陛下順變以幸萬國帝不聽後
數日代宗立復詔攝冢宰固辭乃免時年老蹇甚乞間日入政事堂帝優之聽
入閤不趨爲御小延英召對宰相對小延英自晉卿始吐蕃犯京師晉卿以病
臥家賊輿致脅之噤不肯語賊不敢害帝還拜太保罷政事永泰初薨年八十
一贈太師京兆少尹護喪諡曰懿獻元載未顯時爲晉卿所遇載方相故諷有
司改諡文貞晉卿寬厚所至以惠化稱魏人爲營生祠立石頌美再秉政出入
七年小心謹畏不甚斥是非得失故能安保寵名然練達事體百官簿最一省

無遺議者比漢胡廣肅宗欲以李輔國爲常侍奏曰常侍近密非賢不可居豈宜任等輩罷之朝廷欲論陳希烈等死晉卿曰陛下得張通儒安守忠孫孝哲等何以加罪帝不從俄而史思明亂持是以誘衆嘗自爲父碑文有鸛巢碑上賊入上黨焚蕩略盡而苗氏松櫝獨無傷大歷七年配享肅宗廟廷十子發丕堅粲垂向呂稷望咸粲德宗時官至郎中陸贄欲進粲官帝不許曰晉卿往攝政有不臣之言又名其子皆與帝王同粲等宜與外官贄奏王者爵人必於朝刑人必於市言與衆共之獎而不言其善斯謂曲貸罰而不書其惡斯謂中傷曲貸則授受不明而私幸之門啓中傷則枉直無辨而讒間之道行可不慎哉若陛下以晉卿姦邪粲等應坐則當公議其罪若知見誣亦宜擢粲等以示天下且晉卿起文儒致位台輔謙柔敦厚爲三朝所推安肯爲族滅計雖甚狂險猶不爲之況老臣乎帝然之而粲官終不顯

裴冕字章甫河中河東人本冠族仕家以蔭再調渭南尉王鉷爲京畿採訪使表署判官歷殿中侍御史冕少學術然明銳果於事衆號稱職鉷雅任之及鉷

得罪有詔廷辨冕位甚下而抗言其誣鉷死李林甫方用事僚屬懼皆引去獨冕爲斂葬由是寖知名河西節度使哥舒翰辟行軍司馬玄宗入蜀詔皇太子爲天下兵馬元帥拜冕御史中丞兼左庶子副之初冕在河西方召還而道遇太子平涼遂從至靈武與杜鴻漸崔漪同辭進曰主上厭于勤且南狩蜀宗社神器要須有歸今天意人事屬在殿下宜正位號有如逡巡失億兆心則大事去矣太子曰我平寇逆奉迎乘輿還京師退居儲貳以侍膳左右豈不樂哉公等何言之過對曰殿下居東宮二十年今多難啓聖以安社稷而所從將士皆關輔人日夜思歸大衆一騷不可復集不如因而撫之以就大功臣等昧死請太子固讓凡五請卒見聽太子卽位進冕中書侍郎同中書門下平章事乃建言賣官度僧道士收貲濟軍興時取償旣賤衆不爲宜肅宗至鳳翔罷冕政事拜尚書右僕射兩京平封冀國公實封五百戸出爲劍南西川節度使復爲右僕射待制集賢院俄充山陵使於是中書舍人劉烜爲李輔國所昵冕表爲判官烜抵法坐降施州刺史徙澧州大歷中郭子儀言於代宗曰冕首佐先帝馳

驅靈武有社稷勳程元振忌其賢遂加誣構海內寃之陛下宜還冕於朝復俾
輔相必能致治成化時元載秉政冕早所甄引載德之又貪其衰瘵且下己遂
拜左僕射同中書門下平章事入見拜不能興載自扶之代爲贊謝俄兼河南
江淮副元帥東都留守不踰月卒有詔贈太尉冕以忠勤自將然不知宰相大
體性豪侈既素貴輿服食飲皆光麗珍豐櫪馬直數百金者常十數每廣會賓
客不能名其饌自製巾子工甚人爭效之號僕射巾領使既衆吏白俸簿月二
千緡冕顧視喜見顏閒世訾其嗜利云始肅宗廟惟苗晉卿配享冕卒後二十
餘年有蘇正元者奏言肅宗爲元帥時師纔一旅冕於草創中甄大義以勸進
收募驍勇幾十餘萬既逾月房琯來又一年而晉卿至今晉卿從祀而冕乃不
與有詔冕配享肅宗廟
裴遵慶字少良絳州聞喜人幼彊學該綜圖傳外晦內明不干當世年既長始
以仕家推蔭爲興寧陵丞調大理丞邊將蕭克濟督役苛暴役者有醜言有司
以大逆論遵慶曰財不足聚人力不足加衆焉能反由是全救數十族頻擢吏

部員外郎判南曹天寶時選者歲萬計遵慶性彊敏視簿牒詳而不苛世稱吏事第一肅宗時爲吏部侍郎蕭華輔政屢薦之拜黃門侍郎同中書門下平章事代宗初僕固懷恩反帝以遵慶忠厚大臣故奉詔宣慰懷恩聽命將入朝旣而爲其將范志誠沮止時帝在陝遵慶脫身赴行在帝還遷太子少傅罷爲集賢院待制改吏部尚書以尚書右僕射復知選事朝廷優其老聽就第注官時以爲榮嘗有族子病狂易告以謀反帝識其謬置不問性惇正老而彌謹每薦賢有來謝者以爲恥諫而見從卽內銜長雖親近但記其削稾疏數而莫知所言大曆十年薨年九十餘初爲郎時著王政記述今古治體識者知其有公輔器云子向

向字傃仁以蔭得調建中初李紓爲同州刺史奏署判官李懷光叛河中使其將趙貴先築壘於同州紓奔奉天而向領州務貴先脅吏督役不及期將斬以徇民皆駭散向獨詣貴先壘開諭之貴先乃降同州不陷向力也累爲櫟陽渭南令奏課皆第一擢戶部員外郎德宗末方鎮之副多自選於朝以待有變次

授之故向以選爲太原少尹行軍司馬歷陝虢觀察使以吏部尚書致仕向能以學行持門戶內外親屬百餘口祿俸必均世稱其孝睦卒年八十贈太子少保子寅官累御史大夫寅子樞

樞字紀聖咸通中第進士杜審權鎮河中奏署幕府再遷藍田尉宰相王鐸知之遂直弘文館鐸罷樞久不調從僖宗入蜀擢殿中侍御史中和初鐸爲都統表署鄭滑掌書記龍紀初進給事中改京兆尹與孔緯厚善緯以罪貶故樞改右庶子出爲歙州刺史還右散騎常侍爲汴州宣諭使樞素與朱全忠相結納故全忠聽命修貢獻不絕昭宗悅還兵部侍郎時崔胤亦倚全忠專朝柄因與樞善俄以戶部侍郎同中書門下平章事帝在鳳翔貶胤官樞亦罷爲工部尚書已還宮拜檢校尚書左僕射同平章事出爲清海節度使全忠言樞有經世才不宜棄外復拜門下侍郎平章事監修國史累進右僕射諸道鹽鐵轉運使哀帝嗣位柳璨方用事全忠以牙將張廷範爲太常卿樞以爲廷範勳臣自宜任方鎮何用爲卿恐非王意持不下全忠怒謂賓佐曰吾常器樞不浮薄今乃

爾瓌聞即罷樞政事拜左僕射俄貶登州刺史又貶瀧州司戶參軍至滑州全忠遣人殺之白馬驛投尸于河年六十五初全忠佐吏李振曰此等自謂清流宜投諸河永爲濁流全忠笑而許之

呂諲河中河東人少力於學志行整飭孤貧不自業里人程氏財雄于鄉以女妻諲亦以諲才不久困厚分貲贍濟所欲故稱譽日廣開元末入京師第進士調寧陵尉採訪使韋陟署爲支使哥舒翰節度河西表支度判官歷太子通事舍人性靜慎勤總吏職諸僚或出游諲獨頹然據案鉤視簿最翰益親之累兼殿中侍御史翰敗潼關諲西趨靈武由中人尉薦肅宗才之拜御史中丞所陳事無不順納從至鳳翔還武部侍郎帝復兩京詔盡繫羣臣之汙賊者以御史中丞崔器憲部侍郎韓擇木大理卿嚴向爲三司使處其罪又詔御史大夫李峴及諲領使諲於權宜知大體不及峴而援律傅經過之當時憚其持法然以峴故多所平反乾元二年九節度兵敗帝憂之擢諲同中書門下平章事知門下省翌日復以李峴李揆第五琦爲宰相而苗晉卿王璵罷會母喪解三月復

召知門下省事兼判度支還執政累封須昌縣伯遷黃門侍郎上元初加同中
書門下三品當賜門戟或勸諲以凶服受吉賜不宜諲釋縗拜賜人譏其失禮
諲引妻之父楚賓爲衞尉少卿楚賓子震爲郎官中人馬尙言者素暱於諲爲
人求官諲奏爲藍田尉事覺帝怒命敬羽窮治殺尙言以其肉賜從官罷諲爲
太子賓客數月拜荊州長史澧朗峽忠等五州節度使諲始建請荊州置南都
詔可於是更號江陵府以諲爲尹置永平軍萬人遏吳蜀之衝以湖南之岳潭
郴道邵連黔中之涪凡七州隸其道初荊州長史張惟一以衡州蠻酋陳希昂
爲司馬督家兵千人自防惟一親將牟遂金與相忤希昂率兵至惟一所捕之
惟一懼斬其首以謝悉以遂金兵屬之乃退自是政一出希昂後入朝還常州
刺史過江陵入謁諲伏甲擊殺之誅黨偶數十人積尸府門內外震服妖人申
泰芝用左道事李輔國擢諫議大夫置軍邵道二州閒以泰芝總之納羣蠻金
貲以緋紫出褚中詔書賜衣示之羣蠻怵於賞而財不足更爲剽掠吏不敢制
潭州刺史龐承鼎疾其姦因泰芝過潭縛付吏劾贓鉅萬得左道讖記幷奏之

輔國矯追泰芝還京旣召見反譖承鼎陷不辜詔譁按罪譁使判官嚴郢具獄
暴泰芝之惡帝不省賜承鼎死流郢建州後泰芝終以贓徙死承鼎追原其誣
譁爲治不急細務決大事剛果不撓始在河西悉知諸將能否及爲尹奏取材
者數十人總牙兵故威惠兩行譁之相與李揆不平旣斥乃用善治聞揆恐帝
復用卽妄奏置軍湖南非便又陰遣人刺譁過失譁上疏訟其事帝怒逐揆出
之顯條其罪譁苦羸疾卒年五十一贈吏部尚書譁在朝不稱任職相反爲荆
州號令明賦斂均一其治尚威信故軍士用命闔境無盜賊民歌詠之自至德
以來處方面數十人譁最有名荆人生構房祠及歿吏裒錢十萬徙祠府西始
譁知杜鴻漸元載才薦於朝後皆爲宰相承泰中嚴郢以故吏請謚有司博士
獨孤及謚曰肅郢以故事宰相謚皆二名請益曰忠肅及執奏謂謚在義美惡
不在多名文王伐崇周公殺三監淮夷重耳一戰而霸而謚曰文冀缺之恪甯
俞之忠隨會不忘其君而謚曰武故知稱其大略其細也且二名謚非古也漢
與蕭何張良霍去病霍光以文武大略佐漢致太平一名不盡其善乃有文終

文成景桓宣成之諡唐與參用漢制魏徵以王道佐時近文愛君忘身近貞二者並優廢一莫可故曰文貞蕭瑀端直近貞性多猜近褊言褊則失貞稱貞則遺褊故曰貞褊蓋有爲爲之也若跡無異稱則易以一字故杜如晦曰成封德彝曰明王珪曰懿陳叔達曰忠溫彥博曰恭岑文本曰獻韋巨源曰昭皆當時赫赫居宰相位者諡不過一名而言故事宰相必以二名固所未聞宜如前諡遂不改

贊曰孔子稱才難然人之才有限不得皆善觀圓之銳而失守出奔晉卿雅厚而少風采臧否冕明彊嗜利不知大體誣輔政功名不及治郡然各以所長顯于時故聖人使人也器之不窮所不能而後爲治也遵慶寡疵中人之賢與

唐書卷一百四十

唐書卷一百四十考證

苗晉卿傳天寶二載判入等者凡六十四人○舊書作天寶一年

呂諲傳置永平軍萬人○舊書永平軍團練三千人

以湖南之岳潭郴道邵連黔中之涪凡七州隸其道○沈炳震曰按方鎮表增領涪衡潭岳郴邵永道連凡九州此作七州誤

後泰芝終以贓徙死承鼎追原其誣○臣德潛按此是承鼎之昭雪在泰芝死後也而舊書則云承鼎竟得雪後泰芝竟以贓敗流死似雪罪以後泰芝始流死者然

唐書卷一百四十考證

唐書卷一百四十一

宋　端　明　殿　學　士　宋　祁　撰

列傳第六十六

崔鄧魏衛李韓盧高

崔光遠系出博陵後徙靈昌祖敬嗣嗜酒摴博中宗在房州吏多肆慢不爲禮敬嗣爲刺史獨盡誠推奉儲給豐衍帝德之及反正有與敬嗣同姓名者每擬官帝輒超拜後召見悟非是訪眞敬嗣已死卽授其子汪五品官汪生光遠勇決任氣長六尺瞳子白黑分明開元末爲唐安令與楊國忠善累遷京兆少尹爲吐蕃弔祭使還會玄宗西狩詔留光遠爲京兆尹西京留守採訪使乘輿已出都人亂火左藏大盈庫爭輦財珍至乘驢入宮殿者光遠乃募官攝府縣誰何宮闕斬十數人乃定因僞使其子東見祿山而祿山先署張休爲京兆尹由是追休授光遠故官俄而同羅背賊以廄馬二千出奔賊將孫孝哲安神威招之不得神威憂死官吏驚走獄囚皆逸光遠以爲賊且走命人守神威孝哲等

第斬曳落河二人孝哲馳白祿山光遠懼與長安令蘇震出開遠門使人奔呼曰尹廵門門兵具器仗迎謁至皆斬之募得百餘人遂趨靈武肅宗嘉之擢拜御史大夫復爲京兆尹遣到渭北募僑民會賊黨剽涇陽休祠房椎牛呼飲光遠刺知之率兵夜趨其所使百騎觳滿狙其前命驍士合譟賊醉不能師斬其徒二千得馬千噭俘一酋長以獻自是賊常避其鋒扈帝還改禮部尚書鄴國公封實戸三百乾元元年繇汴州刺史代蕭華爲魏州節度使初郭子儀與賊戰汲郡光遠裁率汴師千人援之不甚力及守魏使將軍李處崟拒賊子儀不救戰不勝奔還賊因傅城下詭呼曰處崟召我而不出何也光遠信之斬處崟處崟善戰衆倚以爲重及死人益危魏城經袁知泰能元浩等完築牢甚光遠不能守夜潰圍出奔京師帝赦其罪拜太子少保會襄州將康楚元張嘉延反陷荆襄諸州因拜持節荆襄招討充山南東道兵馬都使又徙鳳翔尹先是岐隴賊郭愔等掠州縣峙五堡光遠至遣官喻降之既而沈飲不親事愔等陰約党項及奴刺突厥敗韋倫於秦隴殺監軍使帝怒光遠無狀召還復使節度劍

南會段子璋反東川李奐敗走成都光遠進討平之然不能禁士卒剽掠士女至斷腕取金者夷殺數千人帝詔監軍按其罪以憂卒
鄧景山曹州人本以文吏進累至監察御史至德初擢拜青齊節度使徙淮南爲政簡肅有鼂集城門鄧班語景山曰鼂介物也失所次金不從革之象其有兵乎未幾宋州刺史劉展反初展有異志淮西節度使王仲昇表其狀詔還揚州長史兼江淮都統密詔景山執送京師展知之擁兵二萬度淮景山逆擊不勝奔壽州因引平盧節度副使田神功討展神功兵至揚州大掠居人發冢墓大食波斯賈胡死者數千人展叛凡三月平追景山入朝拜尚書左丞以崔圓代之王思禮在太原儲儥贏衍請輸半以實京師會卒管崇嗣代之政弛不治數月爲下盜費略盡帝聞卽以景山爲太原尹封南陽郡公至則振覈紀綱檢覆干隱衆大懼而景山清約子弟饌不過草具用器止烏漆待上賓惟豚魚而已取倉粟紅腐者食之兼給麾下麾下怨訕左右白景山景山曰此不食留將安用邪因慢駡士皆羞忿有禆校抵死諸將請贖不許其弟請代不許請納一

馬贖景山乃許減死衆怒曰吾屬命纔一馬直乎景山護失叱遣之少將黄抱節因衆怒作亂景山遇害時寶應元年也肅宗以其統馭失方不復究驗遣使喻撫其軍軍中請辛雲京爲節度詔可景山與劉晏善其後家寒窶晏屢經紀之嫁其孤女謚曰敬

崔瓘博陵人以士行修謹聞累官至澧州刺史不爲煩苛人便安之流亡還歸居二年增戸數萬詔特進五階以寵異政大曆中遷湖南觀察使時將吏習寛弛不奉法瓘稍以禮法繩裁之下多怨别將臧玠判官達奚覯忿爭覯曰今幸無事玠曰欲有事邪拂衣去是夜以兵殺覯瓘聞難惶懼走遇害帝悼惜之

魏少游字少游邢州鉅鹿人以吏幹稱天寶末累遷朔方水陸轉運副使肅宗幸靈武杜鴻漸等奉迎而留少游繕治宫室少游大爲殿宇幄帟皆象宫闕諸王公主悉有次舍供儗窮水陸又有千餘騎鎧幟光鮮振旅以入帝見宫殿不悦曰我至此欲就大事安用是爲稍命去之除左司郎中兩京平封鉅鹿縣侯遷陜州刺史王師潰於鄴河洛震駭少游鎮守自若擢京兆尹李輔國以其不

附己改衞尉卿會率羣臣馬助軍少游與漢中王瑀持異帝怒貶渠州長史復
爲京兆尹始請中書門下省五品尙書省四品諸司正員三品諸王駙馬眘以
上親及壻若甥不得任京兆官詔可大曆二年爲江西觀察使進邢部尙書改
封趙國公六年卒贈太子太師少游四爲京兆雖無赫赫名然善任人緣飾規
檢有足稱者
衞伯玉史失其何所人少習武技爲有力天寶中從安西府積勞至員外諸衞
將軍肅宗卽位慨然願立功乃歸長安領神策兵馬使出鎭陜州行營乾元二
年賊將李歸仁以騎五千入寇伯玉與戰彊子坂破之獲馬六百匹遷羽林大
將軍徙四鎭北廷行營節度使俄爲神策軍節度史思明遣子朝義夜襲陜將
動京師伯玉迎擊破之於永寧加特進封河東郡公廣德元年代宗幸陜以伯
玉有幹略可方面大事乃拜荆南節度使進封城陽郡王大曆初以母憂當代
諷將吏留己復詔節度荆南議者醜其留十一年歸京師卒
李澄遼東襄平人隋蒲山公寬之遠胄以勇剽隸江淮都統李垣府爲偏將又

從永平節度李勉軍勉帥汴表澄滑州刺史李希烈陷汴勉走澄以城降賊希烈以爲尚書令節度永平軍興元元年澄遣盧融間道奉表詣行在德宗嘉之署帛詔內蜜丸授澄刑部尚書汴滑節度使澄未即宣乃先勒訓士馬希烈疑以養子六百戍之賊急攻寧陵邀澄至石柱澄密令焚營爲驚遁者養子輩果乘以剽掠澄盡斬之以告希烈不能詰賊遣將翟崇暉率精兵寇陳州未還汴軍寡澄度不能制己又中官薛盈珍持節至封澄武威郡王賜實封乃燔賊旗節自歸希烈既失澄而崇暉復敗繇是奔汝南澄引兵將取汴屯其北門不敢進及劉洽師屯東門賊將田懷珍納之比澄入洽已保子城矣澄乃舍浚儀兩軍士日爭忿未能安會鄭州賊將孫液送款於澄澄遣子清馳赴先此河陽李芃使偏將雍希顥攻鄭數殘剽液拒之及納清希顥大怒急攻鄭清助守殺河陽兵數千希顥焚陽武去澄遂如鄭詔授清檢校太子賓客易名克寧貞元初還澄檢校尚書左僕射義成軍節度使二年卒年五十四贈司空澄始封隴西公後乃進王爵每上章必疊署二封士大夫笑其野澄之喪克寧閟不發閱旬

日欲自領事其行軍司馬馬鉉不許克寧殺之墨經加卒嬰城將爲亂劉洽以兵屯境上遣使諭止遂自戢然道閉者半月詔以賈耽代鎮克寧乃護喪歸悉索府中財夜出軍士從剽之殆盡澄柩至京猶賜克寧莊一區錢千緡粟麥千石云

韓全義家素寒史失其先世與卒伍以巧佞事宦者竇文場擢累長武城使進拜夏綏銀宥節度使詔以長武兵赴之全義素懦貪無紀律爲下斬狎詔未下軍中偏知之謀曰夏州沙磧無樹蓺生業不可往是夜譟而亂全義縋以逸殺其親將王栖巖趙虔曜等軍虞候高崇文誅亂首衆乃定全義得赴屯吳少誠以蔡拒命詔合十七鎮兵討之時軍無帥統惟以奄豎監之遂敗于小溵德宗以文場素爲全義地因用爲淮西行營招討使以陳許節度使上官涚副之諸鎮兵皆屬全義無它方略號令悉稟監軍每議攻戰宦豎十數紛爭帳中小人好自異互詆訾不能決賊知之數請戰遇賊廣利城方暑地沮洳士皆病癘全義未嘗存之既戰師皆潰退保五樓賊移屯逼之乃與監軍賈英秀等保溵水

不能固又入屯陳州是時惟陳許將孟元陽神策將蘇光榮守溵水全義誘潞
滑州數大將殺之然卒不振宦人共掩其敗帝不知少誠度無能爲卽謾書謝
監軍求洗前咎帝下其議宰相賈耽以爲五樓之敗賊不追者以冀恩耳請納
其誠帝然之全義班師過闕下託疾不入謁司馬崔放見帝謝無功帝曰全義
誘少誠歸國功大矣何必殺敵乃爲功邪還屯夏州中人卽第宴賚然卒不見
天子去時恨帝失政使姦人得肆云憲宗在藩疾之旣嗣位全義大懼願入覲
不復用以太子少保致仕卒其子獻女樂八人帝不納曰我方以儉治天下惡
用是爲哉

盧從史其先在元魏時爲威族後徙籍不常父虔好學由進士第歷御史祕書
監從史少好騎射遊澤潞閒節度使李長榮署爲督將貞元後藩臣闕德宗必
取本軍所喜戴者授之從史在潞姦獪得志又善附迎中人會長榮卒卽擢拜
昭義節度副大使旣得志寖恣不道至奪部將妻而能辯給粉澤其非府屬孔
戡等屢以直語爭刺初唯唯後益不從皆引去元和中丁父喪去官從史卽獻

討誅王承宗陰向帝旨繇是奪服領澤潞因詔討賊而勒兵逗留陰與承宗交得其密號授軍中又高芻粟直以售度支即上書求兼宰相且誣諸軍與賊通兵未可進憲宗患之初神策中尉吐突承璀與對壘從史時過其營飲博承璀多出寶帶奇玩夸之從史資沓猥所玩悅必遺焉從史喜益狎不疑帝用裴垍謀敕承璀圖之承璀伏壯士幕下伺其來與語士突起捽持出帳後縛內車中從者驚亂斬數十人諭以密詔而大將烏重胤素忠果部勒其衆乃定會夜疾驅未明出境道路無知者於是五年夏四月有詔慰其軍疏從史罪惡貶驩州司馬賜死子繼宗等並徙嶺南

高霞寓幽州范陽人其先五代不異居孝聞里閭德宗初採訪使洪經綸言之闕詔表于門霞寓能讀春秋及兵法頗以感概自尚狡譎多變往見長武城使高崇文崇文異其才檄任軍職從擊劉闢戰輒克下鹿頭城降李文悅仇良輔等追戰七盤城有功禽闢於羊灌擢拜彭州刺史俄代崇文爲長武城使封感義郡王元和中以左威衛將軍隨吐突承璀討王承宗諸將多覆軍獨霞寓有

功詔藏所獲鎧仗於神策庫以旌之承璀已執盧從史其軍相驚乃遣霞寓諭之麾而大呼曰元惡縛矣公等宜自安即脫鎧揖而前衆遂定欲留爲帥霞寓間道去拜豐州刺史三城都團練防禦使討吳元濟也析山南東道爲兩鎮以霞寓宿將拜唐鄧隋節度使遏賊南衝霞寓雖悍而寡謀統制尤非所善始引兵趨蕭陂戰小勝進至文城柵賊僞北逐之爲伏所掩遂大敗才以身免詔貶歸州刺史乃厚賂權宦召爲右衞大將軍拜振武節度使會吐蕃攻鹽豐二州霞寓以兵五千屯拂雲堆虜引去浚金河溉鹵地數千頃改左武衞大將軍又節度邠寧位檢校司徒寶曆中疽發首不能事以右金吾衞大將軍召卒于道贈太保霞寓位既高言多不遜帝欲罷其兵益自憂乃上私第爲佛祠請署曰懷恩以塞帝疑俄又詬侮僚屬作慢語斥訕大臣其反覆自任類此

唐書卷一百四十一考證

崔光遠傳光遠乃募官攝府縣誰何宮闕斬十數人乃定○臣德潛按誰何宮闕四字未明舊書云募人攝府縣官分守之殺數十人方止較明白

魏城經袁知泰能元浩等完築牢甚○能元浩舊書作元皓

李澄傳使偏將雍希顥攻鄭○舊書作雍顥

唐書卷一百四十一考證

唐書卷一百四十二

宋　端　明　殿　學　士　宋　祁　撰

列傳第六十七

李楊崔柳韋路

李麟裔出懿祖於屬最疏父濬歷潤虢潞三州刺史以誠信號良吏開元中終劍南節度按察使贈戶部尚書諡曰誠麟好學善文辭以父蔭補京兆府戶曹參軍舉宗室異能轉殿中侍御史累擢兵部侍郎與楊國忠同列國忠怙權疾之改權禮部貢舉國忠遷麟復本官改國子祭酒出爲河東太守有清政安祿山反朝廷以麟儒者非禦侮才還爲祭酒封渭源縣男玄宗入蜀麟走見帝再遷憲部尚書同中書門下平章事時宰相韋見素房琯崔渙崔圓踵赴肅宗行在獨麟以宗室子留總百司上皇還京進同中書門下三品封褒國公張皇后挾李輔國寖撓政苗晉卿崔圓等畏其權皆附離取安獨麟守正不阿順輔國忌恚乾元初罷爲太子少傅明年卒年六十六贈太子太傅諡曰德

楊綰字公權華州華陰人祖温玉在武后時爲顯官世以儒聞綰少孤家素貧事母謹甚性沈靖獨處一室左右圖史凝塵滿席澹如也不好立名有所論著未始示人第進士補太子正字舉詞藻宏麗科玄宗已試又加詩賦各一篇綰爲冠由是擢右拾遺制舉加詩賦繇綰始天寶亂肅宗卽位綰脫身見行在拜起居舍人知制誥累遷中書舍人兼修國史故事舍人年久者爲閣老其公廨雜料獨取五之四至綰悉均給之歷禮部侍郎建復古孝廉力田等科天下高其議俄遷吏部品裁清允人服其公是時元載秉政忌綰望高疏薄之宦者魚朝恩判國子監既誅因是建言太學當得天下名儒汰其選卽拜綰國子祭酒外示尊重而實以散地處之載日貪冒天下士議益歸綰帝亦知之自擢爲太常卿充禮儀使載得罪拜中書侍郎同中書門下平章事修國史制下士相賀於朝綰固讓帝不許時諸州悉帶團練使綰奏刺史自有持節諸軍事以掌軍旅司馬古司武所以副軍卽今副使司兵參軍卽今團練判官官號重複可罷天下團練守捉使詔可又減諸道觀察判官員之半復言舊制刺史被代若别

追皆降魚書乃得去開元時置諸道採訪使得專停刺史威柄外移漸不可久其刺史不稱職若贓負本道使具條以聞不得擅追及停而刺史亦不得輒去州詣使所如其故闕使司無署攝聽上佐代領帝善其謀於是高選州上佐定上中下州差置兵員詔郎官御史分道巡覆又定府州官月稟使優狹相均始天下兵興從權宜官品同而祿例差及四方粗定元載王縉當國偷以爲利因不改故江淮大州至月千緡而山劍貧險雖上州刺史止數十緡及此始復太平舊制綰素痼疾居旬日寖劇有詔就中書療治每對延英殿許挾扶于時羸補穿敝唯綰是恃未幾薨帝驚悼詔羣臣曰天不使朕致太平何奪綰之速邪即日詔贈司徒遣使者冊授欲及其未斂也詔百官如第弔遣使會弔賻絹千匹布三百匹太常謚曰文貞比部郎中蘇端憸人也持異議宰相常袞陰助之帝以其言醜險不實貶端巴州員外司馬猶賜謚曰文簡綰儉約未嘗問生事祿稟分姻舊隨多寡輒盡造之者清談終晷而不及榮利欲干以私聞其言必內愧止經誥微趣學家疑晦者一見即詰其極始輔政御史中丞崔寬本豪侈

城南別墅池觀堂皇爲當時第一卽日遣人毀之京兆尹黎幹出入從騶馭百數省損才留十餘騎中書令郭子儀在邠州行營方大會除書至音樂散五之四宅聞風靡然自化者不可勝紀世以比楊震山濤謝安云

崔祐甫字貽孫太子賓客孝公沔之子也世以禮法爲聞家第進士調壽安尉安祿山陷洛陽祐甫冒矢石入私廟負木主以逃自起居舍人累遷中書舍人性剛直遇事不回時侍郞闕祐甫攝省事數與宰相常衮爭議不平衮怒使知吏部選每擬官衮輒駁異祐甫不爲下會朱泚軍中猫鼠同乳表其瑞詔示衮衮率羣臣賀祐甫獨曰可弔不可賀詔使問狀對曰臣聞禮迎猫爲其食田鼠以其爲人去害雖細必錄今猫受畜於人不能食鼠而反乳之無乃失其性邪猫職不修其應若曰法吏有不觸邪疆吏有不扞敵臣愚以爲當命有司察貪吏誡邊候勤徼巡則猫能致功鼠不爲害代宗異其言衮益不喜帝崩衮與禮官議禮爲君斬衰三年漢文帝權制三十六日我太宗文皇帝崩遺詔亦三十六日羣臣不忍旣葬而除略盡四月高宗如漢故事玄宗以來始變天子喪爲

二十七日乃者遺詔雖曰天下吏民三日釋服羣臣宜如皇帝服二十七日乃除祐甫曰遺詔無臣庶人之別是皇帝宜二十七日而羣臣三日也衮曰賀循稱吏者官長所署非公卿百官也祐甫對傳曰委之三吏乃三公也史稱循吏良吏豈胥吏歟衮曰禮非天降地出人情而已且公卿大臣膺受寵祿今與黔首同信宿而除於公安乎祐甫曰若遺詔何詔而可改孰不可改意象殊厲衮方入臨遣從吏扶立殿墀上祐甫指之謂衆曰臣哭君前有扶禮乎衮不勝怒乃劾祐甫率情變禮撓國典請貶潮州刺史德宗以爲重改河南少尹始肅宗時天下務劇宰相更直掌事若休沐還第非大詔命不待徧曉則聽直者代署以聞是時郭子儀朱泚俱以平章事當署敕尾而不行宰相事帝新即位衮如故事代署子儀泚入言祐甫不宜貶帝曰卿向何所言今云非邪二人對初不知帝怒以衮爲罔上是日羣臣苴絰立月華門外即兩換職以衮河南少尹而拜祐甫門下侍郎同中書門下平章事俄改中書侍郎自至德乾元以來天下戰討啓丐填委故官賞繆紊永泰後稍稍平定而元載用事非賄謝不與官劃

塞公路綱紀大壞載誅楊綰相未幾卒袞當國懲其敝凡奏請一杜絕之惟文辭入第乃得進然無所甄異賢愚同滯焉及祐甫則薦舉惟其人不自疑畏推至公以行未踰年除吏幾八百員莫不諧允帝嘗謂曰人言卿擬官多親舊何邪對曰陛下令臣進擬庶官夫進擬者必悉其才行如不與聞知何由得其實帝以爲然神策軍使王駕鶴者典衛兵久權震中外帝將代之懼其變以問祐甫祐甫曰是無足慮卽召駕鶴留語移時而代者已入軍中矣淄青李正己畏帝威斷表獻錢三十萬緡以觀朝廷帝意其詐未能答祐甫曰正己誠詐陛下不如因遣使勞其軍以所獻就賜將士若正己奉承詔書是陛下恩洽士心若不用彼自斂怨軍且亂又使諸藩不以朝廷爲重賄帝曰善正己慚服時議者韙其謨謀謂可復貞觀開元之治是歲被疾詔肩輿至中書臥而承旨若還第卽遣使咨決薨年六十贈太傅謚曰文貞故事門下侍郎未有贈三師者帝以其有大臣節特寵異之朱泚亂祐甫妻王陷賊中泚嘗與祐甫同列遺以繒帛菽粟受而緘鐍之帝還京具封以獻士君子益重其家法云子植嗣

植字公修祐甫弟盧江令嬰甫子也祐甫病謂妻曰吾殁當以盧江次子主吾祀及卒護喪者以聞帝惻然召植使即喪次終服補弘文生博通經史於易尤邃與鄭覃同時爲補闕皆賢宰相後每朝廷有得失兩人者更疏論執譽望蔚然元和中爲給事中時皇甫鎛判度支建言減百官奉稟植封還詔書鎛又請天下所納鹽酒利增估者以新準舊一切追償植奏言用兵久百姓凋罄往雖估踰其實今不可復收於是議者咸罪鎛鎛懼而止長慶初拜中書侍郎同中書門下平章事穆宗問貞觀開元中治道最盛何致而然植曰太宗資上聖與民間知百姓疾苦故厲精思治又以房玄齡杜如晦魏徵王珪爲之佐君明臣忠聖賢相維治致升平固其宜也玄宗在天后時身踐憂患旣即位得姚宋宋璟此二人蚤夜孜孜納君於道璟嘗手寫尚書無逸爲圖以獻勸帝出入觀省以自戒其後朽暗乃代以山水圖稍怠於勤左右不復箴規姦臣日用事以至于敗昔德宗嘗問先臣祐甫開元天寶事先臣具道治亂所以然臣在童丱記其說今願陛下以無逸爲元龜則天下幸甚佗日又問司馬遷言漢文帝惜十

家產而罷露臺身衣弋綈履革舄集上書囊爲殿帷信乎何太儉邪植曰良史
非貌言漢承秦侈縱之餘海内凋𡨋文帝從代來知稼穡艱難是以躬履儉約
爲天下守財景帝遵而不改故家給戸足至武帝時錢朽貫穀紅腐乃能出師
征伐威動四方然侈靡不節末年戸口減半税及舟車人不聊乃下哀痛詔封
丞相爲富人侯然則帝王不可以不示儉而天下足帝曰卿言善患行之爲難
耳時朝廷悉收河朔三鎭而劉總又以幽薊七州獻諸朝且懼部將構亂乃先
籍豪鋭不檢者送京師而朱克融在籍中植與杜元穎不知兵謂藩鎭且平不
復料天下安危事而克融等羇旅塞躓願得官自效日訴于前皆抑不與及遣
張弘靖赴鎭縱克融等北還不數月克融亂復失河朔矣天下尤之植内慚罷
爲刑部尚書旋授岳鄂觀察使未幾遷嶺南節度使還拜戸部尚書終華州刺
史贈尚書左僕射
倰字德長祐甫從子也性介潔矜己之清視贓負者若讎以蘇州刺史奏課第
一遷湖南觀察使湖南舊法雖豐年貿易不出境鄰部災荒不恤也倰至謂屬

吏曰此豈人情乎無閉糴以重困民削其禁自是商賈流通貲物益饒入爲戶部侍郎判度支時田弘正徙鎮州以魏兵二千行既至留自衞請度支給歲糧穆宗下其議倰固執不與弘正不得已遣魏卒俄而鎮兵亂弘正遇害倰之爲也時天子失德倰黨與盛有司不敢名其罪出爲鳳翔節度使踰年徙河南尹以戶部尚書致仕卒贈太子少保諡曰肅

贊曰植輔政當有爲之時無經國才履危防淺機不知其潰而發也手弛檻縱虎狼焉一日而亡地數千里爲天下笑倰吝財資賊又皆幸不誅天以河北亂唐故君臣不肖勃繆其謀惜哉

柳渾字夷曠一字惟深本名載梁僕射惔六世孫後籍襄州早孤方十餘歲有巫告曰兒相天且賤爲浮屠道可緩死諸父欲從其言渾曰去聖教爲異術不若速死學愈篤與游者皆有名士天寶初擢進士第調單父尉累除衢州司馬棄官隱武寧山召拜監察御史臺僚以儀矩相繩而渾放曠不樂檢局乃求外職宰相惜其才留爲左補闕大曆初江西魏少游表爲判官州僧有夜飲火其

廬者歸罪瘖奴軍候受財不詰獄具渾與其僚崔祐甫白奴寃少游趣訊僧僧
首伏因厚謝二人路嗣恭代少游渾還團練副使俄爲袁州刺史祐甫輔政薦
爲諫議大夫浙江東西黜陟使入爲尚書右丞朱泚亂渾匿終南山賊素聞其
名以宰相召執其子榜笞之搜索所在渾羸服步至奉天改右散騎常侍賊平
奏言臣名向爲賊汙且載於文從戈非偃武所宜乃更今名貞元元年還兵部
侍郎封宜城縣伯李希烈據淮蔡關播用李元平守汝州渾曰是夫衒玉而賈
石者也往必見禽何賊之攘既而果爲賊縛三年以本官同中書門下平章事
仍判門下省帝嘗親擇吏宰畿邑而政有狀召宰相語皆賀帝得人渾獨不賀
曰此特京兆尹職耳陛下當擇臣輩以輔聖德臣當選京兆尹承大化尹當求
令長親細事代尹擇令非陛下所宜帝然之玉工爲帝作帶誤毀一銙工不敢
聞私市宅玉足之及獻帝識不類擿之工人伏罪帝怒其欺詔京兆府論死渾
曰陛下遽殺之則已若委有司須詳讞乃可於法誤傷乘輿器服罪當杖請論
如律由是工不死左丞田季羔從子伯彊請賣私第募兵助討吐蕃渾曰季羔

先朝號名臣由祖以來世孝謹表闕于門隋時舊第惟田一族耳討賊自有國
討豈容不肖子毀門構徽一時倖損風教哉請薄責以示懲沮帝嘉納韓滉自
浙西入朝帝虛己待之奏事或日晏佗相取充位滉遂省中搒吏自若渾雖爲
滉所引惡其專質讓曰省闥非刑人地而搒吏至死公家先相國以狷察不滿
歲輒罷今公奈何蹈前非顓立威福豈尊主卑臣義邪滉悔悟稍襮其威白志
貞除浙西觀察使渾奏志貞與小史縱嘉其才不當超劇職臣以死守不敢奉
詔會渾移疾出卽日詔付外施行疾間因乞骸骨不許門下吏白過官渾愀然
曰既委有司而復撓之豈賢者用心邪士或千里辭家以干祿小邑主辦豈慮
不能是歲擬官無退異者渾瑊與吐蕃會平涼是日帝語大臣以和戎息師之
便馬燧賀曰今日已盟可百年無虜患渾跪曰五帝無誥誓三王無盟詛蓋盟
詛之興皆在季末今盛明之朝反以季末事行於夷狄夫夷狄人面獸心易以
兵制難以信結臣竊憂之李晟繼言曰蕃戎多不情誠如渾言帝變色曰渾儒
生未達邊事而大臣亦當爾邪皆頓首謝夜半邠寧節度使韓游瓌飛奏吐蕃

劫盟將校皆覆沒帝大驚卽以其表示渾明日慰之曰卿儒士乃知軍戎萬里
情乎益禮異之宰相張延賞怙權嫉渾守正遣親厚謂曰明公舊德第愼言於
朝則位可久渾曰爲吾謝張公渾頭可斷而舌不可禁卒爲所擠以右散騎常
侍罷政事渾驚辯好談諧與人交豁如也情儉不營產利免後數日置酒召故
人出游酣肆乃還曠然無黜免意時李勉盧翰皆以舊相閭門奉朝請歎曰吾
等視柳宜城眞拘俗之人哉五年卒年七十五諡曰貞渾母兄識字方明知名
士也工文章與蕭穎士元德秀劉迅相上下而識練理創端往往詣極雖趣尚
非博然當時作者伏其簡拔渾亦善屬文但沈思不逮於識云

韋處厚字德載京兆萬年人事繼母以孝聞親歿廬墓終喪中進士第又擢才
識兼茂科授集賢校書郞擧賢良方正異等宰相裴垍引直史館改咸陽尉憲
宗初擢左補闕禮部尚書李絳請閒言古帝王以納諫爲聖拒諫爲昏今不聞
進規納忠何以知天下事帝曰韋處厚路隋數上疏其言忠切顧卿未知爾由
是中外推其靖密歷考功員外郞坐與宰相韋貫之善出開州刺史以戶部郞

中入知制誥穆宗立爲翰林侍講學士處厚以帝沖怠不向學卽與路隋合易書詩春秋禮孝經論語掇其粹要題爲六經法言二十篇上之冀助省覽帝稱善並賜金幣再遷中書舍人張平叔以言利得幸於帝建言官自鬻鹽籠天下之財宰相不能詰下羣臣議處厚發十難誚其迂謬平叔愧縮遂寢敬宗初李逢吉得柄構李紳逐爲端州司馬其黨劉栖楚等欲致紳必死建言當徙醜地處厚上言逢吉黨與以紳之斥猶有餘辜人情危駭詩云萋兮斐兮成是貝錦彼譖人者亦已太甚讒言罔極交亂四國此古人疾讒之深也孔子曰三年無改於父之道可謂孝矣按紳先朝舊臣就令有過尚當祓瑕洗釁成無改之美況被讒乎建中時山東之亂與宰相朋黨楊炎爲元載復讎盧杞爲劉晏償怨兵連禍結天下騷然此陛下親所聞見得不深念哉紳繇是免逢吉怒至寶曆三年赦書不言左降官未量移者以沮紳內徙處厚復奏逢吉緣紳一人而使近歲流斥皆不蒙澤非所以廣恩於天下帝悟追改其條進翰林承旨學士兵部侍郎方天子荒暗月視朝才三四處厚入見卽自陳有罪願前死以謝帝曰

何哉對曰臣昔爲諫官不能死爭使先帝因畋與色而至不壽於法應誅然所以不死者陛下在春宮十有五矣今皇子方襁褓臣不敢避死亡之誅帝大感悟賜錦綵以慰其意王廷湊之亂帝歎宰相不才而使姦臣跋扈處厚曰陛下有一裴度不能用乃當饋而歎恨無蕭曹此馮唐所以謂漢文帝有頗牧不能用也後禁中急變文宗綏內難猶豫未郎下詔處厚入昌言曰春秋大義滅親內惡必書以明逆順正名討罪何所避諱哉遂奉教班諭是夕號令及宅儀矩不暇責有司一出處厚無違舊章者進拜中書侍郎同中書門下平章事封靈昌郡公堂史湯銖數招權納財賂處厚笑曰此半滑渙也斥出之相府肅然初貞元時宰相齊抗奏罷州別駕及當爲別駕者引處之朝元和後兩河用兵裨將立功得補東宮王府官朱紫淆弁授受不綱處厚乃置六雄十望十緊等州悉補別駕由是流品澄別帝雖自力機政然驟信輕改搖於浮論處厚嘗獨對曰陛下不以臣不肖使待罪宰相凡所奏可中輒變易自上心出邪乃示臣不信得於横議邪即臣何名執政且裴度元勳舊德輔四朝實易直長厚忠實經

事先帝陛下所宜親重委信之臣乃陛下自擢今言不見納宜先罷郎趨下頓首帝矍然曰何至是卿之忠力朕自知之安可遽辭以重吾不德處厚趨出帝復召問所欲言乃對近君子遠小人始可爲治諄複數百言又言裴度忠可久任帝嘉納之自是無復横議者時李同捷叛詔諸軍進討魏博史憲誠懷向背裴度待以不疑憲誠遣吏白事中書處厚召語曰晉公以百口保爾帥於天子我則不然正須所爲以邦法從事耳憲誠懼不敢貳卒有功李載義數破滄鎮兵皆刳剔以獻處厚戒之前後完活數百千人大和二年方奏事暴疾仆香案前帝命中人翼扶之輿還第一昔薨年五十六贈司空處厚姿狀如甚懦者居家亦循易至廷爭凝然不可回奪剛于御吏百僚謁事畏惕未嘗敢及以私推擇官材往往棄瑕録善時亦譏其太廣性嗜學家書雠正至萬卷爲拾遺時譔德宗實錄後又與路隋共次憲宗實錄詔分日入直創具凡例未及成而終本名淳避憲宗諱改今名

路隋字南式其先出陽平父泌字安期通五經端亮寡言以孝悌聞建中末爲

長安尉德宗出奉天棄妻子奔行在扈狩梁州排亂軍以出再中流矢裂裳濡血以策說渾瑊召置幕府東討李懷光奏署副元帥判官從瑊會盟平涼爲虜所執死焉時隋嬰孺以恩授八品官逮長知父執虜中日夜號泣坐必西嚮不食肉母告以貌類泌者終身不引鏡貞元末吐蕃請和隋三上疏宜許不報舉明經授潤州參軍事李錡欲困辱之使知市事隋怡然坐肆不爲屈韋夏卿高其節辟置東都幕府元和中吐蕃款塞隋五上疏請修好冀得泌還詔可遣祠部郎中徐復報聘而泌以喪至帝愍惻贈絳州刺史官爲治喪服除擢隋左補闕史館修撰以鯁亮稱穆宗立與韋處厚並擢侍講學士再遷中書舍人翰林學士每除制出以金幣來謝者隋却之曰公事而當私貺邪進承旨學士遷兵部侍郎文宗嗣位以中書侍郎同中書門下平章事監修國史初韓愈撰順宗實錄書禁中事爲切直宦豎不喜訾其非實帝詔隋刊正隋建言衛尉卿周居巢諫議大夫王彥威給事中李固言史官蘇景胤皆上言改修非是夫史冊者褒勸所在匹夫美惡尚不可誣況人君乎議者引雋不疑第五倫爲比以蔽聰

明臣宗閔臣僧孺謂史官李漢蔣係皆愈之壻不可參撰俾臣得下筆臣謂不然且愈所書已非自出元和以來相循逮今雖漢等以嫌無害公誼請條示甚謬誤者付史官刊定有詔擿貞元永貞間數事爲失實餘不復改漢等亦不罷進門下侍郎弘文館大學士久之辭疾不聽冊拜太子太師明年李德裕貶袁州長史不署奏爲鄭注所忌乃檢校尚書右僕射同中書門下平章事鎮海節度使道病卒年六十贈太保諡曰貞

贊曰綰以德服人而人自化可謂賢矣其論議渾大雖古王佐無以加祐甫發正己隱情渾策吐蕃必叛伐謀知幾君子哉處厚事穆敬文三宗主皆弗類而一納以忠寧不謂以堯事君者邪隋輔政十年歷牛李訓注用事無所迎將善保位哉

唐書卷一百四十二

唐書卷一百四十二考證

楊綰傳帝以其言醜險不實貶端巴州員外司馬○舊書作廣州

柳渾傳入爲尙書右丞○舊書遷尙書左丞

改右散騎常侍○舊書改左騎常侍

貞元元年遷兵部侍郎○舊書貞元二年

唐書卷一百四十二考證

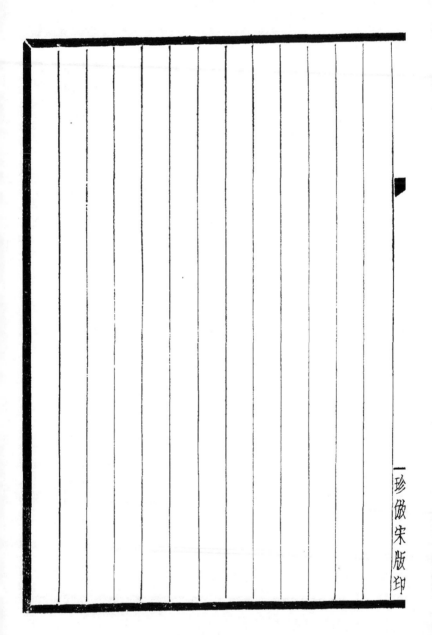

唐書卷一百四十三

宋　端　明　殿　學　士　宋　祁　撰

列傳第六十八

高元李韋薛崔戴王徐郗辛

高適字達夫滄州渤海人少落魄不治生事客梁宋閒宋州刺史張九臯奇之舉有道科中第調封丘尉不得志去客河西河西節度使哥舒翰表爲左驍衛兵曹參軍掌書記祿山亂召翰討賊卽拜適左拾遺轉監察御史佐翰守潼關翰敗帝問羣臣策安出適請竭禁藏募死士抗賊未爲晚不省天子西幸適走閒道及帝於河池因言翰忠義有素而病奪其明乃知荒踣監軍諸將不恤軍務以倡優蒱簺相娛樂渾隴武士飯糲米日不厭而責死戰其敗固宜又魯炅何履光趙國珍屯南陽而一二中人監軍更用事是能取勝哉臣數爲楊國忠言之不肯聽故陛下有今日行未足深恥帝頷之俄遷侍御史擢諫議大夫負氣敢言權近側目帝以諸王分鎮適盛言不可俄而永王叛肅宗雅聞之召與

計事因判言王且敗不足憂帝奇之除揚州大都督府長史淮南節度使詔與江東韋陟淮西來瑱率師會安陸方濟師而王敗李輔國惡其才數短毀之下除太子少詹事未幾蜀亂出爲蜀彭二州刺史始上皇東還分劍南爲兩節度百姓敝於調度而西山三城列戍適上疏曰劍南雖名東西川其實一道自邛關黎雅以抵南蠻由茂而西經羌中平戎等城界吐蕃瀕邊諸城皆仰給劍南異時以全蜀之饒而山南佐之猶不能舉今裂梓遂等八州專爲一節度歲月之計西川不得參也嘉陵比困夷獠日雖小定而瘡痏未平耕紡亡業衣食貿易皆資成都是不可得役亦明矣可稅賦者獨成都彭蜀漢四州而已以四州耗殘當十州之役其敝可見而言利者枘鑿萬端窮朝抵夕千案百牘皆取之民官吏懼譴責及鄰保威以罰挟而逋逃益滋又關中比饑士人流入蜀者道路相繫地入有訖而科斂無涯爲蜀計者不亦難哉又平戎以西數城皆窮山之顛蹊隧險絶運糧束馬之路坐甲無人之鄉爲戎狄言不足利戎狄爲國家言不足廣土宇奈何以彈丸地而困全蜀太平之人哉若謂已戍之城不可廢

已屯之兵不可收願罷東川以一劍南併力從事不爾非陛下洗盪關東清逆亂之意也蜀人又擾則貽朝廷憂帝不納梓屯將段子璋反適從崔光遠討斬之而光遠兵不戢遂大掠天子怒罷光遠以適代爲西川節度使廣德元年吐蕃取隴右適率兵出南鄙欲牽制其力既無功遂亡松維二州及雲山城召還爲刑部侍郎左散騎常侍封渤海縣侯永泰元年卒贈禮部尚書諡曰忠適尙節義語王霸袞袞不厭遭時多難以功名自許而言浮其術不爲搢紳所推然政寬簡所涖人便之年五十始爲詩卽工以氣質自高每一篇已好事者輒傳布其詒書賀蘭進明使救梁宋以親諸軍與許叔冀書令釋憾未度淮移檄將校絕永王俾各自白君子以爲義而知變

元結後魏常山王遵十五代孫曾祖仁基字惟固從太宗征遼東以功賜宜君田二十頃遼口并馬牝牡各五十拜寧塞令襲常山公祖亨字利貞美姿儀嘗曰我承王公餘烈鷹犬聲樂是習吾當以儒學易之霍王元軌聞其名辟參軍事父延祖三歲而孤仁基敕其母曰此兒且祀我因名而字之逮長不仕年過

四十親婭彊勸之再調春陵丞輒棄官去曰人生衣食可適饑飽不宜復有所須每灌畦掇薪以爲有生之役過此吾不思也安祿山反召結戒曰而曹逢世多故不得自安山林勉樹名節無近羞辱云卒年七十六門人私諡曰太先生

結少不羈十七乃折節向學事元德秀天寶十二載舉進士禮部侍郎陽浚見其文曰一第慁子耳有司得子是賴果擢上第復舉制科會天下亂沈浮人間國子司業蘇源明見肅宗問天下士薦結可用時史思明攻河陽帝將幸河東召結詣京師問所欲言結自以始見軒陛拘忌諱恐言不悉情乃上時議三篇其一曰議者問往年逆賊東窮海南淮漢西抵函秦北徹幽都醜徒狠扈在四方者幾百萬當時之禍可謂劇而人心危矣天子獨以匹馬至靈武合弱旅鉏彊寇師及渭西曾不踰時摧銳攘凶復兩京收河南州縣何其易邪乃今河北姦逆不盡山林江湖亡命尚多盜賊數犯州縣百姓轉徙踵繫不絶將士臨敵而奔賢人君子遁逃不出陛下往在靈武鳳翔無今日勝兵而能殺敵無今日檢禁而無亡命無今日威令而盜賊不作無今日財用而百姓不流無今日爵

賞而士不散無今日朝廷而賢者思仕何哉將天子能以危爲安而忍以未安
忘危邪對曰此非難言之前日天子恨愧陵廟爲羯逆傷汙憤悵上皇南幸巴
蜀隱悼宗戚見誅側身勤勞不憚親撫士卒與人權位信而不疑渴聞忠直過
弗諱改此以弱制彊以危取安之繇也今天子重城深宮燕和而居凝冕大昕
纓佩而朝太官具味視時而獻太常備樂和聲以薦國機軍務參籌乃敢進百
姓疾苦時有不聞廄芻良馬宮籍美女輿服禮物休符瑞諜日月充備朝廷歌
頌威德大業聽而不厭四方貢賦爭上尤異諧臣顐官怡愉天顏文武大臣至
於庶官皆權賞踰望此所以不能以彊制弱以未安忘危若陛下視今日之安
能如靈武時何寇盜彊弱可言哉其二曰議者曰吾聞士人共自謀昔我奉天
子拒凶逆勝則國家兩全不勝則兩亡故生死決於戰是非極於諫今吾名位
重財貨足爵賞厚勤勞已極外無仇讎害我內無窮賤迫我何苦當鋒刃以近
死忤人主以近禍乎又聞曰吾州里有病父老母孤兄寡婦皆力役乞丐凍餒
不足況於死者人誰哀之又聞曰天下殘破蒼生危窘受賦與役者皆寡弱貧

獨流亡死徙悲憂道路蓋亦極矣天下安我等豈無恥敢自處若不安我不復
以忠義仁信方直死矣人且如此柰何對曰國家非欲其然蓋失於太明太信
耳夫太明則見其內情將藏內情則罔惑生不能令必信信可必矣而太信之
中至姦尤惡之如此遂使朝廷亡公直天下失忠信蒼生益寃結將欲治之能
無端由吾等議於野又何所及其三曰議者曰陛下思安蒼生滅姦逆圖太平
勞心悉精於今四年說者異之何哉對曰如天子所思說者所異非不知之凡
有詔令丁寧事皆不行空言一再頗類諧戲今有仁卹之令憂勤之誥人皆族
立黨語指而議之天子不知其然以爲言雖不行猶足以勸彼沮勸在乎明審
均當而必行也天子能行已言之令必將來之法雜徭弊制拘忌煩令一切蠲
蕩任天下賢士屏斥小人然後推仁信威令謹行不惑此帝王常道何爲不及
帝悅曰卿能破朕憂擢右金吾兵曹參軍攝監察御史爲山南西道節度參謀
募義士於唐鄧汝蔡降劇賊五千瘞戰死露胔於泌南名曰哀丘史思明亂帝
將親征結建言賊銳不可與爭宜折以謀帝善之因命發宛葉軍挫賊南鋒結

屯泌陽守險全十五城以討賊功遷監察御史裏行荆南節度使呂諲請益兵拒賊帝進結水部員外郎佐諲府又參山南東道來瑱府時有父母隨子在軍者結說瑱曰孝而仁者可與言忠信而勇者可以全義渠有責其忠信義勇而不勸之孝慈邪將士父母宜給以衣食則義有所存矣瑱納之瑱誅結攝領府事會代宗立固辭丐侍親歸樊上授著作郎益著書作自釋曰河南元氏望也結元子名也次山結字也世業載國史世系在家諜少居商餘山著元子十篇故以元子爲稱天下兵興逃亂入猗玗洞始稱猗玗子後家瀼濱乃自稱浪士及有官人以爲浪者亦漫爲官乎呼爲漫郎旣客樊上漫遂顯樊左右皆漁者少長相戲更曰聱叟彼誚以聱者爲其不相從聽不相鉤加帶笭箵而盡船獨聱齖而揮車酒徒得此又曰公之漫其猶聱乎公守著作不帶笭箵乎又漫浪於人間得非聱齖乎公漫久矣可以漫爲叟於戲吾不從聽於時俗不鉤加於當世誰是聱者吾欲從之彼聱叟不慚帶乎笭箵吾又安能薄乎著作彼聱叟不羞聱齖於鄰里吾又安能慚漫浪於人間取而醉人議當以漫叟爲稱直荒

淚其情性誕漫其所爲使人知無所存有無所將待乃爲語曰能帶笭箵全獨而保生能學聱齖保宗而全家聱也如此漫乎非邪久之拜道州刺史初西原蠻掠居人數萬去遺戶裁四千諸使調發符牒二百函結以人困甚不忍加賦即上言臣州爲賊焚破糧儲屋宅男女牛馬幾盡今百姓十不一在耄孺騷離未有所安嶺南諸州寇盜不盡得守捉候望四十餘屯一有不靖湖南且亂請免百姓所負租稅及租庸使和市雜物十三萬緡帝許之明年租庸使索上供十萬緡結又奏歲正租庸外所率宜以時增減詔可結爲民營舍給田免徭役流亡歸者萬餘進授容管經略使身諭蠻豪綏定八州會母喪人皆詣節度府請留加左金吾衞將軍民樂其教至立石頌德罷還京師卒年五十贈禮部侍郎

李承趙州高邑人幼孤其兄曄養之既長以悌聞擢明經遷累大理評事爲河南採訪使判官尹子奇陷汴州拘承送洛陽覘得賊謀皆密啓諸朝兩京平例貶臨川尉不三月除德清令尋擢監察御史累遷吏部郎中淮南西道黜陟使

奏置常豐堰於楚州以禦海潮漑屯田瘠鹵收常十倍它歲德宗將討梁崇義李希烈揣知之乃表崇義過惡請先誅討帝悅數對左右稱其忠會承使回言希烈能立功然恐後不可制帝初謂不然及崇義平希烈果叛始思其言擢拜河中尹晉絳觀察使承廉正有雅望以才顯於時未幾改山南東道節度使時希烈猶據襄州帝慮不受命欲以禁兵衞送承承辭請以單騎入既至希烈舍承外館迫脅日萬端承晏然誓以死守希烈不能屈遂大掠去襄漢蕩然承輯綏撫安之居二年闔境完復初希烈雖去留部校守峴往來踵舍承因得任所厚臧叔雅結希烈腹心周曾王玢姚憺及曾等謀殺希烈承首謀也密詔褒美尋檢校工部尚書湖南觀察使建中四年卒年六十二贈吏部尚書

韋倫系本京兆父光乘在開元天寶間爲朔方節度使倫以蔭調藍田尉幹力勤濟楊國忠署爲鑄錢內作使判官國忠多發州縣齊人令鼓鑄督非所習雖箠扶苛嚴愈無功倫請準直募匠代無聊之人繇是役用減鼓鑄多矣玄宗晚節盛營宮室吏介以爲欺倫閱實工員省費倍從帝入蜀以監察御史爲劍南

節度行軍司馬置頓判官時中人衞卒多侵暴尤難治倫以清儉自將西人賴
濟中宦疾之以讒貶衡州司戸參軍度支使第五琦薦倫才擢商州刺史荆襄
道租庸使襄州裨將康楚元亂自稱東楚義王刺史王政棄城遁賊南襲江陵
絶漢沔餉道倫調兵屯鄧州厚撫降賊寇益怠乃擊禽楚元以獻收租庸二百
萬緡召爲衞尉卿俄兼寧隴二州刺史乾元中襄州亂詔倫爲山南東道節度
使而李輔國方恣横倫不肯謁憾之中罷爲秦州刺史吐蕃党項歲入邊倫兵
寡數格虜敗貶巴州長史徙務川尉代宗立連拜忠台饒三州刺史宦者呂太
一反嶺南詔拜倫韶州刺史韶連郴都團練使爲太一反間貶信州司馬斥棄
十年客豫章德宗嗣位選使絶域者擢倫太常少卿充和吐蕃使倫至諭天子
威德贊普順悅乃入獻還進太常卿兼御史大夫再使如旨倫處朝數論政得
失宰相盧杞惡之改太子少保從狩奉天及杞敗關播罷爲刑部尚書倫在朝
堂流涕曰宰相無狀使天子至此不失爲尚書後何勸聞者憚其公帝後欲復
用杞爲刺史倫苦諫言懇至到帝納之進太子少師郢國公致仕時李楚琳以

僕射兼衞尉卿李忠誠以尚書兼少府監倫言楚琳逆節忠誠戎醜不當寵以官又請爲義倉以捍無年擇賢者任帝左右謂吐蕃豺虎野心不可事信約宜謹備邊帝善其言厚禮之居家以孝慈稱卒年八十三贈揚州都督謚曰肅

薛珏字温如河中寶鼎人以蔭爲懿德太子廟令累遷乾陵臺令歲中以清白聞課第一改昭應令人請立石紀德珏固讓遷楚州刺史初州有營田宰相遙領使而刺史得專達俸及宅給百餘萬田官數百歲以優得遷別戶三千備刺史廝役珏至悉條去之租入贏異時觀察使惡其潔誣以罪左授峽州刺史建中初德宗命使者分諸道察官吏升黜焉而李承狀珏之簡趙贊言其廉盧翰稱其肅書參聞於是拜中散大夫賜金紫劉玄佐表兼汴宋行軍司馬李希烈棄汴州走卽拜珏刺史遷河南尹入爲司農卿是時詔舉堪刺史縣令者且百人延問人間疾苦吏得失取尤通達者什二宰相欲校以文詞珏曰求良吏不可責文學宜以上愛人之本爲心也宰相多其計所用皆稱職爲京兆尹司農供三宮畜茹三十車不足請市京兆是時韋彤爲萬年令珏使彤禁鬻賣民苦

之德宗怒奪珽彤俸帝疑下情不達因詔延英坐日許百司長官二員言闕失謂之巡對珽剛嚴曉法治勤身以勸下然苛察無經術大體坐善竇參改太子賓客出爲嶺南觀察使卒年七十四贈工部尚書子存慶字嗣德貌偉岸及進士第歷御史尚書郎五遷給事中與韋弘景封駮詔書時稱其直劉總以幽州歸穆宗謂宰相曰必用薛存慶可以宣朕意對延英一刻遣之至鎮州疽發於背卒贈吏部侍郎

崔漢衡博州博平人沈懿博厚善與人交始爲費令滑州節度使令狐彰表掌書記大曆六年以檢校禮部員外郎爲和蕃副使還遷右司郎中建中二年吐蕃請盟擢殿中少監爲和蕃使與其使區頰贊俱來約盟改鴻臚卿持節送區頰贊歸遂定盟清水德宗幸奉天吐蕃以兵佐渾瑊敗賊武功轉祕書監俄拜上都留守兵部尚書東都淄青魏博賑給宣慰使又使幽州還命稱指貞元三年豫吐蕃盟平涼被執虜將殺之因夷言謂之曰我善結贊無殺我而漢衡誠信素著虜亦尊重故至河州得還明年出爲晉慈隰觀察使卒贈尚書左僕射

戴叔倫字幼公潤州金壇人師事蕭穎士爲門人冠劉晏管鹽鐵表主運湖南至雲安楊惠琳反馳客劫之曰歸我金幣可緩死叔倫曰身可殺財不可奪乃捨之嗣曹王皋領湖南江西表佐幕府皋討李希烈留叔倫領府事試守撫州刺史民歲爭溉灌爲作均水法俗便利之耕餉歲廣獄無繫囚俄即真期年詔書褒美封譙縣男加金紫服齊映劉滋執政叔倫勸以屯難未靖安之者莫先於兵兵所藉者食故金穀之司不輕易人天下州縣有上中下緊望雄輔者有司銓擬皆便所私此非爲官擇人爲人求治之術其尤切者縣令錄事參軍事此二者宜出中書門下無計資序限遠近高卑一以殿最升降則人知勸映等重其言遷容管經略使綏徠夷落威名流聞其治清明仁恕多方略故所至稱最德宗嘗賦中和節詩遣使者寵賜代還卒于道年五十八

王翃字宏肱并州晉陽人少治兵家天寶中授翊衞尉羽林軍宿衞擢才兼文武科出爲辰州刺史與討襄州康楚元有功加兼祕書少監遷郎州刺史大曆中擢容管經略使初安祿山亂詔嶺南兵隸南陽魯炅炅敗績衆奔潰谿洞夷

獠相挺爲亂夷酋梁崇牽號平南都統與別帥覃問合又與西原賊張侯夏永更誘嘯因陷城邑遂據容州前經略使陳仁璀元結長孫全緒等皆僑治藤梧翃至言於衆曰我容州刺史安可客治宅所必得容乃止即出私財募士有功者許署吏於是人自奮不數月斬賊帥歐陽珪因至廣州請節度使李勉出兵併力勉不許曰容陷賊久獠方彊今速攻秖自敗耳翃曰大夫即不出師願下書州縣陽言以兵爲助冀藉此聲成萬一功勉許諾翃乃移書義藤二州刺史約皆進討引兵三千與賊鏖戰日數遇勉檄止之輒匿不發戰愈力卒破賊禽崇牽悉復容州故地捷書聞詔更置順州以定餘亂翃凡百餘戰禽首領七十覃問遁去復遣將李寔等分討西原平鬱林等諸州累兼御史中丞招討處置使會哥舒晃反翃命寔悉師援廣州問因合衆乘間來襲翃設伏擊之生禽問嶺表平代宗遣使慰勞加金紫光祿大夫賜第京師時吐蕃入寇郭子儀悉河中兵乘邊召翃爲河中少尹領節度後務悍將凌正數干法不逞約其徒夜斬關逐翃翃覺之陰亂漏刻以差其期衆驚不敢發俄禽正誅之一軍惕息歷汾

州刺史爲振武軍使綏銀等州留後入拜京兆尹會起涇原兵討李希烈次滻
水京兆主供擬饔敗肉腐衆怒曰食是而討賊乎遂叛翃挺身走奉天拜太子
詹事德宗還都再遷大理卿出爲福建觀察使徙東都留守既至開田二十餘
屯修器械皆良金壽華練士卒號令精明俄而吳少誠叛獨東畿爲有備關東
賴之貞元十八年卒贈尙書右僕射謚曰肅翃雅善盧杞杞之殺崔寧沮李懷
光不得朝皆與其謀議者以爲訾子正雅字光謙行謹飭爲崔邠所器元和初
擢進士遷累監察御史穆宗時京邑多盜賊正雅以萬年令威震豪彊尹柳公
綽言其能就賜緋魚累擢汝州刺史屬監軍怙權乃謝病去入爲大理卿會爭
宋申錫獄堅甚申錫得不死太和中卒贈左散騎常侍翃兄翊性謙柔歷山南
東道節度使代宗目爲純臣世稱謹廉卒贈戶部尙書謚曰忠惠
翊曾孫凝字成庶少孤依其舅宰相鄭肅舉明經進士皆中歷臺省寖入知名
擢累禮部侍郎不阿權近出爲商州刺史驛道所出吏破產不能給而州有冶
賦羨銀常摧直以優吏奉凝不取則以市馬故無横擾人皆慰悅徙湖南觀察

使傳宗立召爲兵部侍郎領鹽鐵轉運使坐舉非其人以祕書監分司東都卽拜河南尹遷宣歙池觀察使時乾符四年也王仙芝之黨屠至德勢益張凝遣牙將孟琢助池守賊益兵來攻實欲襲南陵凝遣樊儔以舟師扼青陽儔違令輕與賊戰不勝凝斬以徇諸將聞皆股慄以死綴賊賊不能進時江南環境爲盜區凝以彊弩拒采石張疑幟遣別將馬頴解和州之圍明年賊大至都將王涓自永陽赴敵凝大宴謂涓曰賊席勝而驕可持重待之愼毋戰涓意銳日趨四舍至南陵未食卽陣死焉監軍收餘卒數千還走城沮撓無去意卒又恣橫不能禁凝讓曰吏捕蝗者不勝而仰食於民則率暴以濟災也今兵不能捍敵又恣之犯民生業何以稱朝廷待將軍意監軍詞屈趣親吏入民舍奪馬凝乘門望見麾左右捕取殺之由是不敢留然益儲畜繕完以備賊賊至不能加會大星直寢庭墜術家言宜上疾不視事以厭勝凝曰東南國用所出而宣爲大府吾規脫禍可矣顧一方何賴哉誓與城相存亡勿復言旣而賊去未幾卒年五十八贈吏部尙書謚曰貞

徐申字維降京兆人擢進士第累遷洪州長史嗣曹王臯討李希烈檄申以長
史行刺史事任職辦臯表其能遷韶州刺史韶自兵興四十年刺史以縣爲治
署而令丞雜處民閒申按公田之廢者募人假牛犂墾發以所收半畀之田久
不治故肥美歲入凡三萬斛諸工計所庸受粟有差乃徙治故州未幾邑閈如
初創驛候作大市器用皆具州民詣觀察使以其有功於人請爲生祠申固讓
觀察使以狀聞遷合州刺史始來韶戶止七千比六年倍而半之會初置景州
授刺史賜錢五十萬加節度副使遷邕管經略使黃洞納質供賦不敢桀驁踰年
進嶺南節度使前使死吏盜印署府職百餘員畏事泄謀作亂申覺殺之詿誤
一不問遠俗以攻劫相矜申禁切無復犯外蕃歲以珠瑇瑁香文犀浮海至申
於常貢外未嘗賸索商賈饒盈劉闢反表請發卒五千循馬援故道繇爨蠻抵
蜀擣闢不備詔可加檢校禮部尚書封東海郡公詔未至卒年七十贈太子少
保謚曰平
郗士美字和夫兗州金鄉人父純字高卿舉進士拔萃制策皆高第張九齡李

邕數稱之自拾遺七遷至中書舍人處事不回爲宰相元載所忌時魚朝恩以
牙將李琮署兩街功德使琮恃勢桀橫衆辱京兆尹崔昭于禁中純曰此國恥
也即詣載請速處其罪載不納遂辭疾還東都號伊川田父十年不出德宗立
崔祐甫輔政召爲太子左庶子集賢殿學士不拜以老乞身改詹事聽致仕帝
召見褒歎良久賜金紫公卿以下咸祖都門世高其節士美年十二通五經史
記漢書皆能成誦父友蕭穎士顏真卿柳芳與相論繹嘗曰吾曹異日當交二
郗之間矣未冠爲陽翟丞佐李抱真潞州幕府以才歷王虔休李元皆留不徙
久乃進房州刺史黔中經略觀察使溪州賊向子琪以衆八千岨山剽劫士美
討平之加檢校右散騎常侍封高平郡公還京兆尹天子多所咨逮出爲鄂岳
觀察使時安黃節度使伊慎入朝其子宥主後務偃蹇母死京師不發喪欲固
其權士美知之使府屬過其境宥出迎因以母訃告之即爲辦裝宥惶遽上道
改河南尹檢校工部尚書充昭義節度使昭義自李抱真以來皆武臣私廚月
費米六千石羊千首酒數十斛潞人困甚士美至悉去之出稟錢市物自給又

盧從史時日具三百人膳以餉牙兵士美曰卒衞於牙固職也安得廣費爲私恩亦罷之討王承宗也遣大將王獻督萬人爲前鋒獻恣横逗撓士美卽斬以徇下令曰敢後者斬親鼓之大破賊下三營環柏鄉時諸鎭兵合十餘萬繞賊多玩寇犯法獨士美兵銳整最先有功憲宗喜曰固知士美能辦吾事承宗大震懼亡幾會詔班師然威震兩河以疾召拜工部尚書後檢校刑部尚書爲忠武節度使卒年六十四贈尚書左僕射謚曰景生平與人交已然諾以是名重於世

辛祕系出隴西貞元中擢明經第授華原主簿以判入等調長安尉其學於禮家尤洽高郢爲太常卿奏爲博士再遷兵部員外郎常兼博士再辟禮儀使府憲宗初拜湖州刺史李錡反遣大將先取支州蘇常杭睦四刺史或戰敗或拘脅獨祕以儒者賊易之未及至祕召牙將丘知二夜開城收壯士得數百逆賊大戰斬其將進焚營保錡平賜金紫僉謂祕材任將帥會河東范希朝出討王承宗召祕爲希朝司馬主留務累遷汝常州刺史河南尹進拜昭義軍節度使

是時承討恆趙之後潞人彫耗秘至則約出入詧用度比四年儲錢十七萬緡糧七十萬斛器械堅良隱然復爲完鎮召還道病卒年六十四贈尚書左僕射諡曰肅後更諡懿秘爲大官居不易第服不改初其奉祿悉與裹表親屬病自銘其墓作書一通緘之卒後發視則送終制也儉而不違於禮云

唐書卷一百四十三

唐書卷一百四十三考證

李承傳居二年闔境完復○舊書承治之二年頗得完復

王翃傳翃兄翊性柔謙歷山南東道節度使○沈炳震曰本紀自至德至上元

山南東道爲魯炅來瑱史翽無王翊也此或屬副使

辛祕傳授華原主簿○舊書作華原尉

諡曰肅後更諡懿○舊書作諡曰昭

唐書卷一百四十三考證

唐書卷一百四十四

宋端明殿學士宋祁撰

列傳第六十九

來田侯崔嚴

來瑱邠州永壽人父曜奮行閒開元末持節磧西副大使四鎮節度使著名西邊終右領軍大將軍瑱略知書尚名節崖然有大志天寶初從四鎮任劇職累遷殿中侍御史伊西北廷行軍司馬詔舉智謀果決才堪統衆者拾遺張鎬薦瑱能斷大事有禦侮才擢潁川太守充招討使會母喪免以孝聞安祿山反張垍薦之興塊次拜汝南太守未行改潁川賊攻潁川方積粟多瑱完埤自如手射賊皆應弦仆賊使降將畢思琛招之父故將也拜城下泣且弔瑱不應前後俘殺甚衆賊懼目爲來嚼鐵以功就加防禦使河南淮南游奕逐要招討使徙山南東道節度使代魯炅會嗣虢王巨表炅方固守乃還瑱故官賊圍南陽急瑱與魏仲犀合兵救之不勝人情恟懼瑱能撫訓士舉動安重賊不得侵改淮

南西道節度兩京平封潁國公食二百戶乾元二年徙河西未行王師敗於相州詔拜陝虢節度兼潼關防禦團練鎮守使明年襄州部將張維瑾等殺其使史翽徙瑱山南東道襄鄧均房金商隨郢復十州節度使既至維瑾降上元二年春破史思明餘黨於魯山俘賊渠又戰汝州獲馬牛橐駝凡兩戰斬首萬級明年詔瑱還瑱安襄漢士亦宜其政因諷衆留已而外示行至鄧復詔歸鎮肅宗聞其謀惡之呂諲王仲昇等皆言瑱得士心不可以留乃改山南東道襄鄧唐復隨郢六州節度俄而仲昇與賊戰申州爲賊禽初仲昇被圍而江陵呂諲病瑱顧望不卽救及師出仲昇已沒行軍司馬裴茙表其狀且言瑱善謀而勇恐後難制卽除之可一戰禽也帝頗謂然遂改瑱淮西申安蘄黃光沔兼河南陳豫許鄭汴曹宋潁泗十五州節度以寵之陰奪其權加茙襄鄧等七州防禦使代瑱瑱懼釋言淮西無糧須麥收可上道又諷衆固留代宗立復授襄州節度奉義軍渭北兵馬使密詔茙圖之茙自均州率衆浮漢下會日入候者白瑱瑱與帳下謀其副薛南陽曰公奉詔留鎮而茙以兵脅代是無名也茙智勇非

公敵而衆心不附彼若乘我不虞縱火夜攻誠可憂也若須明則破之必矣明日茙督軍五千陣穀水北瑱以兵迎之呼其軍告曰爾何事來曰公不受命故中丞伐罪瑱曰詔還鎮此州乃以詔書示之皆曰僞也吾千里討賊豈空歸邪爭射之瑱走旗下薛南陽曰請公勒兵勿戰乃以三百騎爲奇兵旁萬山出其背夾擊之其衆幾盡茙脫身走至申口禽之送京師瑱因入朝謝罪帝待之無疑拜兵部尚書同中書門下平章事充山陵使是時程元振居中用事疾瑱乃告與巫祝言不順會王仲昇歸又言由瑱與賊合故陷賊帝積怒遂下詔削除官爵貶播川尉員外置及鄠賜死籍其家瑱之死門下客散去掩尸于坎校書郎殷亮獨後至哭尸側爲備棺衾以葬帝徐悟元振誣以它罪流溱州先是瑱行軍司馬龐充以兵二千戍河南至汝聞瑱死乃還襲襄州別將李昭禦之走房陵昭與薛南陽梁崇義不相臣崇義殺昭帝以崇義爲節度使代瑱既而爲瑱立祠四時致饗避瑱廳事不處哀祈禮葬詔可廣德元年追復官爵裴茙者始以蔭爲京兆司錄參軍瑱鎮陝州引爲判官移襄州又爲行軍司馬遇之厚

及瑱私漢上莪欲得其處故背瑱言狀帝倚以圖瑱而性輕褊少謀師興給用無節及敗有詔流費州至藍田賜死

田神功冀州南宮人天寶末爲縣史會天下兵興賊署爲平盧兵馬使率衆歸朝從李忠臣收滄德攻相州拒杏園後守陳留戰不勝與許叔冀降于史思明思明使與南德信劉從諫南略江淮神功襲德信斬之從諫脫身走乃幷將其兵詔拜鴻臚卿襲敬釭鄆州不克劉展反鄧景山引神功助討自淄青濟淮衆不整入揚州遂大掠居人貲產發屋剔窌殺商胡波斯數千人俄而禽展送京師還淄青節度使會侯希逸入青州更徙兗鄆時賊圍宋州急李光弼奏神功往救賊解去又破法子營復攻敬釭降之朝義聞乃奔下博進封信都郡王徙河南節度汴宋八州觀察使大曆二年來朝加檢校尚書右僕射詔宰相百官送至省又判左僕射知省事加太子太師還軍神功事母孝始嘗倨驕自如見光弼待官屬鈞禮乃折節謙損既寢疾宋之將吏爲禳祈報恩八年自力入朝卒代宗爲撤樂贈司徒詔其弟曹州刺史神玉知汴州留事賻絹千匹布五百

端百官弔喪賜屏風茵褥飯千桑門追福至德後節度使不兼宰相者惟神功恩禮最篤神玉終汴宋節度留後

侯希逸營州人長七尺豐下銳上天寶末爲州裨將守保定城安祿山反使中人韓朝颺傳命希逸斬以徇祿山又以親將徐歸道爲節度使希逸率兵與安東都護王玄志斬之遣使上聞詔拜玄志平盧節度使玄志卒副將李正己殺其子共推希逸有詔就拜節度使兼御史大夫與賊确數有功然孤軍無援又爲奚侵掠乃拔其軍二萬浮海入青州據之平盧遂陷肅宗因以希逸爲平盧淄青節度使自是淄青常以平盧冠使寶應初與諸軍討平史朝義加檢校工部尚書賜實戶圖形淩煙閣希逸始得青治軍務農有狀後稍怠肆好畋獵佞佛興廣祠廬人苦之夜與巫家野次李正己因衆怨閉闉不內遂奔滑州召還檢校尚書右僕射知省事大曆末進封淮陽郡王建中二年還司空未及拜卒年六十二遺敕其子上還前後實封贈太保

崔寧本貝州安平人後徙衞州世儒家而獨喜縱橫事因落魄客劍南以步卒

事鮮于仲通又從李宓討雲南無功還成都行軍司馬崔論悅之薦爲牙將歷事崔圓裴冕冕被謗朝廷疑之遣使者問狀寧部兵務耳白其冤使者以聞寧亦還京師留爲折衝郎將寶應初蜀亂山賊乘險道不通嚴武白寧爲利州刺史既至賊遁去由是知名及武爲劍南節度使過州心欲與俱西而利非所屬使寧自爲計寧曰節度使張獻誠見疑難輒去然獻誠嗜利若厚賂之寧可以從大夫矣武然之以奇錦珍貝遺獻誠且求寧獻誠果喜令自移疾去武遂奏爲漢州刺史吐蕃引雜羌寇西山破柘靜等州有詔收復於是武遣寧將而西既薄賊城城皆累石不得攻惟東南不合者丈許諜知之乃爲地道再宿而拔拓地數百里虜衆驚相謂曰寧神兵也及還武大悅裝七寶轝迎入成都以夸于軍永泰元年武卒行軍司馬杜濟別將郭英幹郭嘉琳皆請英幹之兄英乂爲節度使寧與其軍亦丐大將王崇俊奏俱至而朝廷既用英乂矣英乂恨之始署事卽誣殺崇俊又遣使召寧寧恐託拒吐蕃不敢還英乂怒因出兵聲言助寧實欲襲取之卽徙寧家於成都而淫其妾媵寧懼益負阻英乂乃自將討

之會天大雪馬多凍死士心離遂敗歸寧聞英乂損裁將卒稟賜下皆恨怒又
毀玄宗冶金像乃令軍中曰英乂反輒居先帝舊宮乃進薄成都英乂陣城西
使柏茂琳爲前軍英幹爲左軍嘉琳爲後軍與寧戰茂琳等敗軍多降寧寧即
署降將使率兵還攻英乂不勝走靈池爲韓澄所殺於是劍南大擾楊子琳起
瀘州與邛州柏貞節連和討寧明年代宗詔宰相杜鴻漸爲山西劍南邛南等
道副元帥劍南西川節度使往平其亂鴻漸出駱谷或進計曰公不如駐閬中
數騰書陳英乂罪嘉寧方略因以寧所署刺史即授之使不疑而後與東川張
獻誠及諸帥合兵擾寧不一年寧勢且窮必束身歸命鴻漸疑未決會寧遣使
至獻繒錦數萬辭卑約甚鴻漸貪其利遂入成都政事一委寧日與僚屬杜亞
楊炎縱酒高會乃表貞節爲邛州刺史子琳爲瀘州刺史以和解之又數薦寧
於朝先是寧與張獻誠戰奪其旌節不肯與故朝廷因授寧成都尹山西防禦
使西川節度行軍司馬鴻漸既還朝遂爲節度使大曆三年來朝寧本名旰至
是賜名楊子琳襲取成都帝乃還寧於蜀未幾子琳敗寧見蜀地險饒於財而

朝廷不甚有紀乃痛誅斂使弟寬居京師以賂厚謝權貴深結元載父子故寬驟擢御史中丞寬兄審至給事中寧在蜀久兵寖彊而肆侈窮欲將吏妻妾多爲汙逼朝廷隱忍不能詰累加尚書左僕射十四年入朝進檢校司空同中書門下平章事兼山陵使俄以平章事爲御史大夫卽建白擇御史當出大夫不宜諉及宰相因奏李衡于結等任御史宰相楊炎怒寢不行炎方詆劉晏寧申救於帝又素事元載而炎亦出載門故銜之未忍發是歲十月南蠻與吐蕃合兵入文川方維邛郲覆沒州縣民逃匿山谷中寧方在朝軍無帥德宗促寧還鎮炎業與有嫌恐己入蜀不可制卽說帝曰蜀天下之奧壤自寧擅制朝廷失外府十四年矣今寧雖來以全師守蜀賦稅入天子者與無地同寧本與諸將等夷獨因叛亂得位不敢自有以恩柔煦育故威令不行今雖歸之必無功是徒遣也若其有功誼不容奪則西蜀之奧敗固失之勝亦非國家所有惟陛下孰察帝曰卿策云何炎曰請無歸寧今朱泚所部范陽勁卒戍近甸趨與禁兵雜往舉無不克因是役得以親兵內其腹中則蜀將破膽不敢動然後換授他

帥以收其權得千里肥饒之地是謂因小禍受大福也帝曰善遂罷寧西川節度改兼京畿觀察使靈州大都督單于鎭北大都護朔方節度鄜坊丹延州都團練觀察等使託言重臣綏靜北陲而每道置留後使得自奏事杜希全靈州王翃振武李建徽鄜州及戴休顏杜從政呂希倩皆炎署置使伺寧過失寧至夏州與希倩招党項降者甚衆炎惡之卽奏希倩無綏邊才而以神武將軍時常春代之更拜寧尙書右僕射知省事司空如故朱泚亂帝出居奉天寧後數日至帝喜甚寧謂所親曰上聰明從善如轉規但爲盧杞所惑至此爾因潸然涕下杞聞之思有以構寧於帝會王翃赴難時與寧俱出延平門而西寧數下馬趨廁輒迂久翃懼賊追卽呼曰旣至此而欲顧望乎杞微聞卽諷翃以聞會泚行反閒而除柳渾爲宰相署寧中書令時朔方掌書記康湛爲盩厔尉翃逼湛詐作寧遺泚書獻之杞遂奏寧初無效順心向闕與賊盟署中書令今果後至復得所與賊書反狀明甚若兇渠外逼姦臣內謀則大事去矣因俯伏歔欷曰臣備位宰相危不能持顚不能扶罪當死帝命左右扶起之乃召寧至朝堂

云使宣慰江淮俄而中人引寧幕後使二力士縊殺之年六十一初命陸贄草制贄索寧與泚書將坐其事杞復云書已亡寧死籍其家中外寃之帝乃赦寧親屬而歸其資云貞元十二年寧故將夏綏銀節度使韓潭請以所加禮部尚書雪寧罪有詔聽其家收葬始寧入朝留其弟寬守成都楊子琳乘間起瀘州以精騎數千襲據其城寬戰力屈寧妾任素驍果卽出家財十萬募勇士得千人設部隊自將以進子琳大懼會糧盡且大雨引舟至廷乘而去子琳者本瀘南賊帥既降詔隸劍南節度屯瀘州杜鴻漸表爲刺史既敗收餘兵沿江而下諸刺史震慄備餽牢以饗士過黃草峽守捉使王守仙伏兵五百子琳前驅至悉禽之遂入夔州殺別駕張忠城守以請罪朝廷以其本謀近忠故授峽州刺史移澧州鎭遏使後歸朝賜名猷寧季弟密密子繪俱以文辭稱繪四子蠡黯確顏皆擢進士第蠡字越卿開成中爲戶部侍郎白罷忌日百官行香有詔褒可歷平盧天平軍節度使終尚書左丞子蕘字野夫乾符中爲吏部侍郎美文辭談辯華給以銓管非所長出爲陝虢觀察使是時王仙芝亂漢上河南羣盜

與蕘簡倪不曉事但以器韻自高委政廝豎不恤人疾苦或訴旱者指廷樹示之曰柯葉尙爾何旱爲卽搒笞之上下離心俄爲軍吏所執髡其髯鬢蕘再拜祈免乃得去渴甚求飲於民民飲以溺坐失守貶端州司馬終左散騎常侍黯字直卿開成初爲監察御史奏郊廟祭事不虔文宗語宰相曰宗廟之禮朕當親之但千乘萬騎國用不給故使有司侍祠然是日朕正衣冠坐以俟旦今聞主者不虔祭器敝惡豈朕事神蠲潔意邪公宜敕有司道朕斯意黯乃具條以聞擢員外郎累遷諫議大夫確顏位皆郎中

嚴礪字元明震從祖弟也少爲浮屠法太守見之偉其材表爲玄武尉震在山南署牙將德宗之幸主饋餉有功然輕躁多姦謀以便佞自將累爲興州刺史震卒以礪權主留府事遺言薦之卽拜本道節度使詔下諫議大夫給事中補闕拾遺合議皆以爲礪資淺士望輕不宜授節制帝不從礪在位貪沓苟得士民不勝其苦素惡鳳州刺史馬勛卽誣奏貶賀州司戶參軍劉闢反以儲備有素檢校尙書左僕射節度東川擅沒吏民田宅百餘所稅外加斂錢及芻粟數

十萬元和四年卒贈司空後監察御史元稹奉使東川劾發其贓請加惡謚朝廷以其死故但追田宅奴婢還其主稅外所斂悉蠲除云

唐書卷一百四十四

西元二〇二〇年十一月一日重製一版

新唐書（附考證）冊七（宋 歐陽修 宋 祁 撰）

平裝十冊基本定價捌仟元正（郵運匯費另加）

發行人　張敏君

發行處　中華書局

臺北市內湖區舊宗路二段一八一巷八號五樓（5FL., No. 8, Lane 181, JIOU-TZUNG Rd., Sec 2, NEI HU, TAIPEI, 11494, TAIWAN）

客服電話：886-2-8797-8396

公司傳真：886-2-8797-8909

匯款帳戶：華南商業銀行西湖分行 179100026931

印　刷：維中科技有限公司 海瑞印刷品有限公司

No. N1054-7

國家圖書館出版品預行編目(CIP)資料

新唐書/(宋)歐陽修, 宋祁撰. -- 重製一版. -- 臺北市 : 中華書局, 2020.11
冊 ;　公分
ISBN 978-986-5512-34-7(全套 : 平裝)

1.唐史

624.101　109016734